本著为国家社会科学基金重点项目（13AXW008）
《构建和发展现代广播电视传播体系研究》成果

现代广播电视传播体系建构研究

XIANDAI GUANGBO DIANSHI CHUANBO
TIXI JIANGUO YANJIU

石长顺　石　婧　著

人民出版社

责任编辑:王艾鑫

封面设计:徐　晖

图书在版编目(CIP)数据

现代广播电视传播体系建构研究/石长顺,石婧 著.—北京:
人民出版社,2020.6

ISBN 978-7-01-021427-6

Ⅰ.①现… Ⅱ.①石… ②石… Ⅲ.①广播电视-传播媒介-研究
Ⅳ.①G220

中国版本图书馆 CIP 数据核字(2019)第 231611 号

现代广播电视传播体系建构研究

XIANDAI GUANGBO DIANSHI CHUANBO TIXI JIANGOU YANJIU

石长顺　石　婧　著

人民出版社 出版发行

(100706　北京市东城区隆福寺街 99 号)

北京中兴印刷有限公司印刷　新华书店经销

2020 年 6 月第 1 版　2020 年 6 月北京第 1 次印刷

开本:710 毫米×1000 毫米 1/16　印张:19.5

字数:307 千字

ISBN 978-7-01-021427-6　定价:58.00 元

邮购地址:100706　北京市东城区隆福寺街 99 号

人民东方图书销售中心　电话:(010)65250042　65289539

目　录

引 言

新媒体的迅速崛起，改变了传统媒介的生态环境，使原来处于“第一媒体”地位的电视广播面临着诸多挑战。特别是在信息全球化时代，世界传播秩序不平衡的局面仍然没有得到根本改善的情况下，我国广播电视的传播力与国家经济社会发展地位不太相称，国际话语权也比较微弱。广播电视媒体如何适应新形势变化，在传媒竞合的格局中主动应对各种冲击，凸显我国主流媒体的价值和作用，是现代广播电视传播面临的一项重大使命。

终端的冲击。在互联网时代，传统广电面临最大的冲击，首先来自多屏接受与多终端使用造成的受众分流，用户听广播、看电视的习惯正在发生变化。据 CSM 媒介研究表明，电视观众收视总量呈下降趋势。2015 年人均每日收视时长为 156 分钟，比 2011 年同期的 168 分钟下降了 12 分钟。

另据中国互联网络信息中心（CNNIC）发布的第 43 次《中国互联网络发展状况统计报告》显示，截至 2018 年 12 月，我国网民规模为 8.29 亿，手机网民规模达 8.17 亿；网络视频用户规模达 6.12 亿，较 2017 年年底增加 3309 万，占网民整体的 73.9%；手机网络视频用户规模达 5.90 亿，较 2017 年年底增加 4101 万，占手机网民的 72.2%。数据说明，网络视频化、终端移动化的趋势愈来愈明显，更重要的是，网络视频用户的年轻化态势非常突出。传媒（吸引）抓住了年青一代，就赢得了未来，这是一个不可忽视的问题。

渠道的冲击。新兴媒体最大的优势在于内容送达过程中的多终端、多平台的立体式覆盖。虽然以网络广播电视、手机电视、IPTV、OTT TV 等为代表的视听新媒体，已经在渠道、运营等多方面拓展了传统广电媒体，但随着媒介技术快速迭代创新，新的传播渠道日新月异、层出不穷。每一种渠道都具有独特的优势，如IPTV集合了电视传播影视节目的传统优势和网络交互的新型媒介优势，使传播者与接收者之间的位置不再是先在性的规定，而成为不断共享的交互平台。与此同时，作用于智能手机的第三方应用程序App，依托于手机媒介，可以做到随时随地收看，打破了传统电视客厅文化的空间状态，满足了用户视音频点播的定制化、个性化、移动化需求，还可以让网民上传自制视音频，满足人们的社交愿望，使其成为移动视音频服务的新增长点。

内容的冲击。传统媒体具有丰富的“存量资源”，而新兴媒体拥有快速及时、容量无限、有效互动的“流量资源”。新媒体还可将图像、文字、影像、语音等内容，运用数字化高新技术手段和信息技术进行整合传播。近几年来，在网络视听新媒体节目年均增幅47%的市场规模中，视听节目内容已为互联网流量贡献70%以上，成为网络领域的最大应用。与此同时，网络视听节目的类型也逐渐丰富起来，其中网络原创节目数量逐年攀升。随着传播技术的发展，用户不再是媒体内容的被动使用者，用户与传播者之间的互动、点播等功能大大增强。而用户上传内容的广泛性和独创性又打破了传统媒体对内容源的把持和垄断，并通过便捷地转发、分享加速了内容的拷贝与复制。

运营的冲击。新媒体运营模式为免费经济、位置经济和增值模式。免费经济通过建立品牌、拥有庞大的用户来赢得广告。位置经济的典型代表是百度，通过人为安排搜索结果的位置顺序产生一个庞大的百度帝国。增值模式的典型代表如腾讯，主要是围绕软件开发会员等收费业务。新媒体的技术基因决定了它能海量存储用户信息，并跟踪用户的轨迹，关注用户的体验，尽可能增强用户对渠道的黏度和忠诚度，从而形成庞大的用户群，为新媒体运营奠定了广泛的市场基础。据《中国广播电影电视发展报告》显示，2014年，互联网广告市场收入首次超过电视，成为我国第一大广告平台。2019年4月，国家广播电视总局发布《2018年全国广播电视行业统计公报》显示，全国广播广告收入140.37亿元，比2017年的155.56亿元减少15.19亿元，同比下降9.76%；电视广告收入958.86亿元，比2017年的968.34亿元减少9.48亿元，同比下降0.98%；而网络媒体广告收入491.88亿元，比2017年的306.71亿元增加了185.17亿元，同比增长60.37%，占广告收入总额的比例从18.57%提高到26.38%。这说明，网络等新媒体广告已成为新的收入增长点，是否也预示着传统广播电视真正危机的到来？

危机，往往是危险和机遇伴生。新媒体对传统广电强烈冲击的同时，也让传统广电看到了发展的希望和路径。以电视媒体为例，虽然电视观众收视总量呈下降趋势，并不意味着“电视”的衰落。有数据显示，“看电视”仍是用户最强的需求，只不过电视不再是“那个”大屏电视，而是基于互联网（包括移动互联网）渠道的多屏体验。但从近几年互联网最热播的视频看，排名前列的综艺节目全部来自电视台首播节目，这从另一方面说明，作为互联网用户中坚力量的年轻人依然是电视视频的主流群体。只不过，他们换了个渠道看电视而已。同时，随着移动化趋势的凸显，视听新媒体无处不在，广播电视媒体运用“两微一端”实现移动化传播，全面提升了主流媒体在移动端的渗透率，从而使广电媒体的核心竞争力通过视听新媒体得以延伸拓展。

在视听新媒体的开拓发展中，中央级广播电视媒体已率先垂范，积极探索现代广播电视传播体系的建构。以2009年12月28日中央电视台首建中国网络电视台为标志，开启了全面部署全媒体业务架构的进程，现在中央电视台已经建成包括网络电视、IPTV、手机电视、移动电视和互联网电视在内的五大集成播控平台。并在全球部署镜像站点，已覆盖世界190多个国家及地区的互联网用户，建立起以视听互动为核心、融网络特色与电视特色于一体的全球化、全媒体、全覆盖的现代电视传播体系。此外，央视还开发出电脑客户端和手机客户端等多种形式，建立多渠道采集、共平台生产、多终端分发的运营新格局。这不仅是建立现代广播电视传播体系，发展现代传媒产业的要求，也是承担重要的政治传播使命，增强我国媒介话语权的重要举措。特别是在传播实践中，由于新兴传播主体的加入，我们可以感受到中央电视台在汶川地震、北京奥运会、全国两会报道中强大的话语权和国际影响力。

我国早在党的十七届六中全会决议中提出，要“加快构建覆盖广泛、传输快捷、技术先进的现代传播体系”，党的十八大报告进一步明确提出，要构建和发展现代传播体系，提高传播能力。构建和发展现代传媒体系，提高传播能力是关系党和国家发展全局的紧迫任务。[①]。因此，大力发展现代广播电视事业，加强现代广播电视传播体系的建设，不仅是面对新媒体挑战的一次突围，更是增强我国国际、国内传播力的重要体现。

在互联网新媒体新技术推动下，世界传媒已经形成了新媒体与传统媒体两大阵营。广播电视媒体作为传统电子媒体，在发挥其独特优势的同时，主动拥抱新媒体和数字媒体技术，产生了巨大的发展动力与活力。特别是当代媒体的融合发展，进一步促进了广播电视媒体的转型升级，为新型广播电视主流媒体增强传播力、竞争力和影响力提供了历史性机遇。像英国 BBC 就开发出了囊括多个介质的 iplayer 自主终端，涵盖手机、平板电脑及其他移动随身媒介，英国网民能够用自主的 iplayer 终端下载播放 BBC 的任何节目。这样，BBC 就将广播、电视、互联网等融合起来，打破了其中的阻碍，实现了全媒体加多终端渠道的大融合，也为现代广播电视传播体系提供了未来发展的路径。

事实上，20 世纪 90 年代中后期以来，中国传媒业已开始探寻通过资源整合、自身重组和外部扩张等多种形式，向集团化、规模化方向发展，让新型传媒集团成为决定传媒市场格局的主导力量。当今我国推进传统媒体与新媒体融合，就是要将广播电视媒体打造成现代新型主流媒体，提高传播力和舆论引导能力。为确保这一目标实现，就要坚持传媒内容、渠道、平台、经营、管理等方面的深度融合，重塑现代广播电视传播体系，形成一体化的传播格局。

加快传统广播电视媒体和视听新兴媒体的融合发展，实现媒体建设战略升级，是构建现代广播电视传播体系的必然选择，也是传统媒体生存发展、赢得未来的必由之路。同时，加快实施“宽带广电”战略，推进广播电视网络双向化、宽带化、智能化建设，促进全国有线网络互联互通平台建设，牢牢把握广播电视节目传输的主导地位，是增强广播电视媒体在新媒体领域的竞争力、赢得未来发展主动权的坚实基础。

---

① 中国教育电视台党委书记张剑：《构建现代传播体系》，《光明日报》2012 年 11 月 26 日。

第一章 现代广播电视传播体系的理论阐释

自1994年4月20日，中国实现与国际互联网的第一条TCP/IP全功能链接以来，短短的20多年时间，中国人的生活方式发生了巨大的改变。同时，对广播电视传播体系的结构性改革和现代化转型也产生了重大影响。为此，“构建和发展现代传播体系，提高传播能力”成为今后一个时期传媒的重要任务。

第一节 现代广播电视传播体系建构的背景

现代语境下，广播电视与互联网等新媒体的竞合加速了传统媒体生态的变化，引发出许多值得传媒关注的新现象。一方面，传统广播电视受众市场受到挤压。另一方面，广播电视节目的网络传播信息高度“集合”，小部分上星频道占据了大部分网媒关注度、微博提及量，有些“现象级”电视综艺节目更是获得了巨大的视频点击率，而电视热播剧在网络传播中亦产生较大影响力。这些情况表明，在新兴媒体迅速发展的背景下，加快传统广播电视的转型，并充分利用新媒体的技术和渠道，构建现代广播电视传播体系，扩展广播电视媒体的传播影响力，显得极为重要。

一、新媒体崛起的生态环境

世界传媒发展史几乎就是一部被现代技术推动发展的历史，从印刷术的发明、模拟技术的革命、数字技术的跨越，到互联网的广域连接，使传播在连接结构、记忆方式和内容再现上发生了根本变化，进而推动了传媒的迅速发展。从图1—1可以看出，自报纸媒介到新兴媒体“双微”发展，任何一种媒介的发展累积到5000万受众（用户）所用的时间越来越短，报纸用了50年，而广播和电视则分别只用了38年和13年。到了数字技术时代，作为新兴媒体的微博则仅用了14个月，便达到了传统媒体数十年才能达到的受众规模。而同属于即时通信工具的微信，其聚集用户的能力更呈爆发式增长，在微博达到“媒体”标准的同样时间段内，微信用户的规模就已是微博用户的4倍。这绝不是简单的数字游戏，而是数字媒体技术巨大的推动能量。

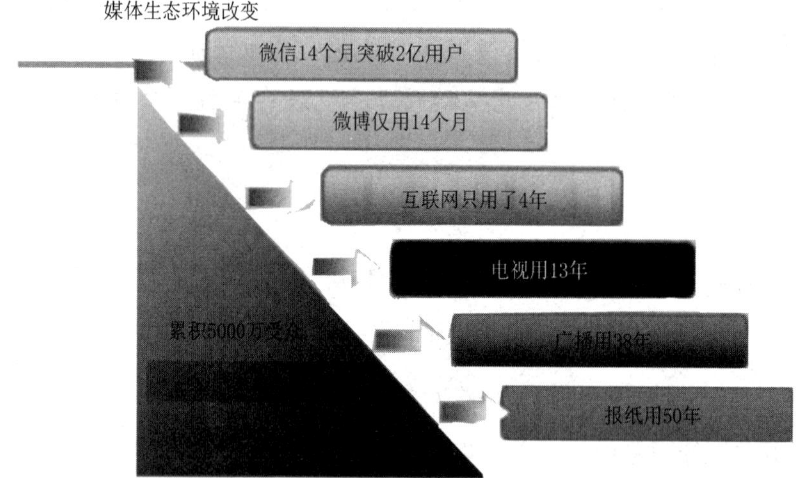

图1—1　媒介受众累积同比发展时间图

从全球网民规模看变化。国际互联网自1994年进入中国后，在2005年，中国网民首次破亿，仅次于美国。到2008年6月，中国网民总人数达到2.53亿，已跃居世界第一位。2013年，中国网民规模与全球排名前十的国家网民规模相比已稳居第一位，达到6.18亿，比美国、日本、巴西、俄罗斯和英国五个国家的网民总和还要多。

从中国网民规模看变化。截至2018年12月，中国网民规模已达8.29亿，互联网普及率达59.6%。其中，2018年新增网民5653万人，这说明网民规模的增速仍处于上升状态。（见图1—2）。

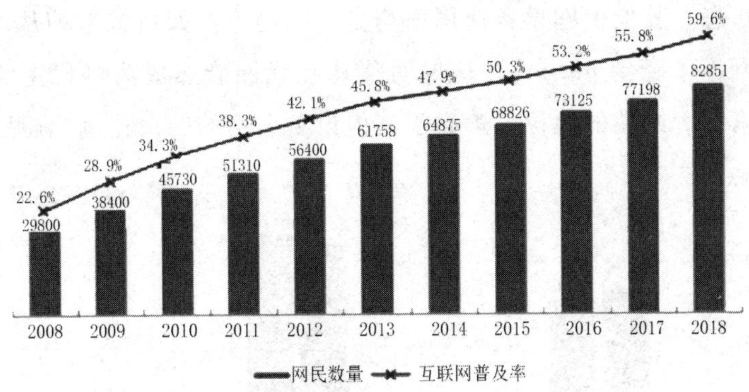

图 1－2 2018 年中国网民规模和互联网普及率图

从手机网民规模看变化。自 2000 年中国移动将 WAP 平台、短消息平台向各合作伙伴开放以来，采取“一点接入，全网服务”的方式，在应用服务商与用户之间架起链接的纽带，聚集了大量的移动客户。自此，“移动互联网”一词出现在人们视线中。图 1－3 显示，自 2011 年以来，手机网民规模及普及率呈上涨趋势。截至 2018 年年底，我国手机网民规模多为 8.17 亿，全年新增手机网民 6433 万；网民通过手机上网的网民已达 98.6％。因此，有专家表示，我国互联网网民开始向移动端迁移。

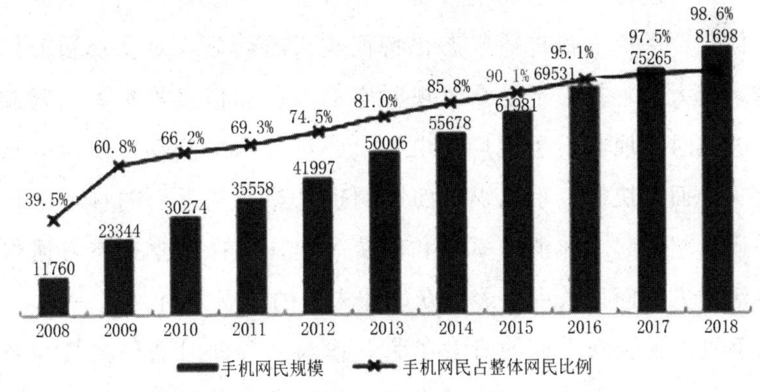

图 1－3 2018 年中国手机网民规模和普及率图

《中国互联网 20 年发展报告》也证实，早在 2014—2015 年，对台式电脑、笔记本电脑、手机应用和平板电脑上网的比较中，就显示唯有手机上网处于上升状态，其他上网设备使用率均呈下降趋势，如台式电脑从2014年的70.8%上网率下降到68.4%，这说明移动互联网俨然成为当代主流[①]，继续保持上网第一大终端的地位，远高于其他设备上网的网民比例。（见图1—4）

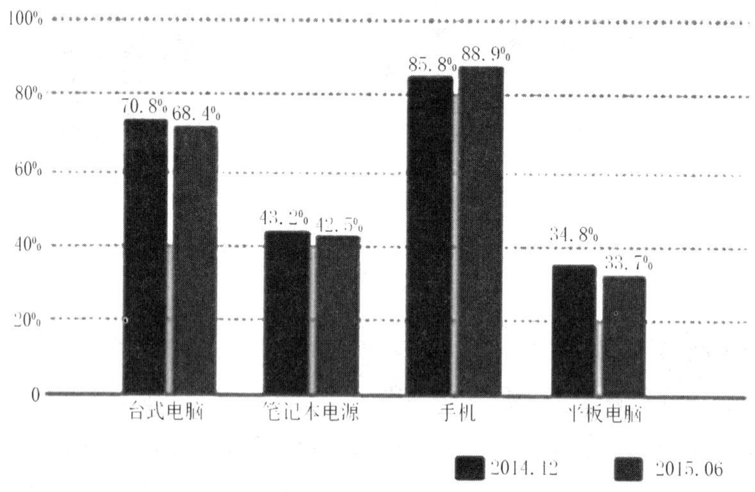

图1—4 2014—2015年中国手机上网和其他设备上网比例图

与电脑、报纸、传统广电三大媒体相比，手机以其普及率、互动性和便携性的特征，快速在消费市场上占据了显著优势。随着智能手机的普及和网络环境的优化，手机电视传播常态化特征越来越明显，对受众和群体社会的影响力越来越大。它打破了受众收视时空的限制和信息采集者的限制，让受众群体能够随时随地收看手机广播电视，并进行网络互动，使得信息的来源更加多元、全面和快捷。手机媒体的影响也已渗透到人们的日常工作和生活当中，并逐步塑造起本体消费模式和消费习惯，而这种模式与习惯将继续影响我们生活的方方面面，引领着大众媒体未来的发展方向。

伴随手机电视受众人群的日益扩大，作为一种即时通信工具与新兴媒介技术相融合的产物，手机电视已经吸引传媒产业界的高度关注，全国传统广电系统、报业系统以及各大传媒制作企业都加快推进手机电视业务。中央电视台、人民日报社、南方传媒集团等传统媒体，以及腾讯、优酷等互联网新

① 中国网络空间研究院编写：《中国互联网20年发展报告》2015年12月15日。

媒体机构，纷纷入驻手机传媒产业领域。其中，《人民日报》不仅开办了手机报，创办了手机视频“人民视讯”，还与意大利合作推出了海外版手机报，将手机电视服务推出国门。手机腾讯网则整合了手机新闻、手机QQ、QQ应用中心、微信等资源，打造“内容＋多元化应用＋社区”的手机平台。

从媒介广告收入份额看变化。互联网的发展与冲击，致使全球传统媒体广告逐渐衰退，中国也不例外。在中国传统主流媒介中，电视广告和报纸广告的收入市场份额从2009年开始出现明显下滑。2011年，网络广告收入首次超越报纸的收入。在2014年，网络广告收入又首次超越电视广告收入，成为第一大广告收入媒体①，其收入份额继续领跑市场，占市场份额的43.7%，紧随其后的电视广告只占35.0%的市场份额。

与此同时，在媒体间的竞争上，互联网公司在战略层面也给传统广播电视带来了压力。视频网站依靠互联网巨头、利用母公司雄厚的财力优势，并购专业的视频网站，强强联合、资源共享，分摊热播剧购买成本；部分网站还与社交网站结合，扩大用户覆盖范围、提供视频分享资源，实现用户共通。这些举措都迫使传统广电尽快转型，适应当代媒介社会的生存与发展。

二、媒体融合发展的战略决策

2014年8月18日作为中国媒体融合发展的重要节点被写入历史。这一天，中共中央《关于推动传统媒体和新兴媒体融合发展的指导意见》（以下简称《意见》）公布，它标志媒体融合发展已上升到国家战略层面。《意见》提出，要着力打造一批新型主流媒体，建成几家拥有强大实力的新型媒体集团，形成融合发展的现代传播体系。

新型主流媒体，强调主流媒体的多元化，而新型媒体集团，强调的是传媒的集群化，现代传播体系则强调传媒的一体化整合。它们之间是递进的关系，其建构成功与否会影响中国媒体在世界传媒阵营的地位，关系到能否开

① 傅志华：《2015年中国互联网发展十大趋势》，2014年12月22日，http：//www.leiphone.com/news/201412/mX6cHZXIjTJIiapJ.html。

启传统媒体变革图强，并在媒体新格局中掌握主动权的战略进程。

早在1978年，尼葛洛庞帝就预见到传媒业将和数字技术融合，并导致多媒体传播形式的出现。1983年，美国麻省理工学院普尔教授又在《自由的科技》一书中最先提出了“传播形态融合”的概念，预见到各种媒体发展将呈现出一体化的趋势。到21世纪初，全世界的新闻组织都开始以不同的速度朝融合迈进，使原来泾渭分明的传播形态逐渐聚合，传媒产业的界限逐渐模糊。

美国西北大学教授李奇·高登（Rich Gordon，2003），针对美国媒体业界的实践状况归纳出五种“媒介融合”形态[①]：所有权融合，即在大型传媒集团的报纸、网络新媒体和电视媒体之间，能实现内容资源共享；合作性融合，即独资公司之间的内容分享与合作伙伴关系的合作，最常见的模式是电视台或频道与一个独资公司的报纸之间的合作；结构性融合，这种形式的融合是与新闻的搜集和分发中产生的变化相关联的，它在平面记者和电视伙伴之间建立对话；新闻采集融合，即要求部分新闻从业者能以多元符号完成新闻信息采集工作；新闻叙事融合，要求融合记者编辑能综合运用多媒体工具与技能来完成对新闻的报道。上述前两种融合（所有权的融合与合作性的融合）在美国已成为普遍的形式，分别为集团内的资源共享和集团间的分享合作。后三种是在融合新闻报道层面的合作，即报道流程、采集角色、新闻叙事的融合。融合记者的工作就是在“创造一种新媒体”。

在我国，2005年开始探讨融合传播理论与实践问题，伴随着三网融合与构建现代传播体系的研究，媒体融合渐成热潮。从地方媒体集团到中央媒体的大胆探索，催生了诸多变革创新。人民日报社率先转型，从1997年1月人民网上线，到2007年2月手机报正式发行，开启了报业多形态的拓展融合之路。人民日报传统媒体和新兴媒体建设两手并举，已由单一的纸媒转变为全媒型的“人民媒体方阵”，成为除拥有传统报刊外，还拥有网站、网络广播电视、手机报和“两微一端”等10多种载体的媒体集团。目前，报社除了拥有29种社属报刊外，还建有44家网站、118个微博机构账号、142个微信公众

① Stephen Quinn, Convergent Journalism, *The Fundamentals of Multimedia Reporting*, New York: Peter Lang Publishing, 2005, pp. 9－12.

账号及31个手机客户端。其用户总数达到了2.5亿，这为融合发展打下了良好的基础①。在融合语境下，人民日报从内容融合出发，正在形成新的媒介产业群和媒介生态圈，围绕内容生产环节进行流程再造，打造“中央厨房”式的全媒体发布平台，真正实现“一次采集、多种生成、多元传播”的“集成播控平台”，对融合发展积累了宝贵经验。

为尽快推动广播电视与视听新媒体融合的实质性发展，广播电视媒体首先要坚持全媒体融合，特别注重各种媒体资源和要素的有机整合，形成一体化的传播体系；其次要坚持以数字媒体技术为支撑、以媒体内容产品为核心，着力创新业务运营模式；最后从中央到地方广播电视媒体，从实际出发探索各具特色的融合路径与模式，加快现代广播电视传播体系建设的步伐，抢占融合发展的制高点。②

三、传统广播电视的整体转型

当今世界，一个国家的影响力不仅取决于其经济和政治实力，而且还取决于其文化传播力，从而在国际上赢得话语权。然而，我国拥有的全球传媒资源和国际话语权仍然十分有限，在国际舆论中我们的声音仍旧较弱，在国际舆论中的被动局面也没有得到根本改变。唯有转型发展建立技术先进、传输快捷、覆盖广泛、话语引领的现代广播电视传播体系，才能提高我国文化传播能力，将中国的声音传向世界各地，不断提升我国的国际传播力，在舆论场中掌握话语权。

1. 西方发达国家广电集团的转型

进入21世纪，全媒体转型被公认为是传统媒体发展的必由之路。在互联网时代，尤其是在移动互联网时代，信息生产者和需求者之间有可能会逐步

① 杨振武：《媒体融合发展是改革历史，也是创造历史的大变革》，《人民日报》2015年5月18日。

② 田进：《适应新形势新要求 加快广电改革发展》，2015年全国广电改革发展高层论坛，2015年7月8日。

绕过传统媒体这个信息中介，转变为经由社会化媒体进行直接交流。因此，建构集传统媒体和新兴媒体优势于一体的现代传播主体势在必行。在国外，以传统媒体起家的一些国际传媒集团均在诸多方面进行战略调整，以应对新媒体的威胁。

第一，“全球化”战略。当今世界最显著的特征就是“全球化”，美国学者A. 麦格鲁就曾形象地描述，如今跨国网络、社会运动和关系实际上已扩展到人类活动的一切领域。许多学者认为，从某种程度上说，20世纪90年代以来才算是真正意义的全球化，那时候经济自由化的浪潮席卷了全世界，劳动力、国际资本跨文化、跨国际流通，互联网逐渐普及，世界变成了地球村。由此而言，全球化其实可以被视为一个多维度的进程。

在这个过程中，有一种重要工具在不断地推动全球化进程，而全球化进程又在不断地拓展这个重要工具的范围和规模，这就是传播媒介。特别是新兴科技的突破，使得卫星广播电视的传播突破了时空的限制，而互联网的出现又让全球受众紧密地联系在一起。地球正在被大众传播媒介系统迅速覆盖，跨国家、地区的经济、政治、文化和媒介正是在这个系统当中不断地交流、融合、升华，创造着新的全球媒介文化，催生了不少跨国传媒集团，其中不乏超级跨国传媒集团。1990年美国时代公司兼并华纳传播公司，1996年时代华纳又以75亿美元兼并特纳广播系统公司（TBS）。2000年全球最大互联网服务供应商美国在线以1650亿美元收购时代华纳，使新公司成为当时的世界传媒集团公司霸主。而迪斯尼公司1995年以190亿美元收购美国广播公司（ABC），开始进军广电业，成为世界著名的跨国传媒集团之一。1999年，维亚康姆以460亿美元收购哥伦比亚公司（CBS），随后的2001年，维亚康姆市值就达到了870亿美元，一跃成为世界传媒巨擘。世界著名的默多克传媒帝国——新闻集团以报纸起家，1985年开始收购并打造福克斯电视网（Fox TV），组建了福克斯电视公司。一年之后，福克斯电视台就成为仅次于美国ABC、CBS和NBC之后的第四大广播（电视）公司。1993年默多克又收购亚洲Star TV，开始进军亚洲卫星电视领域。2003年新闻集团又以66亿美元收购美国最大的直播卫星电视公司，实现打入美国卫视市场的愿望，进而实现新闻集团全球卫星网络并网的梦想。

这些超级跨国传媒集团在跨文化传播媒介产品时，其实也在潜移默化地宣传它们的意识形态和文化。与此同时，也在不知不觉地抢占着世界媒介话语权。目前，时代华纳、迪斯尼、新闻集团、维（亚）卡（康）姆等九大超级跨国传媒集团几乎控制着全球商业媒介体系，垄断了全球媒介市场。实际上，国际新闻大多数都是由国际著名传媒集团所发出来的，而这些著名集团大多数都是被西方发达国家控制，西方发达国家往往利用其掌握的传媒资源，选择性地发布与其特有立场相关的新闻报道，其他国家则处于接受、传播或被动应对的地位，世界传媒资源处于不对等的分配状况。于是，发达国家，尤其以美国为代表的国家长期主导世界舆论，控制着世界传媒话语权。

第二，集约化战略。随着全球化传播语境和新媒体的不断发展，跨国传媒集团也在不断地创新战略，主要包括融和战略、集约化战略和多元化战略。融合战略，即将本公司的不同媒介产品进行融合，然后分别在各种不同终端渠道进行分发。经过研究发现，在这些跨国传媒集团并购的过程中，都形成了包括广电、报纸和互联网在内的全媒体媒介公司。如时代华纳旗下包括著名纸质媒体《时代》《财富》杂志等，广电媒体包括特纳广播公司、华纳兄弟、华纳唱片和有线电视新闻，新媒体包括网络服务供应。时代华纳集团的战略调整始于21世纪初，向各个领域大规模扩张。在已经出现的两次重大的拆分重组活动中，一次是2009年，时代华纳集团相继与时代华纳有线电视公司和美国在线公司拆分。另一次是2013年，时代华纳集团将从事出版业务的子公司时代公司的资产拆分出去。本次拆分完成之后，时代华纳集团的业务结构进一步聚焦于影视娱乐和新媒体领域，体现了传统传媒集团在新媒体竞争重压之下选择重点突破的战略思考，同时也提高了企业在资本市场上的估值预期，向全球传媒业者展示了国际传媒集团在应对市场环境变化时的战略选择。

在实行整合内部资源战略的过程中，这些跨国传媒集团最突出的一个特点是将最初的一个创意或者一个小型媒介产品，如一本书或者电影，经过内部资源整合和集成，转化为多形式、多元化的媒介产品，经过多终端定制分发，最终引起较大的反响和轰动，再继续开发周边产品，如动漫，游戏等。融合战略的实质就是多媒体运营，由出版、纸媒到电影、电视剧，再到互联网、唱片等多个领域的集成运营。这样的运营机制有利于促进多媒体融合，资源互补，实现最大的传播效果和最小的运营成本，提高传媒话语权。

跨国传媒集团在整合内部资源的同时，还在世界范围内并购、整合其他渠道，将价值链延伸至世界各地，实现其将新闻集团建成全球性的集团的目标。默多克新闻集团通过购并拓展品牌效应，如2005年对MySpace的收购，透露出该集团开始转型深度介入互联网领域的一个明显信号。默多克深知内容资源是传媒业发展的根基，因此，除渠道拓展之外，默多克新闻集团还以50亿美元的“天价”收购了道·琼斯，其实际看中的是道·琼斯经营财经报道的品牌，意在给新媒体创造内容源泉、赋予传媒价值和传媒公信力。

第三，多元化战略。即通过提供多种不同的媒介产品，达到人才、物质和信息的多元化重组，从而实现规模效应，降低媒介经营风险。通过多元战略，跨国传媒集团将原料供应、销售渠道和终端平台分别放置在成本最低的地区，从而形成了一条集约化产业链，将生产成本最小化。英国广播公司（BBC）的全面转型，就是顺应了媒体发展的趋势，从组织形式到平台架构的破旧立新，以在不同媒体中树立和巩固BBC的品牌。在组织形式上，BBC将广播、电视、网络所需的新闻内容与其他节目内容进行整合，这样有利于内容的共享，从而大大提高内容的利用效率。此外，采编一体化改革也是其组织形式创新的重要环节。在渠道上，为了使受众用最适合自己的方式来获得信息，并且做到快、准、精，BBC注重新媒体技术开发，积极开发智能手机终端和平板电脑终端的App应用，并与Twitter等社交媒体合作，这些都体现了其对渠道扩张的适应性。

2. 国内广电集团转型的先期探索

国内广电集团在现代媒介监管政策的引导下，纷纷谋求变革与突破。2014年，可称为中国广电行业的转型之年，一系列的变革与创新，延伸到政策、体制、运营等各方面的产业重整，试图建立起新的媒介生态。

广播媒体职能的转变，为全行业带来了全新的体验与跨越式发展，新型广播平台日益赢得大量用户。中央人民广播电台通过微博微信等渠道延伸独家新闻报道，为广播媒体转型报道树立了一个标杆。APEC期间，中国之声与新媒体音频“蜻蜓 FM”合作推出“中国之声 APEC 新闻台”，其微博阅读量在 1 亿次以上，转发评论超过 1 万条，开创了重大时政新闻报道的新媒体模式。2014 年 6 月 9 日，东方广播中心挂牌成立，其整合了 SMG（上海文广新闻传媒集团）旗下 12 个广播频率，组成了涵盖广播新闻、音乐节目、第一财经节目和综合节目的四大广播业务板块，并形成了相应的新型组织架构。

在电视媒体转型方面，以中央电视台新媒体“央视新闻”为代表，积极布局“两微一端”新媒体，目前总用户数已突破 2 亿。此外，央视还和中国移动公司合作，于 2014 年年底在北京正式签署了战略合作框架协议，共同建设国家 4G 视频传播中心，由此开启了双方全面合作 4G 业务的序幕。[①] 2018 年 7 月 31 日，中央广播电视总台（2018 年 3 月由原中央电视台、中央人民广播电台和中国国际广播电台合并组建而成）又与中国移动在京签署合作框架协议，正式启动 5G 技术研发、4K 超高清频道建设、内容分发、大数据以及资本等六大领域的全面战略合作，实现资源共享、优势互补和互利共赢。

湖南广播影视集团也推出了“芒果 TV 独播战略”。湖南卫视制作的产品，作为视频资源平台，一直是受互联网门户网站追捧的“战略物资”，从初期效果看，湖南卫视和视频网站合作达到了“双赢”的效果，但面对引领移动互联的 4G 时代，拥有巨大视频资源优势的湖南广电再也不想为他人作嫁衣。为实现传统媒体与新媒体融合发展，湖南广电开始进行芒果 TV 网站的改版，打造湖南网络电视台，并亮出了“芒果 TV‘独播’战略”牌，逐步实现多终端融合的“一云多屏”布局。[②]

2014 年 5 月 28 日，特别值得注意的是广电传媒集团转型，中国广播电视网络有限公司正式挂牌成立，这标志着全国有线电视三级（省、市、县）网络分治状况将最终改变，而整合建设互联互通平台、转型专业运营支撑的全国有线网络系统，将成为未来广播电视网络体系建设的趋势。在这一年，各省广播电视媒体也开始整合，广东、上海、北京、湖南、重庆、河北等广播

---

① 王彩屏：《2014 年中国广电行业发展报告》2015 年 5 月 5 日，见 http://www.broadcast.hc360.com。

② 北京市新闻工作者协会编著：《中国媒体融合发展报告（2015）》，社会科学文献出版社，见《中国报业》，2015 年 8 月 1 日。

电视台（集团）的网络广播电视台和新兴媒体平台相继挂牌成立。北京网络广播电视台BRTN面向全球上线开播。江苏广播电视台向全媒体转型延伸发展，推出了融新闻发布、资讯服务、用户上传、互动评论等功能为一体的“荔枝新闻”客户端，打造独具江苏广电新媒体特色的终端，既发挥了江苏广电总台的资源优势，又凸显了传统媒体业务公信力优势。

总之，从国内先进广电集团的转型实践来看，它们都在内容上加大了创新引进力度，渠道上实行全媒体融合发展战略，试图由过去条块分割的业务模式转向平台型媒体，打通上下游，拓展产业链。这些转型举措标志着国内先进广电业已经由过去对新媒体采取防御战术，过渡到积极主动拥抱的阶段。

第二节 现代广播电视传播体系的理论基础

现代广播电视传播体系建构的提出，既有源自媒体生态变化的影响因素，又有来自国家战略层面决策的促动，同时也有相关基础理论的阐释与支撑。

一、现代性与现代化理论

“现代”是以“现代化”为文明基础，以“现代性”为心理文化引导理论的历史定位。“现代”一词虽然本义上有历史分期之意，但作为文化思想史范畴的“现代”比其拥有更为丰富的价值优越感和文化心理内容，这即是“现代性”。“现代”与“现代性”的重合之处在于崭新的时间-历史观念：一种指向未来不再回返过去的矢量时间；一种指向从低级到高级形态的进步信念依托框架，是一个关于主体性的人文科学概念（如新型主流媒体的现代性），这是现代性最深潜的核心。[①] 广义的现代性意味着适应现实及其无可置疑的现代“新颖性”。[②] 而“现代化”则指向一系列客体对象从古代向现代的转型变化，

① 尤西林：《现代性与时间》，《学术月刊》2003年第8期。

② ［美］马泰·卡林内斯库：《现代性的五副面孔》，顾爱彬、李瑞华译，商务印书馆2002年版，第337页。

通常是一种与技术导向的经济增长密切相关的社会演进方式的概括,[①] 如传统广电向现代广电的转型。

有关现代性问题的中国阐释，在我国第十五届马克思哲学论坛“唯物史观视域中的现代性问题”学术研讨会上，有专家认为，现代性既是社会存在的一种形式，也是意识形态的一种表现；既是一种社会行为，也是一种价值体系；既是一种社会发展过程，也是一种结构存在；既是一种社会秩序，也是一种社会变革的力量。至于现代性与现代化的关系，二者本根同源，但现代化不能等同于现代性，因为现代化是表示历史发展过程的一个实践概念，而现代性则是基于现代化发展反思层面的理论范畴。[②] 现代性蕴含着与传统的脱域与断裂，如从历史逻辑而言，中国现代性的生成则是传统的现代转化。[③]

而现代化是一个历史范畴，同时也是一个连续发展、没有终点的系统过程，常被用来描述从传统到现代发生的社会和文化变迁现象。西方国家对现代化的研究大致经历了三个阶段，分别是经典现代化理论、后现代化理论和第二次现代化理论。第一阶段主要总结和探讨西欧国家自身的资本主义现代化和面临的问题。第二阶段从20世纪六七十年代开始，这一阶段研究的核心是如何处理非西方的后进国家现代化建设中的传统与现代的关系。当下我们正处于现代化的第三个阶段，这个阶段人类正从工业时代向知识时代、由工业经济向知识经济、工业社会向知识社会、工业文明向知识文明转变，网络化、全球化、信息化、生态化是其主要特点，我国传媒正是处于这样的现代化环境中。

现代化研究的第三个阶段（即第二次现代化）同前两个阶段的现代化相比，出现了许多的新变化，如网络化、信息化与全球化。[④] 网络化、信息化在人与人、人与物、物与物之间建立无处不在的连接，带来信息的爆炸性增长，实现了信息的广泛适时共享，从而打破信息孤岛，在一定程度上消弭了时间

---

① ［加］大卫·莱昂：《后现代性》（第三版），郭为桂译，吉林人民出版社2004年版，第36页。

② 王海峰：《现代性问题的中国阐释》，《中国社会科学报》，2015年10月29日。

③ 陈叶军：《纷繁芜杂的“现代性”》，《中国社会科学报》2015年3月11日。

④ 魏遥、雷良海：《第二次现代化理论与我国新型现代化道路的选择》，《企业经济》2008年第9期。

和空间概念，将世界信息和技术连接成一个整体，使麦克卢汉预言的“地球村”成为现实。而全球化也不只是经济的全球化，它还带来了更为深刻的文化全球化。全球化对于发展中国家来说是把双刃剑，它一方面使发展中国家的传媒业得以与世界接轨，给发展中国家的传媒业带来先进技术、先进设备和先进管理方式，给他们传媒业的发展带来巨大发展机遇。然而另一方面，全球化也带来了媒体的全球竞争。在全球化的进程中，欧美等发达国家在经济和文化上往往处于主导地位，他们凭借巨大的财力物力不断扩充势力范围，将他们的意识形态、价值观念通过强大的媒体和影视作品渗透到发展中国家，而发展中国家在全球化过程中则往往处于弱势地位，不知不觉就受到发达国家外来文化的侵略。而且在媒体的全球竞争中，发展中国家媒体由于市场化程度低、规模小，很难与欧美等发达国家实力强大、市场化程度高的传媒集团相抗衡，发达国家的文化霸权地位日益巩固，发展中国家的媒介话语权逐渐丧失。如何在全球化过程中有效防止发达国家的文化渗透，如何维护民族文化阵地，弘扬民族文化，如何在国际社会拥有同美国等发达国家平等的话语权，都是现代化过程中需要思考和解决的问题。

二、系统论与现代传播体系

系统论，主要探索各系统间的共同特点。其思想源远流长，但作为一门科学的系统论，最早由美籍奥地利人、理论生物学家 L. V. 贝塔朗菲（L. Von Bertalanffy）在 1932 年提出了系统论的思想。但真正确立这门学科学术地位的是 1968 年贝塔朗菲的专著《一般系统理论基础、发展和应用》，该书被公认为是这门学科的代表作。

系统一词，来源古希腊语，是由部分构成整体的意思。一般系统论认为，系统是由若干相互关联与作用的要素组成的统一整体。整体性是系统最显著的特征，也是处理和解决系统问题需要坚持的基本原则。这个定义表明了要素与要素、要素与系统、系统与环境三方面的关系。[①]

系统论的基本观点是系统的观点、开放的观点、层次的观点。用系统论方法研究现代广播电视传播体系问题，就是要在系统论的指导下建立起一个整体与局部互相关照、联系的有机体系，并采用全面的视角和观点来进行分析研究，从而可以较好地杜绝当前电视评估过程中存在的评估内容片面性和评估系统非体系性的问题。

系统强调局部与局部、局部与整体、整体与外部间的有机联系，于是，整体性、动态性和目的性是其最基本的特征。其中，整体性的观念毫无疑问是系统论的核心思想。系统论从优化系统的角度看问题，将世界上任何事物都看成一个系统。系统论的任务，就是分析研究系统、要素和环境三者之间的相互关系和变化的规律，并利用这些特点和规律去协调各要素关系，使系统达到优化目标。系统论反映了现代社会化大生产的特点，它不仅为现代科学的发展提供了理论和方法，而且也为现代广播电视传播体系的发展及其问题研究提供了方法论基础。

此外，源于法国和英国哲学家早期阐发的“传播有机体”论也认为，传播是一个被整合的体系，在这个体系中，各组成部分越来越相互依赖，并通过信息渠道中心传播其影响达最外部。经过修正的“现代化理论”也认为，先进的信息传播将世界整合到全球信息经济体系中。而“信息社会理论”则将媒体放在地理和历史两个维度来理解传媒、现代性和科技，认为信息社会以日益增强的“互联性”为特征，促进了一个全球性相连的音频、视频及电子文本传播网络。从媒介规制层面看，20 世纪 80 年代后，西方广电体系的两次结构转型，反映了现代广电系统的调整变化。一次以美国《1996 年电信法》为标志，打破了媒介种类限制，促成了广电业的大兼并与整合。第二次是 21 世纪以来，数字传媒新技术的发展催生了第三次媒介形态大变化，广电业从单一形态向全媒体业态拓展，形成了一个多元的产业体系。

我国构建现代传播体系的国家战略提出后，部分专家学者对此做了初步

① 王伟光主编：《新大众哲学》（第三卷），见《中国社会科学报》，《“用系统的观点看世界——系统论”》2015 年 11 月 18 日。

研究。新华社新闻研究所出版的《新媒体发展与现代传播体系构建》（新华出版社，2013），分别从新媒体发展与现代传播体系构建等方面论述了在新媒体时代打造信息集成服务、推动传播模式转型升级的思考与探索。姜加林、于运全主编的《构建现代国际传播体系："全国第一届对外传播理论研讨会"论文选》（外文出版社，2011），涵盖了中国现代传播体系、主流媒体建设与话语体系变革、跨文化传播与软实力提升、国家形象塑造与传播策略、新媒体时代的国际传播等多个研究领域，集中反映了学者们对当今形势下对国家传播理论与实践的深入思考。胡正荣和关娟娟主编的《世界主要媒体的国际传播战略》（中国传媒大学出版社，2011），在世界范围内遴选出具有代表性的14家媒体，在描述世界品牌媒体战略演变历程的基础上，着重分析其主要国际传播战略。

其他相关研究以期刊论文为主，着重从宏观上论述构建现代传播体系的重要性和必要性，侧重于对外传播体系研究。如蔡赴朝的《发展现代传播体系 提高社会主义先进文化辐射力和影响力》（《电视研究》2012年第2期），何明星的《构建"多中心""全方位"国际传播体系》（《对外传播》2012年第3期）等。这些研究从宏观角度分析了我国传播总体能力上的不足，以及发展的紧迫性与必要性，为我国构建现代传播体系提出了建设性构想。研究认为，构建现代传播体系将有助于我国国家形象的建构、国际地位的提升以及中华文化的传播。我国现代传播体系的构建需要拓宽传播渠道、实现数字化转型、铸造高科技平台、加强队伍建设等。另有研究从国外著名媒体集团切入，寻求可供借鉴的传媒集团一体化运作经验。如李云凤的论文《默多克新闻集团经营战略及其对中国传媒的启示》，以默多克新闻集团作为研究对象，从并购战略、一体化战略、全球化和本土化战略、品牌战略、战略联盟以及技术发展战略等6个方面进行分析，为我国传媒集团提供了学习和借鉴的经验。

三、话语权与话语体系

1. 关于话语及话语权理论

1952年美国结构主义语言学家哈里斯（Zellig Harris）在《语言》（*Language*）期刊上首次使用“话语分析”（discourse analysis）的术语[①]，并将话语置于社会语境中来考察。而20世纪70年代产生于英国的批判语言学（critical linguistics）学者认为，特定的文本体现着特定的意识形态或理论[②]。英国批判语言学家诺曼·费尔克拉夫认为，话语根源于人们的生活方式和文化习惯，但同时也影响着人们的生活方式和文化习惯。[③]

关于“话语权”，可以理解为影响和控制舆论的权力。其研究同样可以追溯到20世纪70年代，法国哲学家米歇尔·福柯在话语实践的系谱学研究中，突出了权力与人文科学的联系，揭示出其中的权力机制。[④] 福柯将话语与权力嫁接，从话语与权力的关系、社会主体和知识的话语建构、话语在社会变化中的功能等领域进行研究[⑤]，对社会话语理论做出了重要贡献。福柯关于话语的陈述主体研究，更强调陈述主体间相互牵制、彼此联系的权力。

现代信息社会的显著标志是，一个新的信息图像空间正在重构并形成新的传播地理，且官方媒体的话语权正在被越来越多元的社交化传媒主体分享。在新闻传播领域，可以将福柯的权力话语理论作为新闻传播领域话语分析的工具，分析传播主体通过权力的行使对话语进行选择、建构和解构的过程，因此，本书的话语体系始终伴随着权力话语的行使。

---

① 胡春阳：《话语分析：传播研究的新路径》，上海世纪出版集团2007年版，第3页。

② ［英］诺曼·费尔克拉夫：《话语与社会变迁》，殷晓蓉译，华夏出版社2003年版，第25—26页。

③ ［英］诺曼·费尔克拉夫著：《话语与社会变迁》，殷晓蓉译，华夏出版社2003年版，第1页（中译本序第1页）。

④ 胡春阳：《话语分析：传播研究的新路径》，上海世纪出版集团2007年版，第148页。

⑤ ［英］诺曼·费尔克拉夫著：《话语与社会变迁》，殷晓蓉译，华夏出版社2003年版，第36页。

2．关于话语体系的研究

话语及话语权理论对我们认识现代广播电视话语体系提供了一种极具建设性的视角。首先，巴赫金把对话看作人类基本的生存方式，并且和其他“谈话”一起构成一个公共话语空间，汇成一个充满张力的复合体。也就是说，在话语体系构建过程中要有对话立场，重视传者与受者的双主体性。其次，后结构主义的文本间性理论把主体对话的概念引入文本之中，认为文本也像谈话主体一样不断对话。

德国学者卡尔·曼海姆提出，要赢得话语权需要具备四大要素：信任感、吸引力、依赖感和服务性①。只有赢得更高的信任感，形成强烈的吸引力和依赖感，并实现公共服务，才能够获得更多的社会认同，赢得更高的国际国内话语权，这在现代广播电视话语体系建构中显得更为重要。

在现代广播电视传播体系语境下，传播话语权及话语体系的建构逻辑，首先是培育媒体依赖感，即强化受众对媒体的需要，这是媒体话语权的基础。这种依赖感主要体现在三方面：一是信源，二是观点，三是稀缺性。透过对稀缺信息的掌控和发出权威的个性化评论声音，牢牢吸引住用户。其次是信任感，这是用户对媒体依赖的基础，也是媒体赢得影响力的关键所在，它需要经历时间的考验，媒体只有建立在强大的认同感上才有强大的吸引力。最后，强化服务性的现代传媒理念，在现代传媒受众转换为用户的情况下，传媒的公共服务功能有所强化。实际上，媒体的依赖感及其公信力的取得不仅依靠主流价值的宣导，也包括对亚群体生活服务的挖掘②。舒德森认为，作为新闻的传递者与包装者以及道义的放大者与组织者，大众媒体是现代生活的一个中心机构，这种服务性可以建构媒体和受众利益共同体，从而激发媒体社会责任感。③

---

① ［德］卡尔·曼海姆：《意识形态与乌托邦》，中国社会科学出版社2009年版，第11页。

② 石长顺：《现代广播电视话语权的重构与提升》，第八届中国高校影视论坛报告，2014年10月。

③ 迈克尔·舒德森：《新闻的力量》，华夏出版社2011年版，第21页。

四、新媒体概念与媒体融合演化

在数字传播技术出现之后，新兴媒体不断涌现，关于新媒体的概念及其与“旧”媒体之间的关系和发展也随之成为国内外学者和业界关注的焦点。

“新媒体”的概念至少可以追溯到20世纪50年代。当时，马歇尔·麦克卢汉（Marshall McLuhan）在全美高等教育学会的会议上发表了关于“电子革命：新媒介的革命影响”的演讲。麦克卢汉认为，媒介即讯息。[①] 虽然媒介指的是传达信息的载体，媒体则是指创造信息内容的机构，二者的概念不同，但从麦克卢汉的叙述中，我们可以发现，新媒体概念的“新”具有历时性，他曾提到的电报、广播等无一不是现在的“旧”媒体。

美国《连线》杂志提出新媒体就是“所有人对所有人的传播”[②]，资深出版人同时兼任锡拉丘兹大学新媒体客座教授的凡·克劳斯贝（Vin Crosbie）认为，新媒体就是能对大众同时提供个性化内容的媒体，是传播者和接受者融会成对等的交流者，而无数的交流者相互间可以同时进行个性化交流的媒体[③]。中国传媒大学廖祥忠教授侧重考察了新媒体的即时交互、无限兼容等特性后，倾向于将当下的“新媒体”理解为“以数字媒体为核心的新媒体——通过数字化交互性的固定或移动的多媒体终端向用户提供信息和服务的传播形态”[④]。景东、苏宝华学者在梳理了国内外新媒体相关定义后，总结为“所有人向大众实时交互地传递个性化数字符合信息的传播介质”[⑤]。

从以上各种界定可以看出，新媒体永远是一个相对的概念，科学技术的革新是带来新媒体形态的最重要因素。20世纪末，当互联网的迅猛势头彻底改变了人们的交流方式、生活方式、工作方式时，新媒体的呼声和使用变得

---

① ［加］马歇尔·麦克卢汉：《理解媒介：论人的延伸》，何道宽译，译林出版社2011年版，第24页。

② 互联网专家郭涛在“2008新媒体高峰论坛”会上的报告，北京国际会议中心，2008年4月20日。

③ 宫承波主编：《新媒体概论》第四版，中国广播电视出版社2012年版，第2页。

④ 廖祥忠：《何为新媒体?》，《现代传播》2008年第5期。

⑤ 景东、苏宝华：《新媒体定义新论》，《新闻界》2008年第3期。

越来越高。人们几乎把所有新的信息传播工具和接收工具都模糊地称为“新媒体”。

如随着通信技术的发展，智能手机的普遍使用，一种新兴媒体又被冠上了“移动”的头衔成为“移动新媒体”。李秀莹、付玉辉认为，移动新媒体是“以移动终端载体和无线网络为传播介质，实现文字、图像、音频、视频等内容的传播和服务的媒体”[①]。与传统的传播形式相比，它集聚了报纸、广播、电视、网络的内容和形式，又具有实时性、便捷性和定制性等特点。张威等则从新技术层面强调移动新媒体是在云计算的支撑下出现的媒体形态[②]。“云”作为一种服务器集群端，能够实现用户数据的自我维护和管理，通过虚拟计算实现用户终端的即时共通和分享。云计算“基础设施化”的形式使得移动新媒体呈现出按需定制、精确展现、用户入口为王的特点。如果按照产业链来划分，移动新媒体可以分为通信技术、应用提供、内容提供；如果按使用终端来划分，移动新媒体可以分为智能手机、平板电脑、移动电视等；如果按照入口来划分，可以分为App客户端（包括类似微信的全平台型App、新闻资讯类App、即时通信类App、微博类App）、应用商店、导航工具（包括浏览器和搜索引擎等）、应用工具（视频播放、安全工具等）、手机地图、信号输入系统、移动支付工具、智能路由器等。

在移动新媒体中，“移动”终端的释放，造成人们获取信息空间的变化，同时影响了人们对社会地理空间的感知，消解了空间和事物、事物和事物之间的边界。按照媒介地理学的观点，过去在客厅里的电视观看方式从某种程度上塑造了家庭权力的象征——一家之主永远是那个坐在电视正前方，手握遥控器，有着频道选择权的人。而当人们因移动终端从固定空间中跳脱出来后，家庭地位和权力在看视频信息上便显得没那么重要了，性别、阶级、年龄之间的差距会因为移动互联网带来的生产方式准入门槛降低而逐渐扁平化。移动新媒体通过改变社会生活的“场景地理”影响了我们的社会行为和思考

① 李秀莹、付玉辉：《我国移动新媒体研究走向：移动？融合？创新》《中国传媒科技》2012年第3期。

② 张威、唐佳希：《云计算时代移动新媒体的特点与发展策略》，《电信工程技术与标准化》2013年第9期。

方式，影响了传播的过程和信息的流向，影响了受众的地位和媒体的功能。

鉴于此，逐渐出现了纸媒消亡论、电视没落论等。但事实证明，电视这一相较于报纸的“新媒体”能够与报纸和平共处一个世纪，为何新媒体、移动新媒体就不能与报纸、广播、电视和平共处呢？于是，大家逐渐期盼着媒体融合时代的到来。毕竟，相比过去各自独立、自成一体的传播格局和媒介形态，媒体融合的实现能充分利用各媒体的特征，满足受众的多元文化需求，扩展媒体机构的创新空间。

“媒介融合”的概念最早由中国人民大学蔡雯教授从国外引进。石长顺教授通过对国内外有关媒体融合的定义总结归纳后认为①，从广义来看，媒介融合描述的是媒介形态的演化过程，是指以信息消费的需求为指向，由网络融合、媒体融合和内容融合所构成的媒介形态的演化过程。它的内涵十分丰富，不仅包括媒介形态的融合，甚至还包括政治方面的融合和社会文化方面的融合。其中政治方面的融合主要指“政府应媒介产业格局的变化而对媒介产业的相关管制、政策和立法发生相应的调整或变革”。社会文化方面的融合是指媒介组织内部组织文化的融合以及由此引发的组织之外的融合。从狭义来看，媒介融合描述的是近年来国际传媒业的一种新作业模式，它是相对于过去各类媒介产业分立而言的，就是将各类媒体的采编业务结合起来，在实现资源共享的前提下，实行集中处理，并将衍生出的不同形态的信息产品，通过多渠道和多终端传播给用户的一种新型媒体作业模式。这种作业模式是传媒业的一种质变，也是媒介融合发展的最高阶段，它将会推动新的媒介形态出现，而融合新闻就是其衍生产物。

第三节 现代广播电视传播体系的基本特征

现代广播电视，是相对于传统广播电视而存在的概念，目前相关概念还没有形成统一的界定。业界与学界探讨现代广播电视时常用两组相对的概念

① 石长顺：《融合新闻学导论》，北京大学出版社2013年版，第12页。

“新媒体”和“旧媒体（或传统媒体）”替代。然而构建和发展现代广播电视传播体系，已上升到国家战略层面，无论是理论的研究，还是实践的评价，都需要对之做出明确的界定。

一、现代广播电视传播体系的界定

1. 体系与现代传播体系

“体系”在《现代汉语词典》中的解释是：“若干有关事物或某些意识互相联系而构成的一个整体”①，如语法体系、理论体系。体系与系统意义相近，是指由若干相互联系的要素组成的具有特定功能的统一整体。二者的英文表达都是“system”，均指由许多要素构成，通常情况下它们的意思基本一致，可以通用。日常用语中，系统多指类似事物按一定关系所组成的体系，一般情况下它的形成必须具备以下几个特征。

（1）集合性：它是指任何一个系统必须由两个或两个以上可以相互区别的因素所组成，它是一个集合。

（2）相关性：是指构成体系的各个要素之间相互关联与相互作用。同时，系统的性质不等于其各因素的简单总和，具有非加和性。

（3）目的性：构成系统总和往往是为了共同达到一定的目的。

传播体系也被称为传播系统，有关传播体系的构成要素有以下多种观点。“三要素说”认为，传播系统是由传播主体、传播对象和传播内容三个要素组成，生活中的人际传播便属于这种模式，即面对面的信息交流。“四要素说”认为，构成传播系统的要素有四个：传播者、信息、传播通道、受众，强调信息需要通过一定的媒介才能得以传达。“五要素说”认为，构成传播系统的要素有五个：传播者、传播通道、传播内容、受众、传播效果，其理论基础来源是拉斯韦尔“5W”传播模式。“六要素说”，则在构成传播系统的五要素

① 中国社会科学院语言研究所词典编辑室编：《现代汉语词典》，商务印书馆2016年版，第1288页。

上增加了传播环境因素。那么，究竟什么是现代传播体系，怎样发展现代传播体系，需要给予系统详尽的研究。

有研究从结构方面进一步对“现代传播体系”进行高度概括和描述，认为我国现代传播体系由核心层、紧密层、半紧密层、松散层组成。以中央人民广播电台、中央电视台、中国国际广播电台等为代表的中央级媒体应是现代传播体系的核心层；各省市级党委机关报、刊物、电视台、电台以及地市级党委机关报、电视台、电台是其紧密层；各省市级媒体主管主办的子媒、网站等则是现代传播体系的半紧密层；松散层则指我国国内一切合法的，拥护党和国家政策的传播机构。现代传播体系必须以党报党刊、电台电视台、通讯社等主流媒体为核心，以确保党和政府的传播力和话语权。

构建科学、高效、合理的现代传播体系是一项极其复杂的系统工程，涉及新闻传播理念的与时俱进、维护社会公平正义、迎接新媒体时代的各项挑战、提高国际传播能力、培养优秀新闻传播人才等多个方面。[①] 蔡赴朝认为，构建现代传播体系应首先加强重要媒体建设，注重国际传播力建设，同时应该加快推进三网融合，尽快建立、完善国家应急广播电视体系。[②]

2. 现代广播电视传播体系的界定

现代广播电视传播媒体，属于新型主流媒体建构的范畴。基于现代广播电视媒体的认知，从传输覆盖体系方面对现代广播电视传播体系进行界定，认为：“现代广播电视传播体系是指统筹无线、有线、互联网、卫星等多种技术手段，建构覆盖广泛、传输快捷、安全可靠的广播电视现代传播体系，并建立与其相适应的运营模式和机制，积极推动广播电视全面、协调可持续发展。”[③] 也有研究提出，构建现代广播电视传播体系，一方面要积极创新传播方式手段，在巩固和提升传统媒体传播方式的同时，推动新媒体传播方式的构建和完善；另一方面要将涉及传统媒体与新兴媒体的多种传播方式手段通

---

① 刘峰、严三九：《现代新闻传播体系的思考》，《新闻记者》2013 年第 5 期。

② 蔡赴朝：《发展现代传播体系 提高社会主义先进文化辐射力和影响力》，《电视研究》2012 年第 2 页。

③ 陈欢：《自主创新、服务行业，提高广电传播能力——访国家广电总局广播科学研究院院长邹峰》，《广播电视信息》2013 年第 2 期。

过平台合理、有效地整合为一个整体。[①]

王效杰认为，建构现代广播电视传播体系应包括四大体系：一是技术体系，通过重点开发下一代广播电视网核心技术和标准，全面实现现代广播电视内容层面高清化、服务层面互动化、系统层面平台化、网络层面互联互通、管理层面可管可控；二是覆盖体系，即统筹和推动卫星广播、有线广播电视、无线广播电视三网协同、多屏互动；三是公共服务体系，包括保障基本公共服务、承担应急广播任务、创新服务业态是现代广播电视传播服务体系建设的重要方面；四是管理体系，保障建构一个安全可控、有序发展的广播电视传输覆盖网。[②]

概言之，在新媒体快速发展背景下，现代广播电视传播体系与传统广播电视相比表现出了新的内涵，即指传统广电与以网络视听为代表的新兴媒体融合，形成以新型主流媒体为核心，具有强大影响力的一体化传播系统。其传播模式主要表现为传播维度立体、传播主体多元、传播渠道拓展、传播内容丰富。[③]

事实上，数字技术的广泛运用和互联网传播的迅猛发展，致使不同媒介之间的界限早已不再泾渭分明，而呈现出一股“媒介大融合”的趋势。我们今天不仅可以通过广播、电视收看收听节目，还可以通过网络电视、广播电视台网站、手机电视等新兴视听新媒体随时接受观看广播电视节目，互联网已经成为广播电视节目扩散自身形态和影响力的重要渠道。随着广播电视技术与互联网技术的发展，基于网络视频的视网融合也产生出现代广电新形态，包括以中国网络电视台（CNTV）为代表的网络电视台，以土豆、优酷（优酷土豆集团2015年正式更名为合一集团）等为代表的分享型视频网站。另外广播电视网与移动通信网融合而成的手机广播电视也渐渐成为现代广播电视新媒介形态。

“现代”一词自公元10世纪末首次被使用以来，随着人们信念的不同而

① 杨瑞萍：《浅议如何构建现代广播电视传输体系》，《广播电视信息》2009年第2期。

② 侯晓轩：《打造自主创新能力构建现代传播体系——访原国家广播电影电视总局科技司司长王效杰》，《中国科技投资》2013年第3期。

③ 胡正荣、李继等主编：《中国国际传播发展报告》，社会科学文献出版社2014年版，第4页。

使现代观发生了变化。中国现代化研究专家罗荣渠先生在概括了学术界关于现代化的各种定义后指出，现代化作为一个世界性的历史过程，是指人类社会从工业革命以来所经历的一场急剧变革，这一变革以工业化为推动力，导致传统的农业社会向现代工业社会的全球性大转变过程。[①] 这一界定强调了现代化作为一个历史转变过程将引起各个领域相应的变化。同理，在以数字媒体技术快速发展的当代，也引发了传媒革命性的变化，传统广电媒体与新媒体相互融合，逐渐形成一体化发展的视听传媒产业系统——现代广播电视传播体系。

综上分析，可将现代广播电视传播体系界定为以现代传媒技术为基础，调整组建具有影响力的传播系统，并根据新媒体环境下的传媒结构规律重构现代广播电视媒体的过程。这一界定，表现了现代广播电视传播体系的三个本质属性：现代性、主体性、融合性。即在这一体系建构过程中，明显呈现出新型广播电视传播主体，以及多重话语影响力和话语权的特征。

二、现代广播电视传播体系的现代性

广播电视媒体的“现代性”主要体现为两方面：一是指新媒体的兴起改变了传统广电的格局，广播电视媒体随着数字形态的变化演进为数字视听新媒体；二是指信息全球化语境下的广播电视媒体跨地域、跨媒介和跨国界传播。在进化理论的语言里，现代传媒根植于多媒体传送系统及与社会、政治权力系统中，或说现代传媒组织的建立基于技术、经济和政治的相互关系之上，它必将带来一些相应的转变：视听新媒体的专业化发展在所有传媒领域日益加剧；媒介普遍的市场化和媒介权力组织的集团化发展；“世俗化”文化主导地位的提升及随之而来的传统媒体的衰落。现代广电传媒正是沿着这三个维度发展，并从传统媒介领域分离出来，成为一个逐渐现代化的调节系统，同时又被其他新兴传媒推动运作起来，成为维持广电传媒发展不可或缺的基本条件。

---

① 罗荣渠：《现代化新论——世界与中国的现代化进程》，商务印书馆 2009 年版，第 17 页。

技术决定论认为，传播的历史是一个成功提升科学和利用科学的动力来为全人类创造更美好世界的历史。这个历史过程的中心是传播技术的发展，从印刷业开始“解放”的过程，新的电子传播又推进了这个解放，数字媒体传播技术则将信息高速公路传递到现代信息社会。当21世纪到来时，广播电视正在从传统媒体向现代视听多媒体的方向发生着嬗变，它的主要标志就是数字制播技术和网络传播技术的广泛运用，并向跨区域传播、跨媒体发展和跨文化交流转变。这种转变正好说明现代性作为西方文明史一个阶段的表征与作为美学概念的现代性之间发生了无法弥合的分裂。前者作为文明史阶段的现代性是科学进步、工业革命带来的全面经济社会变化的产物。①

三、现代广播电视传播体系的融合性

从最广泛的意义而言，融合是一个过程，媒体公司打破传统媒体形式和规格，发送更丰富的新闻和信息服务，以此呼应消费者选择和使用这些资源。融合就是对由技术和信息经济带来的媒体环境变革的回应。融合，对我们而言就是利用基础材料——新闻和现有信息，通过多种渠道服务消费者。“只有当所有事物走向数码化，信息源变得寻常可见时，融合才在技术化和能用以描述方面有意义”。②

融合性，意味着现代广播电视媒体通过组织的合作和协作，利用多渠道、多平台发送更丰富的新闻和信息，以最大限度地传播给更多的公众。在运作层面，融合作为新闻学的一种形式，是在融合新闻编辑部，即“中央厨房”24小时不断发生的采编过程，在这里广电采编人员为多媒体平台共同协作，制作传播多媒体产品以达到与受众（用户）之间互动。

从媒体融合实践归纳看，现代广播电视传播体系的融合主要涉及三大方面③。

---

① ［美］马泰·卡林内斯库：《现代性的五个面孔》，顾爱彬、李瑞华译，商务印书馆2002年版，第48页。

② Stephen Quinn Convergent Journalism-，*The Fundamentals of Multimedia Reporting*，New York：Peter Lang Publishing，2005：8.

③ 石长顺：《融合新闻学导论》，北京大学出版社2013年版，第10页。

一是形态融合。美国新媒体研究专家约翰·帕夫利克认为，“融合是指所有的媒介都向电子化和数字化这一种形式靠拢，这个趋势是由计算机技术驱动的，并在网络技术的推动下变得可能，它为多媒体产品的发展铺就了发展道路”。[①] 如三网融合（广播电视网、互联网和电信网多渠道融合的传输模式），三屏合一（电脑屏、电视屏、手机屏）。

二是组织融合。它以内容生产、整合传播、即时反馈为一体化的“同步——闭环”结构模式，构成媒体融合时代内容生产的常态，并使稀缺的媒介资源得到最优配置。

三是规制融合。媒介政府规制融合在现代广电传播体系发展的进程中居于重要地位，它是媒介融合的重要推动力，在某种程度上甚至成为现代广电传播体系能否顺利发展的决定因素。反之，则会阻碍发展。未来的传统大众传媒业、电信业、网络信息业都将统合到“大媒体业”的新产业之下，如三网融合，使传媒和网络信息业之间的界限趋于模糊，不同媒介产业相互作用，触及相关产业及产业规制的边界。所有参与媒介融合中的传媒业、电信业、IT产业等，其功能演化过程都可能寻求部分政府规制的解禁和放松管制。“政府应媒介产业格局的变化而对媒介产业的相关管制、政策和立法发生相应的调整或变革”[②] 势在必行。

第四节　现代广播电视传播体系的框架建构

基于新媒体发展对传统广播电视传媒格局的影响，探讨现代传播体系构建的框架，体现了本书研究的基本思路，进而为本书研究奠定重要的基础。本书拟从现代广播电视体系的传播主体、传输渠道、传播话语、传播管理和传播发展等方面，构建现代广播电视传播体系的研究框架。如图1—5所示。

如图1—5所示，现代广播电视传播体系的研究呈现两个特点：一是立足

---

① 约翰·帕夫利克：《新媒体技术——文化和商业前》，周勇等译，清华大学出版社2005年版，第126页。

② 傅玉辉：《大媒体产业：从媒介融合到产业融合》，中国广播电视出版社2008年版，第30页。

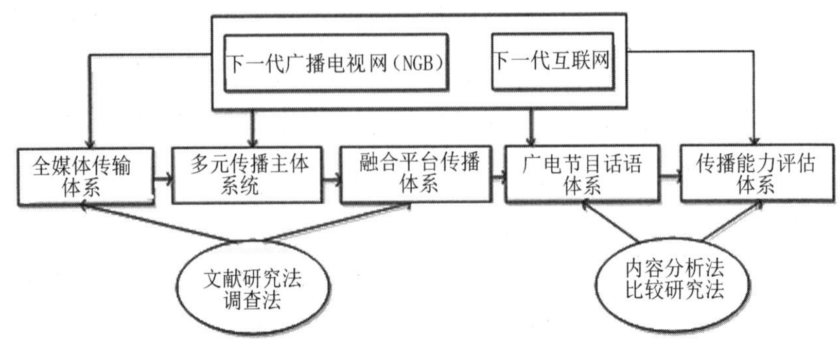

图 1－5 现代广播电视传播体系构架图

于媒介业态体系改变研究；二是立足于话语形态体系改变研究。其研究的主要内容涵盖如下。

（1）现代广播电视传播体系的内涵研究。数字新媒体时代广播电视传输格局发生了根本变化，新媒体崛起的冲击、全球化传播竞争的加剧、集约化经营改革的推动等媒介生态环境的影响，使传统广播电视媒体开始全面转型。因此，研究现代传播体系的基本特征，通过传统与现代、中国与西方传播体系的比较，探索现代广播电视体系的概念和要素间的关系，是构建和发展现代广播电视传播体系研究的重要基础。

（2）现代广播电视多重传输体系构建与融合研究。新媒体的发展重构了现代广播电视传输体系。拟研究“网状型”的多重传输体系构建，包括广播电视原有业态体系的转型升级与统筹；广播电视“直播卫星”等工程的整合；广播电视新媒体业态体系的发展，即网络广播电视、IP 电视、手机广播电视等视听新媒体集成播控平台体系构建；研究多重体系的融合，涵盖传统广播、电视、视听新媒体及三网融合混合覆盖体系。广播电视传输虽是一个技术问题，但又不仅仅是一个技术问题。本书没有采用纯广播电视传输技术的研究视角，而是尝试将广播电视传输体系作为一个整体研究对象，结合新型媒体的发展状况，深入分析现代广播电视传输体系的融合与重构，使其具有理论上的创新性。

（3）现代广播电视传播多元主体联动研究。在“集约化”的新型传播体系中，除了传统广播电视主流媒体外，网络视听新媒体凭借其先进的传播技术和广泛的社会影响力，毫无疑问地进入主流媒介。在融合语境下，现代广播电视传播的多元主体关系重构与联动，成为当代的新研究。另一方面，在传媒采编运营流程上，传统主流媒体记者编辑、视听新媒体记者编辑、“网络自媒体记者”等，共同构成了现代广播电视传播的报道主体，而广播电视台、视听新媒体有可能成为现代传媒用户的服务主体。因此，研究现代广播电视传播主体的复式结构、多元主体的协同联动、融合新闻主体的一体化运营等，将有助于探索现代广播电视传播主体的构建模式。

（4）现代广播电视传播渠道和传播平台的融合研究。系统论的基本观点是系统的观点、开放的观点、层次的观点。作为现代广播电视传播体系的系统工程，首要是研究如何建立起系统、开放、层次性的宏观基础框架，同时考虑如何在具体分析过程中，按照系统论的思维指引，建立起一个层次分明的，整体与局部互相关照、联系的有机运营体系。用系统论方法研究现代广播电视传播体系构建与融合问题，将涉及多样化的传播渠道整合、手机电视传播平台的构建、广电“两微一端”的发布延伸、广播电视台网的融合推进等研究。

（5）现代广播电视传播话语体系构建研究。现代广播电视话语体系集中表现为广播电视话语权的建构，它通过话语文本内容、话语表达方式、话语传播理念、话语传播渠道的系统建构形成合力体系，以增强现代广播电视媒体的话语影响力。因此，研究的主要内容涵盖话语平台多重利用、话语主体公众延伸、话语方式开放联动，以及话语传播首发引导、议题设置、深度解读等，试图构建出话语体系的基本框架，完善多层级的融合媒体内容共享体系。

（6）现代广播电视传播体系运营管理研究。互联网时代，广播电视依托内容进行资源整合，从内容资源的运营拓展到媒体资源推广、IP资源开发，以及资本产业运营，正在全面拓宽产业链。同时，强化对现代广电产业的运营管理与评估研究，是对现代广播电视传播体系质量、效益和价值体系的有效保障。

（7）现代广播电视传播体系的发展研究。未来广播电视的发展趋势是什么？它主要受何种因素的影响？既需要前瞻国外先进广电媒体发展的动向，又需要了解我国有关媒体发展的国家战略决策、广播电视发展的实际状况与问题，特别是研究下一代广播电视网（NGB）和下一代互联网（以 IPv6 为核心）可能引发的巨大变化。研究内容包括 NGB 战略规划、发展目标，NGB 的传输网络、业务平台和管理系统等。下一代互联网则要重点研究互联网谱系变化与世界现代传媒格局的重构，以及两个“下一代网”对现代广播电视传播体系建构和发展的影响。

21 世纪初的广播电视媒介图景发生了深刻的变化，地理距离和国家疆界正在数字化、全球化语境中被打破，广播电视媒体边界也在视听新媒体环境中逐渐模糊，“合纵连横”将成为现代广播电视传播体系构建的基本策略。只有统筹传统媒体与新兴媒体，协调国内传播与国际传播，才能构建以国家广播电视媒体为核心，以国家视听新媒体集成播控平台为支撑的多终端、全媒体、全覆盖的现代广播电视传播体系。而现代广播电视传播体系的构建和发展，必将形成基于“按键”模式的全球信息发布平台，提升中国话语的传播能力，并在世界传播新秩序的建构中发出中国媒体的声音。

第二章 现代广播电视传输体系的混合覆盖

随着互联网技术和现代通信技术的迅猛发展，各种新型媒体大量涌现，开始打破传统媒体一统天下的局面，并对广播电视的主流媒体地位形成巨大冲击。在新形势下，我国广播电视媒体如何在激烈的竞争格局中保持传输覆盖的优势地位，在国际传播中提升对外传播力，是现代广播电视传播面临的一个重要问题。

广播电视传播能否有效实现全覆盖，不仅取决于自身的内容优势，而且受制于传输渠道的先进程度。因此，“渠道与内容并重”，构建多平台、多渠道、多终端的融合覆盖体系，成为现代广播电视发展的重要策略。

第一节 现代广播电视传输体系的建构理念

在我国，广播电视媒体目前仍是覆盖面最广、普及程度最高、收视收听最便捷的家庭信息终端，因此，构建现代广播电视传播体系，是巩固广播电视作为文化传播主流媒体，满足人民群众不断增长的信息和文化需求的基本保障。

一、现代广播电视传输体系构建的国家战略

2011 年，党的十七届六中全会在“发展现代传播体系”的有关决议中指出，必须加快构建技术先进、传输快捷、覆盖广泛的现代传播体系。“决议”中对现代传播体系的属性和组成结构，提出了明确的要求，即现代传播体系

由六大体系构成，包括数字化采播体系、国际一流传播体系、国家应急广播体系、有线电视网络体系、三网融合传播体系、国家新媒体集成播控体系等，尤其要通过发展视听新媒体，构建互联互通、资源共享的现代广播电视传播体系。

当前，数字媒体技术的发展极大地改变了传统广播电视的传输模式，广播电视有线和无线覆盖网已不再是音视频的唯一传输通道，在现代传播体系下，电信网和互联网的普及应用已成为现代广播电视节目和视听服务的新型传播载体。特别是以5G等先进技术为标志的移动互联网的接入，使IPTV和互联网电视等新兴视听媒介均能满足用户在任何时间、任何地点，用任何移动接收端都能接受任何内容的视听节目需求。

在互联网等新媒体条件下，目前已形成了新兴媒体与传统广播电视两大媒体阵营。广播电视媒体作为传统媒体阵营中的“第一媒体”，面对新媒体的挑战与冲击主动拥抱数字媒体新技术，积极拓展视听新媒体，开启了现代广播电视的战略转型，为巩固广播电视新型主流媒体的地位创造了进一步发展的机遇。

二、现代广播电视传输体系构建的路径研究

近年来，学界与业界有关构建现代广播电视传播体系的研究，主要转向对传播主体、传输体系、话语体系和评估体系等展开讨论，尤其是现代广播电视传输体系的构建研究受到众多专家学者的关注。目前，该研究主要集中在农村广播电视传输覆盖网、广播电视传输技术、地面数字电视传输标准等方面，而对现代广播电视传输体系的构建路径以及融合研究稍显不足。所以，本章突出从广播电视传输体系的转型升级、视听新媒体的发展、融合覆盖体系的重构等方面展开研究。

现代广播电视传输体系的协同覆盖。近年来，传统广播电视的转型升级成为业界探讨的热点。朱虹指出，21世纪以来，我国加快有线电视数字化改造，建成了有线、无线、卫星多技术、多层次混合覆盖的全国广播电视网；而作为国家广播电视公共服务的重大项目，广播电视“村村通”工程和“西

新工程”也得到了全面推进，极大地提高了国家偏远农村地区和西藏、新疆等边疆少数民族地区的广播电视覆盖率。① 国家广播电视总局原局长蔡赴朝在全国广播影视工作会议上的讲话中也提出，国家积极建立数字卫星直播系统，推动有线、无线和卫星传输网络的互联互通和智能协同覆盖，推动传播业态更新适应现代信息技术发展趋势，加快了广播电视技术体系升级。②

广播电视借力新媒体延伸覆盖。当今时代，视听新媒体迸发出强大的市场竞争力，有研究指出，在受众信息渠道的选择方面正呈现出多元化、新型化的趋势，特别是年轻一代在资讯获取方面更倚重于网络等新媒体，他们将个人 PC 端及智能手机作为信息终端，分享时移电视和互动媒体等便捷服务。这说明，谁掌控了新兴媒体，谁就掌控了未来的媒体市场。③ 也有研究者提出，在各类新媒体技术的包围下，我国广播电视传输网已不再是音视频唯一的传输通道和服务平台，现代广播电视开始构建面向多个播出平台、多种用户终端的综合制播系统，实现台网联动，形成多种媒体同频共振、整合传播的局面④。同时，现代广播电视媒体牢牢把握新媒体发展主动权，拓展了网络广播电视、IPTV、手机广播电视、微电台、互联网电视等多种试听新媒体业态。

现代广播电视传输体系的融合覆盖。2008 年，国家发改委发布《关于鼓励数字电视产业发展若干政策的通知》指出，要以有线电视数字化为切入点，加快数字电视网和 NGB 等信息基础设施建设，推进三网融合。“三网”在向宽带通信网、数字电视网和下一代互联网发展进程中，由于其技术功能趋向一致，业务范围逐渐趋同，网络之间互联互通，实现资源共享，能为广大用户提供包括语音服务、数据服务和广电媒体等多种服务。可以预见，“三网融合“的建设，必定将广电的内容生产优势与电信的应用服务、互联网的渠道优势融合起来，并通过三者的资源整合使受众随时、随地、随性的信息接收

① 朱虹：《大力推进社会主义新农村文化建设》，《中国广播电视学刊》2006 年第 7 期。

② 蔡赴朝：《在全国广播影视工作会议上的讲话》，《中国广播电视学刊》2013 年第 2 期。

③ 石长顺、石永军：《融合与突破：对广电业发展趋势的一种解读》，《中国广播电视学刊》2007 年第 3 期。

④ 汪月平：《新媒体 新理念 高品质——以湖北网络广播电视台为例》，《新闻前哨》2011 年第 9 期。

成为可能。

从当前广播电视媒体与互联网等新媒体的融合发展形势来看，我国现代广播电视传输体系的重构，突破了传统媒体的地理界限和时空限制，真正实现了传播即时性和全球化覆盖，形成全方位、多渠道、现代化的广播电视传播体系。在此基础上，广电传统媒体利用其丰富的内容资源，成为互联网内容的主流供应者，并与网络新媒体合作，积极开展网络广播、网络电视等新业务，将自己的内容资源传播给大众，使得内容在多渠道发布实现了最大的增值。

三、现代广播电视传输体系构建的全球覆盖

“加强国际对外传播能力，打造国际传播的一流媒体”，是党的十七届六中全会决定的重要内容之一，也是构建我国国际传播体系的指导思想。近年来，我国广电媒体虽然在积极推进现代传播体系建设，扩大中国影响方面发挥了重要作用，但与世界发达国家的广播（电视）集团公司的传媒影响力相比仍然较弱，在国际传播中西强我弱的局面没有彻底扭转，这与中国的国际地位极不相称。因此，我们应当站在国际大局的高度，充分认识增强国际传播能力的重要意义，推进现代传播体系建设[①]。

早在2001年，中国广播电视媒体就积极实施“走出去”的国际传播策略，通过增强卫星广播覆盖网络等方式，强化推动我国广播电视媒体的国际化战略，推进跨文化传播并主动参与国际竞争。2006年，中办和国办共同发布的《国家“十一五”时期文化发展规划纲要》指出，加快实施广播影视走出去战略的三大任务，增强广播影视有效覆盖率、扩大广播影视产品发行和建立广播影视交流平台。2010年，新华社通过旗下的中国新华新闻电视网（简称CNC）参与国际电视媒体主战场的竞争，其中文台和英文台的相继开播，表明中国视听媒体对外传播迈上新台阶。至此，我国初步形成了以

① 新华社电讯：《十七届六中全会〈决定〉解读：为什么要加快构建现代传播体系?》2011年12月16日。

CCTV、CNC、凤凰卫视为主体，以省级卫视东方台、北京台和中国黄河电视台等为方面军，以多频道、多语种、全媒体、全天候为特征的对外传播新格局。①

国际传播作为一个国家或文化体系针对另一个国家或文化体系所展开的信息交流活动，必须建构一个相应的现代国际传播体系。只有实现有效的节目覆盖与落地，才能将节目真正送达目标受众，提高中国在国际传播中的影响力。

以往我国电视媒体在海外传播渠道方面的主要问题是过于倚重传统电视播出渠道的建设，未重视新媒体播出渠道的建设。因此，目前应首先依托新媒体，促进传播手段多样化。要统筹传统媒体与新兴媒体，有效拓展国际传播渠道，努力形成多主体、多渠道、多层次的“走出去”传播格局。

其次，要扩大覆盖面，实施“走出去”的国际传播策略。中国电视“走出去”的策略包括自建渠道和“借船出海”两条传播路径。所谓自建渠道，是指通过电视频道在海外的落地或影视节目海外发行，直接掌控传播平台和服务收益；“借船出海”，是指借助国际交流与合作渠道对外传播本国文化。我国目前主要是通过卫星、光缆、网络等多种渠道，统筹广播电视落地覆盖与节目建设，填补国际传播空白点，实现广电节目在海外的立体覆盖。②

中央电视台作为中国国家电视台，加快了国外记者站（CCTV 海外记者站）布局建设。2013 年年底，中央电视台就搭建了包括 63 个海外记者站、2 个分台与 5 个中心站覆盖全球的新闻报道网络，新增整体落地电视频道 58 个，总体国际海外频道用户超过 3 亿。此外，中国国际广播电台也建成了 8 个地区总站，32 个记者站和 23 个海外节目制作室，播出语种达 38 个，遍布 70 多个国家。与此同时，中央人民广播电台也建成全球华语广播协作联盟和广播网，并加强了少数民族语言类节目制作和在中亚国家的落地。这些国家一流媒体的建设必将深入推进中国媒体的国际化，开启我国对外传播的新局面，提升中国广播电视的国际“硬传播力”。

---

① 杨越明：《中国电视的对外传播》，知识产权出版社 2008 年版，第 89 页。

② 谭天：《批评与建构—聚焦中国电视技术方式与运作模式》，暨南大学出版社 2009 年版，第 6 页。

第二节 现代广播电视传输体系的建构层次

“现代广播电视传输体系”作为一个相对的概念，是针对“传统广播电视传输体系”提出来的，也是互联网新技术产生后才出现的新概念。随着当前广播电视数字化技术的进步和三网融合的逐步推进，极大地提升了广播电视多元传输覆盖技术，尤其是在与互联网、移动通信技术的交叉领域，产生了新的广播电视传输体系。

一、基于传统广播电视覆盖体系的升级改造

在现代广电传输覆盖体系的建构中，作为主流媒体的传统广播电视无疑应首先承担起转型升级和现代传播体系的重任。中国国际广播电台台长王庚年曾在 BIRTV2011 主题报告会上发表主题演讲时表示：通过这几年对广电媒体发展规律的实践探索认识到，“如果在单一媒体的路上走下去，前面一定是绝路”，传统广播电视必须要全面升级[①]。他说，默多克的新闻集团，时代华纳，Viacom 等国际媒体集团，都提供了单一媒体转型的成功案例。当前，我国传统广播电视的全面升级，主要任务是完成广播电视的数字化改造，以及“村村通工程”“西新”工程与卫星直播工程的深入发展。

1. 广播覆盖体系与专业频率发展

根据赛立信媒介研究统计，截至 2015 年 6 月，全国县级广播电视播出机构共计 1998 家，地级以上广播电视播出机构共计 517 家（地级以上电视套数共计 1191、广播套数共计 2146）[②]。

---

① 王庚年：《国际台的战略目标是建设现代综合新型的国际媒体》，中广互联独家，2011 年 8 月 23 日。

② 梁毓琳、黄宇：《中国广播覆盖及频率资源分布特点（研究报告）》，广电独家公众号，2015 年 9 月 27 日，见《传媒》。

近十年，由于各级广播电台多渠道推送传播，使广播覆盖率不断提升，广播频率打破区域的局限性进行“跨界”传播，在很大程度上影响了区域收听市场的表现，提高了我国广播媒体的传播力和影响力。2014 年，我国广播人口覆盖率已达 98%，仅 10 岁以上的广播听众就接近 7 亿，广播接触率也接近 60%。(见图 2—1)

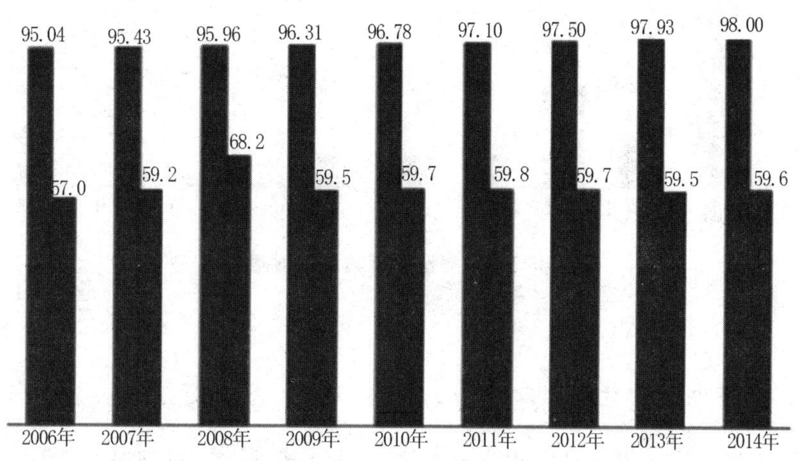

图 2—1　2006—2014 年全国广播覆盖率和广播接触率

从国内频率资源分布特点看，广播的传播覆盖以调频、中波为主。其中，中波广播是受众获得新闻和各种信息的重要媒体。随着数字广播技术的发展，广播频率不再是稀缺资源，广播的类型化特征越来越明显，除了新闻广播之外，还发展出经济广播、交通广播、音乐广播和都市/生活广播等。其中，新闻广播频率占据 40%的市场份额；居于第二位的是交通，占比 21%；第三位是音乐广播，占比为 9.9%；还有文艺、生活等频率，占比情况见图 2—2。

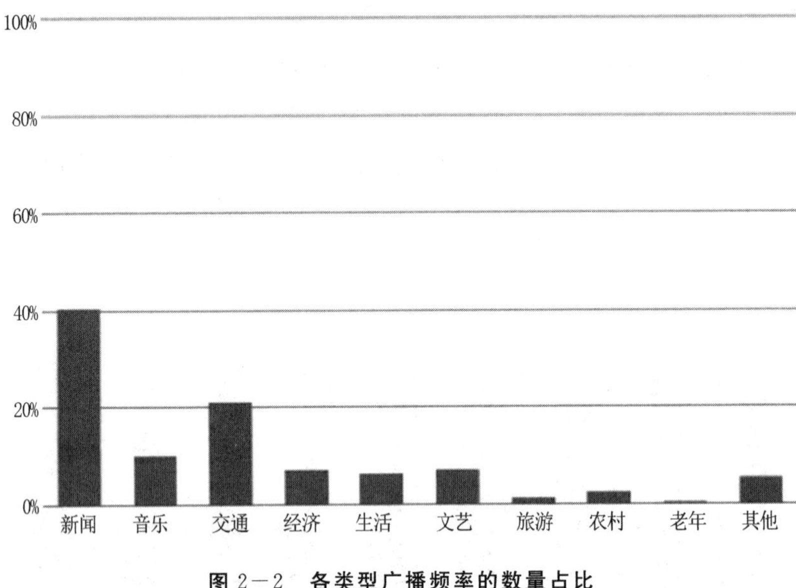

图 2—2 各类型广播频率的数量占比

2. 有线电视的数字化改造

有线电视数字化，是在现有有线电视系统基础上，对其进行双向化改造，它体现了现代传媒的发展方向，能最大限度地发挥广电自身优势，推进城乡信息现代化建设。同时，有线电视数字化可让电视成为多媒体信息终端，扩大电视应用领域，变成一个数字化信息平台，实现信息资源共享，推进国家信息化、社会信息化建设。

“有线电视数字化不是简单的技术提升，而是一场深刻的产业变革”。王效杰指出，有线电视数字化不是目的，而是要在数字化的有线电视网络上开发多功能业务，真正发挥有线电视网络的宽带优势和普及优势。双向、交互、多功能、多业务，已被我国政府纳入国家规划，并部署为有线电视数字化的发展方向。

有线电视数字化改造主要包括两个方面：一是实现节目制作和节目播出的数字化，这是电视台内部的数字化改造与提升，主要解决电视节目生产的数字化问题。目前，我国省级以上电视台在这个层面基本实现了数字化，具备了数字化节目的拍摄、编辑、制作、包装和播出的能力。二是实现传输网络的数字化改造，这将纳入国家战略网络发展层面，是目前乃至今后较长一段时间广播电视数字化发展的重要任务。

自2001年开始，我国广播电视传输数字化进入全面推进阶段。2003年，国家广播电影电视总局颁布的《广播影视科技“十五”计划和远景规划》提出，2015年开始停止模拟广播电视播出，尽管由于多种原因未能如期实现，但这仍然标志着我国广播电视已全面开启数字化电视时代。在国家广播电视数字化规划的推动下，全国各地广播电影电视局全力推进有线电视数字化建设，并加快数字电视的升级工作。

广播电视数字化从台内数字化建设到有线、无线、卫星多技术、多层次混合覆盖的全国广播电视网，都加快了由模拟技术向数字技术的改进，加快了由传统单向传播向双向交互传播演进的步伐，实现了视听新媒体传播的飞跃。据国家广播电视总局规划财务司《全国有线电视发展情况专项统计调查分析报告》（2018-10-30发布）显示，截至2017年年末，全国有线电视覆盖用户约3.36亿户，实际用户数为2.14亿户，有线电视数字化率已经达到90.48%，有线电视进一步向高清化、超高清化发展。其中，我国有线电视高清用户、超高清用户分别达到7105万户、517万户，在有线电视用户群体中的认知度显著提升。2017年，我国双向数字电视实际用户达到5743万户，占有线数字电视实际用户比例达到29.59%；光纤网络用户达到998万户①。通过数字有线电视传输，城市家庭用户一般可收看100多套标清电视节目，并且支持交互电视节目。

有线电视的数字化改造，有效扩展了频道资源，使得传统模拟制式下只能传输几十套节目的频带范围变为能够容纳传输上百个电视频道，节目内容大大增加。同时，有线电视的数字化还可以为观众提供电子商务、金融支付以及视频点播、互联网接入等多种服务业务，使得许多专业化的分众频道进入有线电视网络成为现实。

有线电视的数字化改造，促进了广播电视产业的升级，推进从单向向交

① 广电独家微信公众号：《广电总局展开专项统计，详解我国有线电视发展现状》2018年11月1日。

互发展，从固定传输向移动传播延伸，形成了涵盖大屏幕与小屏幕的多种终端，进入广播电视全方位、全面的数字化时代，推动广播电视由传统媒体向现代媒体的转变。同时，有线电视的数字化改造，还推进了国家信息化进程，有利于加快宽带通信网、数字电视网和下一代互联网“三网融合”。

3. 村村通工程与户户通广播电视工程的深入发展

广播电视村村通工程是中国广播电视公共服务重大工程之一，国家广电总局于1998年正式启动了我国广播电视“村村通”工程，逐步解决广大农民听广播、看电视难的问题，

广播电视村村通工程建设，共分为三个阶段。第一阶段，1998—2000年，实施已通电行政村“村村通”建设为起步阶段；第二阶段，2004—2005年，实施已通电50户以上自然村的“村村通”建设；第三阶段，2006年以后，实施已通电20户以上自然村“村村通”建设。经过十多年“村村通”工程的建设，我国农村广播电视网络覆盖状况有了大幅改善，覆盖率节节攀升，农村广播电视基础设施建设得到巩固和加强，它标志我国已建成一个由中短波、调频广播和无线、有线电视，以及卫星直播电视组成的，天地一体、星网结合的广播电视覆盖网络。通过实施广播电视村村通工程，截至2014年1月，广播电视综合人口覆盖率已经解决了11万多个行政村、9万个50户以上自然村、5万个20户以上自然村通广播电视的问题，满足了广大农村地区听广播、看电视的基本需求。

“村村通”的建设，作为当时农村文化建设的头号工程，调整和完善了广播电视公共服务的覆盖格局，在构建现代广播电视传输体系的过程中发挥了重要的作用，极大地扩大了广播电视覆盖范围。“村村通”的发展，从农村广播电视覆盖面的扩大到每村每户广播电视的开通，改变了农村广播电视覆盖滑坡的局面，促进了城乡广播电视协调发展。“村村通”的节目收听收看，也由最初只能收看两套中央电视台的电视节目和第一套省电视台的电视节目，发展到可以收听中央人民广播电台与本省第一套广播频率节目。

目前，我国由于农村地区面大，地形复杂，经济状况较落后，加之“村村通”工程建设水平比较低，整个还处在覆盖的初级阶段，广播电视传输远

远不能满足群众的需要。而“户户通”工程作为“村村通”工程的延伸和发展形式，正好弥补了“村村通”的覆盖盲区，进一步提高了我国现代广播电视在农村地区的覆盖范围，特别是通过直播卫星“户户通”传输广播电视节目，让党和政府的声音走进千家万户，增强了现代广播电视新型主流媒体的覆盖率和影响力。“户户通”已使我国广大农村地区约2亿农户可以收听收看到40多套广播电视节目，特别是政府强化实施应急广播和电话入户服务，努力实现广播电视公共服务均等化，改善了农村文化民生、提高了我国农村地区广播电视公共服务水平。

伴随着“村村通”“户户通”工程建设的广泛开展，以扩大西藏、新疆等西部七个省、自治区广播电视覆盖率为重点的“西新”定向覆盖工程也同步展开。这项工程实施范围包括西藏、新疆、内蒙古、宁夏、广西少数民族自治区和青海、甘肃、四川、云南、福建、海南和吉林等省（区）的部分地区，涵盖我国国土面积近500万平方公里，占全国总面积约52%。西新工程的实施，大大改善了西部地区广播电视事业相对落后的状况，解决了过去一些边远地区长期看不到、听不好广播电视节目的问题。

目前，西藏广播、电视人口综合覆盖率分别达94.4%和95.5%，90%以上的农牧户实现了广播电视“户户通”，从根本上改变了西部和边境地区广播影视基础设施薄弱的状况。特别是由于我国地域广阔、人口分布分散，对这些人群单靠地面的电视传播几乎是不可能的。采用直播电视卫星系统，充分利用卫星直播覆盖面积广、传输频带宽、传送质量高和成本低等优势，能使我国西部地区农村的广播电视覆盖，及全国地面用户个体接收条件得到根本改善。目前，我国直播卫星公共服务区域已覆盖59.5万个村，全国直播卫星用户达1.3亿户。[①]

二、基于数字媒体技术的全媒体协同覆盖

现代广播电视传输体系是在传统广播电视传输体系基础上发展而来的。

① 聂辰席：《加快推动广播电视公共服务标准化均等化》，《求是》2018年第20期。

传统广播电视属于模拟技术，仅通过无线电波或有线广播电视，向一定的范围传送音视频节目。21 世纪，电子传播技术和全球化传播，卫星传送以及高速信息互联网的出现催生了互联网电视、网络广播电视和手机广播电视等新业态、新终端，传统单一形态的信息覆盖也开始向移动终端等多媒体渠道延伸，传媒的服务由单纯的信息提供向提供平台服务转变。

这些变化说明广电媒介的含义有所扩展，一是传播渠道增加了“电子通信技术与设备为介质”，二是传播符号由单纯的音像转变为多媒体符号；三是从大众媒介转变为多终端服务。鉴于此，现代广播电视传输体系的构建与转型就显得极为迫切。首先，在广电系统内部管理层面，实现全国有线系统一张网，进一步完善国家信息网络基础设施，做到互联互通和资源共享。其次，在国家信息网络构建层面实现三网融合，实施多媒体、多渠道协同混合覆盖的传输体系。

现代广播电视传输体系的形成，一是表明广播电视传输网络已从模拟技术的单向传播向数字化、交互化的全媒体覆盖演进，使传统的广播电视由单一广电向多样化视听新媒体覆盖拓展；二是表明新媒体的快速发展，促使传统广电媒体转型升级，通过融合逐渐形成一体化传播的局面，两者相互交叉互补，打造“云组团、多终端”的新型传播体系。

从我国广播电视传输的发展历程看，广电传输体系大致经历了三个阶段，即从模拟无线广播电视向卫星和有线电视、数字广播电视方向发展。

在模拟广播电视发射覆盖阶段，我国采用无线开路发射方式传输广播电视节目，这在广播电视媒介发展初期成为主要的手段。当时受传输频率（道）资源的限制，观（听）众能够收听收看的电视、广播节目套数均不过 3～5 套。同时，广播电视信号的接收质量也容易受到干扰。

到 20 世纪 80 年代，主要通过卫星和有线电视覆盖，频率（道）资源相对丰富，用户收听收看的节目套数从几套猛增到数十套，且接收质量大为改善。十年来，由于“村村通”工程的推行，农村地区也开始普遍采用直播卫星接收和有线电视相结合的传输手段，成为数字有线电视用户。

进入 21 世纪，广播电视媒体进入数字化阶段，数字广播电视转换升级覆盖。以电视为例，按照传统的传输渠道可以分为有线数字电视、直播卫星、地面无线三种方式。目前，我国广播电视卫星传输、光缆传输已经实现数字化，城市有线电视频道受众可看100～200套电视节目，包括数字付费有线频道。

以上通过对广播电视三个阶段发展的分析发现，传统的广播电视呈“点状传输”的特点，广播电视媒介之间互不联通，广播电视信号仅限于覆盖发射台周边地区，即便是数字有线电视，目前也是按地域分割建设管理，难以聚合。因此，未来应向全媒体化传播方向发展，进入多媒体混合传输阶段，推动现代广电传输体系发展走向新时代。

三、基于下一代广播电视网发展的智能传输

下一代广播电视网（简称NGB）是指以有线电视数字化和移动多媒体广播电视为基础，以自主创新的“高性能宽带信息网”核心技术为支撑，建设适合我国国情的“三网融合”、有线无线结合、全程全网的下一代广播电视网络。①

国家科技部与国家新闻出版广电总局在2008年12月4日签署了一份有关NGB开发的合作协议书，标志着下一代广播电视网计划的正式开端，此次协议的签订基本确定了以有线电视数字化改造和移动多媒体广播为基础，通过有线电视数字化技术升级与网络双向化改造来实现总体NGB建设目标。因此，评价其建设成果，也必须依赖于这两项工作的进度。

目前，我国已建成世界最大规模有线广播电视网络用户群体，格兰研究调查显示，截至2017年，我国有线数字电视的用户就已超过2.08亿户。与此同时，各省有线网络运营商之间的重组并购不断，主体、标准协议更趋统一，全国已经形成了诸如江苏广电有线，上海东方有线，杭州华数等一些竞争力较强的广电有线网络运营商，具备向全国区域市场开拓的实力。

除了有线网络改造工程之外，我国于2008年开始逐步在各大中城市开播移动多媒体广播电视（CMMB）服务。截至2014年2月，CMMB用户规模已

① 盛志凡：《中国下一代广播电视网络NGB》，《广播电视信息》2009年第4期。

达4800万户，其中付费用户达2300余万，CMMB业务正在全国稳步展开。[①]

如今，规划布局并建设下一代广播电视网已被提升为国家战略，其发展将对现代广播电视传播体系的构建产生重要作用。传统的广播电视网由于业务运作能力及宽带速率的诸多限制，在业务拓展与服务意识上存在较多不足，分散布局的有线广播电视传输网及无线覆盖的卫星广播电视网络基本停留在简单传递主营音视频业务上。而NGB的建立，不仅能为用户提供高清音视频节目，还可接入高速数据和语音服务等三网融合业务，同时支持跨地域的业务交换、共享和服务，使信息服务更加快捷方便。

随着国家"三网融合"战略的顺利推进，下一代广播电视网将在融合的基础上建构一个能充分竞争，全息交互的高效数字交流平台，完成智能化的监控和管理。NGB的战略目标达成后，将提升宽带传输速率为现在的1000倍，届时，覆盖全国的高速信息网络将建成，中国将形成一条具有自主知识产权，可管可控的"信息高速公路"。

第三节 现代广播电视覆盖体系的融合重构

随着新媒体的迅速崛起，一方面，使最具主流影响力的传统广播电视媒体受到了巨大挑战；另一方面，新媒体在全球即时性传播、交互式沟通、综合性运用上的特色，与传统广电媒体形成优势互补，拓展广播电视媒体发展的渠道，促使传统广播电视与新兴媒体融合发展。[②] 本节从传播关系、传播路径、传播接收终端等方面的变化着重分析现代广播电视传播体系的融合重构过程，探讨全媒体传播如何形成合力，提升现代广播电视的话语权与影响力。

① 中国通信网：《广电系称CMMB用户规模达4800万户，其中付费用户近一半》，2013年7月5日，见http://www.c114.net。

② 南敏：《我国网络广播电视台发展的一种思路》，《中国广播》2011年第7期。

一、传播网络结构的重组

1. 从混合覆盖体制向立体覆盖市场转变

在广播电视模拟技术时代，我国实行的是“四级办广播、四级办电视、四级混合覆盖”的运营管理体制，推动中国广播电视行业迎来第一次腾飞，对我国广播电视事业发展起到了关键性的作用。

但是，这种混合覆盖方式也造成了大量的重复投入，造成了一定的资源浪费。同时，由于各级广播电视媒体之间的强烈竞争，在一定程度上削弱了各主流媒体间的传播效果，对中央电视台和省级电视台主频道的主导地位形成冲击，“散”“乱”成为当时广播电视事业发展进程中比较突出的问题。

如今，随着数字媒体技术的发展，广电媒介的覆盖状况大为改观，网络的可控性增强，传输方式也呈现出多种渠道混合覆盖的状况，主要包括地面数字电视、卫星数字电视和有线数字电视三种。数字电视播送方式突破了模拟广播电视频道（率）资源瓶颈，从过去模拟技术只能传输十多套节目的频道（率）范围变为能够容纳传输数十个甚至数百个的频道（率）节目，让现代广播电视的专业化分众频道（率）设置成为现实。

近年来，我国广播电视的传输已全面进入数字化的发展期，基本建成广播电视、电影并重，中央与地方媒体、城市与农村覆盖，对内与对外传播并举，无线和有线以及卫星、互联网等多种传播手段并用，模拟技术与数字技术并存的多层次、立体化的广播电视覆盖网，实现了视听传播的新飞跃。

2. 从线型传播向网状覆盖转变

进入21世纪以来，我国传统广播电视媒体纷纷利用新的媒介技术与平台延伸发展，使用户获取信息的渠道越来越多样，从传统线型传播的广播电视平台到如今的全媒体体系，形成了以数字媒体广电、移动媒体广电、社交媒体广电和互联网媒体广电为基础的“网状型”云覆盖体系。

与此同时，随着下一代互联网、下一代广电网网速的提升，以及各种智能移动终端性能的增强，世界广播电视媒体将迎来一个全新的移动互联网时代，我们每个人都将成为“地球村”的用户，继而可在任何时间、任何地点体验高速高品质的现代广播电视及视听新媒体节目服务。

国家下一代广播电视网（NGB）作为广播电视网中的长期战略目标，是面向新时代的信息高速通道。在2008年部署推进NGB战略的合作协议书中，对实现这一目标有了较为明确的路线规划图。初期，计划用两到三年的时间，在全国主要城市基本实现有线网络的双向交互、多业务功能和城市之间的互联互通。而后，再逐步扩大已有成绩，用十年左右时间（截至2020年），将现有的广电网络整体转变为下一代广播电视网。

中国工程院院士，国家下一代广播电视网专家委员会首席专家邬江兴院士认为：“依托于我国在三网融合战略中的布局，下一代广播电视网将主要依赖于两种实现途径，即有线和无线相结合，其中主要部分还是有线网络的数字化转换，实现所有用户家庭数字宽带由模拟到数字，由单纯广播电视节目信号到全息的信息化业务。”他在《下一代广播电视网战略报告》中提出，NGB技术与工程基础主要是推广有线电视数字化与移动多媒体广播工程，创新具有自主知识产权的高性能宽带网络关键技术与长三角示范网工程[①]。

随着社会经济的发展，用户对获取实时动态信息资源的需求也越来越强烈。广播电视网的功能便不能停留在简单的广播电视节目收视收听终端通道上了，而应构成国家骨干信息基础设施，成为实现现代化需要的信息化平台与渠道。因此，加快NGB的建设成为我国现代广电传播体系的重要策略之一。

在具体工作进程中，首先，从有线电视的技术升级和区域地方有线网络资产整合开始，逐步扩大数字双向交互有线网的覆盖率，完成区域（省、自治区、直辖市或多省联合级大区）有线网络统一运营主体的覆盖率、整合度。NGB的建设是一项综合性工程，在国家高速宽带信息网（3TNet）骨干传输网与城市局域网技术取得较大突破的背景下，光纤入户（接入网）技术解决方案的突破，将大幅提升有线网络的传输速率，促进有线网络的更新换代。

① 邬江兴：《下一代广播电视网战略报告》，《现代电视技术》2010年第4期。

其次，加快无线网络的升级，促进移动多媒体广播电视终端的融合与推广，实现全媒体经营业务的精细化拓展，以及无线网络信号与安全可信体系的完善部署。

最后，完善与扩展卫星网络。在地面有线网络与移动多媒体广播电视布局均取得较大突破性进展的基础上，我国的卫星网络将迎来进一步的升级换代，频谱更细分、覆盖更广泛、接收更稳定、网络更融合的卫星网与有线无线一起，共同构成互联互通的下一代广播电视网。

总之，NGB的建设将以传统广播电视大带宽、高速率、广覆盖为特点，综合利用数字电视技术的成熟技术标准，结合互联网的发展，以实现有线、无线、卫星和视听新兴媒体的互联互通、智能协同覆盖为目标，实现三网的优势互补。并面向混合覆盖网下的融媒体用户体验需求，提供涵盖广播电视、宽带网络等服务的综合性业务，形成我国现代广播电视一体化的融合发展新模式。

现代广播电视传播体系的构建，使新旧媒体的关系从平行走向交叉，从相互独立走向融合，从第一阶段的“你就是你、我就是我”，向第二阶段的“你中有我、我中有你”，乃至第三阶段的“我就是你，你就是我”的融合转变。这充分表明，无论是新媒体还是传统媒体，它们之间的关系是一种相互依存的关系，合则共赢，分则必伤，只有推动新旧媒体的一体化融合，现代广播电视体系才能有更好的发展。

二、传播网络时空的弥补

在现代广播电视传播体系中，传统广播电视媒体与新兴媒体的融合消除了线性传播顺时流动的控制，广播电视传播时空限制被打破，视听节目无时不在、无处不在的云覆盖服务成为现实，真正实现了非线性收听收看的自由选择。人们可以通过广播网、手机广播电视随时在线接收广播电视节目，弥补了广播电视“转瞬即逝”线性传播的缺点。另外，宽带广电网的用户可充分利用媒体强大的视听节目资源库，根据自己的喜好点播和回看，弥补了传统广电媒体线性接受节目的不足，真正享受随时随地收看电视节目的方便，而不再受时间限制。

融合覆盖还重构了传播空间。传统电视属于客厅文化，人们伴随大屏幕的电视机看世界、享受娱乐，但其无法随身携带的缺陷影响了其空间的占有率。而视听新媒体接收终端的多样化则彻底打破了传统电视固定地点、固定场合收看的模式，使传统电视媒体从固定的客厅文化形态变成为一个“流动的藏私”空间。无论在何时何地，只要通过一台笔记本电脑、一部智能手机，就可以实现实时化、共享化的传播，实现“时移”与“位移”，将“定时定点”改变为“随时随地”享受视听信息和娱乐，形成传播无处不在、无时不在的无缝广播电视覆盖网。

三、传播网络终端的合一

新一代信息技术快速发展，可以让经过数字化处理的信息传输到任何智能终端上，除了传统的广播电视接收机和数字电视机顶盒外，新型的Pad接收机、智能手机等成为现代广播电视终端的有效延伸与补充，让交互式点播、三屏合一收看、家庭共享与个性化推送服务相交织。

在国家三网融合战略实施的背景下，广播电视网、电信网与互联网开始向全媒体业务转型，为用户带来更为便捷的多功能一体化服务体验。传统广播电视为适应未来媒体大融合的趋势，逐步与电脑和手机合一，让资讯在多种网络终端间自由地连接。如中央电视台属下的中国网络电视台，在终端布局上，发展了网络电视、手机电视、IPTV、移动电视以及互联网电视等，形成了以视听节目、互动交流为核心，让电视无处不在的多终端、立体化传播。

现代广播电视将以全媒体战略为目标，构建以新媒体为依托，以广播电视为主体，以多终端、跨平台为特征的现代多重传播体系。多媒体集成播控平台与体系的建设，不再为单一的传媒终端或传播渠道服务，而是实现全媒体的覆盖，为用户提供“直播＋点播”的服务。针对这一目标，现代广播电视传播体系的建构，需要打通各种类型的媒介播控平台，继而实现“一云多屏”的全媒体传播战略。据北京奥运会开幕式直播收视报告，电视媒体凭借强大的全媒体覆盖面和影响力，获得了97.7%的收看群体。而首次作为独立转播媒介形态的手机电视等新兴媒体也与传统广播电视一起列入奥运会的转播体系，成为北京奥运会最大的媒体转播亮点。据CTR市场研究报告，各类直播媒体中通过网络观看开幕式的观众收视率接近14%，已居于第二位[①]。

目前，传媒的全媒体转型已全部展开，建构全媒体传输终端已成为一种普遍现象。为切实推进融合传播覆盖，各媒体应充分利用数字广电网络，通过三屏合一的智能终端设备进行信息分发，向各类广播电视用户提供统一流程的内容服务。

1. 遵循新兴媒体发展规律

构建现代广播电视传播体系，首先需要解放思想，调整传播理念，遵循新兴媒体的发展规律，确立正确的发展目标。

一方面要坚持以先进技术为支撑。从人类社会历次变革的历史经验证明，现代传播体系的建设，必须借重技术前导的力量，充分运用互联网技术手段，改造传统的广播电视媒体，为其注入大数据、云计算、可视化、移动性的技术支撑，建立“云平台”，使广播电视媒体业态在业务流程上融合贯通，支持全媒体内容采制、全媒体业务融合、全媒体多终端适配等核心环节的融合。

另一方面要强化互联网思维。互联网思维的核心是开放、平等、兼容和用户中心。在互联网时代，传统的广播电视“观（听）众”正转变为新型的“用户”，新闻与信息传播的意义已变成消费和互动生产。广电行业要强化互联网思维，把单向、孤立、简单变成双向、协同、智能，面向多网络、多终端，构建大数据中心、云计算中心等新型平台，实现内容的碎片化集成、个性化索取、最优化组合、智能化分发、便捷化使用，满足交互式定制型业务和多媒体业务；同时，破除技术、业务壁垒，充分以广大用户的需求为中心进行技术革新、业务创新，充分开放传媒平台。

2. 坚持传统媒体和新兴媒体一体发展

尽管新媒体的崛起造成了广播电视传统媒体受众的分流，使两者之间形

---

① 央视网：《2008北京奥运开幕式全媒体受众接触率》2008年8月9日。

成竞争关系，但新媒体也在很多方面与传统广播电视存在互补性。首先是在接收方式上具有互补性，新兴视听媒体能够实现信息的双向互动传播，这对传统单向“推送”广播电视节目的模式无疑起到了一定的补充作用。其次是在消费时间上具有互补性，新兴媒体“无时不在”“无处不在”的特点使用户消费时间与传统广播电视媒体的收听观看时段的被动接受具有互补性。最后是在传播空间上具有互补性，尤其是手机等移动媒体的便携性可满足用户随时随地收听收看广播电视。

除了新媒体在消费时空上对广播电视互补外，传统广电媒体仍有其自身优势。其内容优势在短期内不可被替代，手机媒体的多数信息源仍是来自传统媒体。同时，受众对传统广播电视媒体信息质量的信任也是不可动摇的。因此，传统媒体与新媒体应取长补短，相互合作，相互促进，相互融合，一体化发展。

3. 着力打造融合发展的现代广播电视传播主体

2014 年 8 月 18 日，中央深改领导小组会议强调，要着力打造一批新型主流媒体，建成几家符合现代国际传播需要的新型媒体集团。[①] 而新型主流媒体应在互联网思维指导下，以服务广大用户群体为主体价值取向，以开放平台为功能转型，以产品迭代为技术支撑建构[②]。在当今碎片化的传媒时代，全媒体混合性覆盖构建起多形态的专业化平台，能够有效提高新型主流媒体的影响力。新型媒体集团通过“内容＋通道＋平台”的模式，打破不同媒介边界间的壁垒，推进节目内容资源的融合，再造内容生产和传播流程，集成广播电视节目、影视剧等视频内容，还要集成报刊、图书等出版物，建设内容基地，形成内容与网络的融合。未来，广播电视媒体将逐步向现代传媒集团转型，成为一个“信息服务商”，推动多种媒介平台的协同发展。

① 新华社：《习近平：着力打造一批形态多样新型主流媒体》2014 年 8 月 18 日。
② 石长顺、梁嫒嫒：《互联网思维下的新型主流媒体建构》，《编辑之友》2015 年第 1 期。

第三章 现代广播电视传播主体的多元呈现

在现代广播电视传输体系覆盖下，视听新媒体与传统广播电视的逐步融合，不仅改变了传统广电的媒介生态，重塑了广播电视的传播格局，而且也使得现代广播电视体系下的传播主体日益呈现出多元化趋向。本章以生态学利基理论等为基础，结合媒体发展过程中的具体实践，研究传播主体多元化的格局及互动特征，针对当下传播主体建构中的问题，探讨未来传播主体多元化的重塑路径。

第一节 现代传播主体研究理论基础

现代广播电视传播主流媒体间的竞争共存、互补共进和联动共融，促成形态多样的新型主流媒体和实力强大的新型媒体集团，有其深厚的理论基础及来源。

一、生态学利基理论

利基理论最重要的概念就是利基，音译于英文 Niche，又称生态位。利基最早起源于建筑学，19 世纪被借用到生态学研究中，指某种生物生存繁殖所需的所有资源，表示物种在生态系统中所处的位置。Dimmick 和 Rothenbuhler 等是最早使用利基理论研究传媒竞争的学者，Dimmick 指出，利基理论使研究者可以从新旧媒体的资源使用模式来探讨新兴科技对媒体产业所带来的影响，分析新媒体与传统媒体之间的竞争关系，有助于更清晰地了解传媒市场竞争状况以及每种媒体的发展前景，是考察新旧媒体形式之间竞争的重要理论[①]。

利基理论的媒体观照，即将媒体环境类比成整个生态系统，将各种媒体类型比喻成物种，在这种生态中，由于媒体环境所提供的资源是一定的，当两种媒体具有相同生态位的时候，它们就会在竞争中进化直至找到自己独特的生态位。对应我国现在的传媒竞争环境，我们发现利基理论同样适用。以视频分享网站优酷、土豆和56网为例，由于它们性质相同且具有相同的生态位，彼此之间互为竞争对手。在用户资源有限的情况下，博弈竞争中的56网首先退出竞争并入人人网，试图在社交平台人人网实现自身价值。随后人人网又于2014年10月被搜狐收购，作为延伸业务弥补了搜狐在UGC和PGC上的短板。而土豆网继56网退出后宣布与优酷合作，共建联播模式。2014年6月，根据CNNIC发布的《中国网民网络视频应用研究报告》显示，优酷土豆集团居中国视频行业第一。

利基理论告诉我们，生态位中有交集却不完全重合的物种会在进化中发生性状替换，以适应物种间竞争，最后形成各不相交的生态位。对于现代传媒业来说，新媒体和传统媒体就是两种生态位有交集但不完全重合的"物种"，所以短期内彼此都不会取代对方，而通过竞争中的进化以适应新环境的需要，新媒体可能继续发挥平台优势，而传统媒体则继续保持内容优势，双方通过扬长避短合作共赢，最终达到一种新的生态平衡。

从视频媒体来看，互联网电视、手机电视和传统广播电视是具有重合生态位的媒体种类，它们都以提供视听服务内容为主体，彼此拥有相同的受众资源需求，在竞争中有可能形成此消彼长的关系，出现新技术对旧媒体的重新打造和旧媒体对新技术的"挪用"，但最终谁会在激烈的竞争角逐中"笑傲江湖"，它们又以怎样的方式扬长避短发挥优势，最终达到一种怎样的平衡，还需要实践来检验。

① Dimmick, John, Chen, Yan and Li, Zhan. Competition "Between the Internet and Traditional News Media: The Gratification-Opportunities Niche", *Dimension Journal of Media Economics*, Vol. 17, No. 1 (2004) p: 22.

二、议程设置主体多元论

美国传播学家 M. E. 麦库姆斯和 D. L. 肖于 1968 年对美国总统大选进行了调查，经分析发现，在公众认知与传播媒介的报道活动之间，存在一种高度对应的关系，根据这种关系，麦库姆斯和肖在 1972 年提出了议程设置理论，认为大众传播可以通过提供信息和安排相关的议题来有效地左右人们关注哪些事实和意见，以及他们谈论的先后顺序。也就是说，大众传媒虽然不能决定人们怎么想，但是却可以影响人们想什么。在传统媒体组成的传播环境中，信息往往掌握在少数人手中，他们的议题设置和舆论引导对大众认知影响很大。

近年来，随着新媒体的崛起，媒介传播环境发生了巨大的变化，新媒体所特有的开放性和互动性，为大众提供了发表意见看法的平台，在虚拟和匿名的网络空间中人人都可以自由地发表信息，促成民间话语场的形成，从精英话语到民间话语的多元话语也改变了传统的传播话语分配。在新媒体传播环境中，信息传播的控制难度加大，公民记者、自媒体等多元传播主体弱化了媒介对大众的议程设置效果。这种大众媒介议程设置效果弱化体现在两个方面：一方面，网上信息传播的海量性为大众选择信息提供了多样化的选择，大众可以根据自己的爱好和需求选择需要的信息，看什么不看什么是他们的自由；同时由于信息更迭的速度太快，媒介为大众设置的议题可能很快就被新信息淹没，使得媒介设置的议题效果减弱。另一方面，新媒体具有互动性，即使媒介为大众设置了议题，大众也可以根据多方的互动讨论做出自己的判断，甚至网友本身都可以成为意见领袖，对大众议题进行设置，这又在一定程度上弱化了大众媒介的议程设置效果。加上很多时候新媒体和传统媒体在事件传播上并不能形成统一的口径，单个媒体进行议程设置很难达到预期的传播效果。

新媒体环境下大众媒体的议程设置效果有所减弱，然而作为最有效的传播手段，大众传媒又要在传达国家大政方针、引导社会舆论、塑造和宣传国家形象方面承担重要责任，这就要求主流媒体在新媒介环境下，探索我国传媒如何最大限度地发挥议程设置作用，需要新型传播主流媒体在主体多元化下重塑议题。

三、现代传播媒介形态论

欧美等发达国家的传媒界由于最早采用新技术，其现代化传播进程也相对较早，因此，互联网新媒体产生之后对相关的研究也相应增多。其研究既有对主体形态的研究，也有对现代传播条件下主体变化规律及变化特点的探讨，还有从媒介融合、全媒体、大数据等角度对新型传播主体的探索。

美国《芝加哥论坛报》前主编杰克·富勒在其著作《信息时代的新闻价值观》中，以动态的、比较性的视角阐述了媒介形态变化的问题，他说："每一种媒介都会有自身的独特优势与劣势，并将这些反映在其所传播的讯息上。"一般说来，新媒介不会消灭旧媒介，而是将旧媒介推向它们具有相对优势的境地。[①]"相对优势"的提出为媒介共存环境下旧媒体如何定位自己的相对优势、如何获得生存发展提供了新的思路。罗杰·费德勒通过研究媒介形态变化进一步指出，媒介形态的变化，"通常是由可感知的需要、竞争和政治压力，以及社会和技术革新的复杂相互作用引起的"，因此，新媒体的出现不是自发和独立产生出来的，而是从旧媒介的形态变化中逐渐产生的。[②]

罗杰·费德勒进一步指出媒介形态演进的原则：共同演进与共同生存，即每当一种新形式出现和发展起来，它就会长年累月和程度不同的影响其他每一种现存形式的发展；形态变化，即当比较新的形式出现时，比较旧的形式就会去适应并且继续进化而不是死亡；增值，即新的传媒形式会增加原先各种形式的主要特点；生存，即一切形式的传播媒介（企业），为了在不断改变的环境中生存，都被迫去适应和进化；机遇与需要；延时采用等。[③]

美国学者保罗·莱文森在其《新新媒介》一书中提出了"新新媒介"的

① ［美］杰克·富勒：《信息时代的新闻价值观》，展江译，《新华出版社》1999 年版，第 24 页。

② ［美］罗杰·菲德勒：《媒介形态变化：认识新媒介》，明安香译，华夏出版社 2000 年版，第 19 页。

③ ［美］罗杰·菲德勒：《媒介形态变化：认识新媒介》，明安香译，华夏出版社 2000 年版，第 124—25 页。

概念，他把当代的媒介分为三种：旧媒介、新媒介（第一代互联网媒介）、新新媒介（第二代互联网媒介）。他认为旧媒介（old media）指的是互联网诞生之前的一切媒介，比如书籍、报刊、广播、电视、电话、电影等，是时空定位不变的媒体，表现为自上而下的内容生产特征。而新媒介却能让用户根据自己的方便与否去决定媒介使用时间。所谓新新媒介，则指的是包括推特网、Facebook、聚友网等互联网上的第二代媒介等，它们是当下最热门、最受欢迎的媒介，它们的消费者即是生产者，生产者多半是非专业人士，这些媒介一般都是免费的，媒介之间既竞争又相互促进，媒介内容生产没有自上而下的控制，服务功能往往大于搜索等功能。[①]

上述研究多从宏观层面对多元主体发展及其媒介形态变化进行把握，并遵循媒体发展规律，从传统广播电视，到数字媒体、互联网新媒体、社交媒体再到现在的移动新媒体，不断跟进研究。其中有学者从媒介融合的角度对现代传播主体进行研究，如美国浦尔教授认为，媒体融合反映出各种媒体呈现一体化的发展趋势，而当时多集中在电视、报刊等传统媒介主体的融合研究上。美国西北大学里奇·高登教授则将媒介融合归纳为五种类型，实际上指的是媒介主体融合下的五种形态。这类媒介融合的主体涵盖传统媒体，及其与新兴媒体融合后的新主体形式，比如互联网和报纸合作，形成网络电子报纸；互联网和电视融合，形成网络电视；手机和电视融合，形成手机电视等，他们一起构成了现代传播条件下的传播主体形态。

四、现代传播主体互动论

现代传播主体是个相对的概念，它相对传统传播主体而言。互联网兴起以前，我国媒体的传播主体形式比较单一，结构比较简单，从业务形态来说，基本形成了报刊、广播、电视三足鼎立的局面。随着数字媒体技术的发展、国家媒体政策的放松，以及人们精神文化需求的提升，我国媒体的传播主体形式变得多样起来。除了升级改造、拓展进化的新型广播电视媒体外，还有

① ［美］保罗·莱文森：《新新媒介》，何道宽译，复旦大学出版社2011年版，第3—4页。

基于互联网的各种视听传播主体形态，学界多笼统地称为“视听新媒体”。从个体层面来说，原来的传播主体是专业化的新闻媒体及采编人员，而现在的传播主体除了专业传媒，还有大量的网络新媒体、非专业化的公民主体、个人主体等进入传媒领域，他们不仅是信息的接收主体，也是信息的传播主体。

由于多元化的传播主体是随着技术发展的阶段相继出现的，所以对于各种传播主体的研究也是按其出现的时间顺序推进的。有关新媒体研究，从1986年开始，我国新媒体研究经历了三十年的时间，其议题主要涉及新媒体理论研究、新媒体环境下传统媒体转型研究、新媒体与政治研究、新媒体与传媒经济研究、新媒体与人文、艺术研究、新媒体与技术研究等①。有学者将这几十年的研究分为三个阶段②，第一阶段从1986年到1999年，是新媒体研究的初始阶段，这一阶段新媒体研究数量少，新媒体只是新媒介形式的代名词，而且研究多为对国外新媒体的引介；第二阶段从2000年到2005年，是新媒体研究的发展期，在这个阶段，有关新媒体研究的论文数量激增，手机媒体也成为新的媒介形式并得到广泛关注，但是人们对新媒体的未来发展持质疑态度，新媒体与传统媒体谁主沉浮成为焦点；第三阶段开始于2006年，是中国新媒体研究的凸现期，这一时期各种新兴媒体形式层出不穷，新媒体与传统媒体融合互动成为媒体发展的趋势。

媒体互动，是新媒体结构发展中的一个重要特征，通常指媒介行动的结果和行动的再发生。互动最基本的层次是传媒双方共存的可能性，即空间指向。③ 随着新兴传播主体和传统传播主体之间互动的增强，尤其是在重大突发事件报道上表现出了很强的协作性，自此，关于传播主体之间互动的研究也开始多起来，从媒体联动到媒体融合，都是近些年学界探讨的问题。在多元传播主体存在的环境中，学者们已经意识到了媒体之间互动与联动、融合的重要性。吴辉在《多媒体联动打造传播合力——新时期重大主题报道创新的一种途径》中，将我国的传播环境比喻成热闹的信息市场，以此来阐述媒体

① 高云微、李明哲：《中国新媒体研究述评（2000—2013）》，《新媒体与社会》2014年第1期。

② 相德宝：《中国新媒体研究的三个阶段》，《今传媒》2010年第4期。

③ ［荷］简·梵·迪克：《网络社会——新媒体的社会层面》（第8版），清华大学出版社2014年版。

联动发声的重要性。[①] 作为一种新型的报道方式，媒体联动报道被学界赋予了特殊的含义，朱艳林认为，媒体联动是媒体突破传统束缚的自发行为，也是媒体走向市场竞争的自觉行为，对引导社会舆论、扩大受众知情权、扩充新闻来源都产生了重要影响。

面对重大突发事件中的媒体联动，如汶川地震的媒体联动，很多学者都进行了专题分析，但对重大突发事件中新媒体和传统媒体怎样互动，以及在未来的传媒实践中，新媒体与传统媒体之间、传统媒体与传统媒体之间、新媒体与新媒体之间应该通过什么方式、什么角度介入互动协作，都值得深入探讨。

现代传播主体多元化的建构作为现代传播体系的重要组成部分，其发展方向和路径何在？张虎生在《党报：构建和发展传播体系的主干》一文中认为：现代传播体系，是一个由主流媒体和各类新兴媒体组成的相互贯通、协同推进的有机整体[②]。朱春阳、刘心怡等则从议程设置和权力抗衡的角度研究，认为现代传播体系是“基于竞争-合作关系而形成的官方舆论场与民间舆论场之间关于议程设置权利的配置机制”[③]。邵满春则基于媒体融合的视角提出了构建现代传播体系的方法和思路，他认为构建现代传播体系应当以主流媒体为体，新兴传播媒体为媒，即始终保持主流媒体在现代传播体系中的主体地位，并借助新媒体平台为自己的发展拓展道路[④]。

现阶段关于广播电视传播体系下传播主体的研究取得了一定的理论成果，但研究多是对单个主体形态的研究，这些研究虽然能够对新出现的传播主体进行深入的分析，但却缺乏对现代传播体系下多元传播主体格局的宏观把握，也缺乏对多元传播主体如何形成合力的有益思考。对于如何推进传统媒体与新兴媒体合作，如何发挥新媒体与传统媒体的传播合力，尤其是对于如何合理运用多元传播主体提升我国对内对外传播能力还有待理论指导。

---

① 吴辉：《多媒体联动打造传播合力——新时期重大主题报道创新的一种途径》，《现代视听》2007年第5期。

② 张虎生：《党报：构建和发展现代传播体系的主干》，《新闻与写作》2013年第3期。

③ 朱春阳、刘心怡等：《如何塑造媒体融合时代的新型主流媒体与现代传播体系？》，《新闻大学》2014年第6期。

④ 邵满春：《媒体融合进程中构建现代传播体系的思考》，《声屏世界》2014年第11期。

第二节　传播主体多元化的生成格局

大众传媒作为重要的社会力量，其发展离不开社会政治、经济等各方面的影响。在当前新媒体环境下探索现代广播电视体系传播主体的多元化，既要从媒介本身来分析，更要从社会政治、经济角度思考。从传播媒介形态变化看，现代广播电视传播体系下的主体由单一走向多元，形成如下格局。

一、多元传播主体生态形成

首先是媒介技术环境的改变。著名的传播学先驱麦克卢汉曾在《理解媒介：论人的延伸》一书中提出，过去我们认为是讯息的传播产生了效果，实际上是媒介形式的变革导致我们感知世界的方式和行为发生变革，“媒介即讯息”[①]，媒介本身才是真正有意义的讯息。这种理论常常被看作“技术决定论”的代表理论，虽然学者们对于“技术决定论”颇有争论，认为其过分夸大了技术在媒介传播中的影响和作用，带有极大的片面性，但是麦克卢汉的理论以一种全新的技术视角来观察人类社会的发展，认识到并强调了媒介技术在社会历史中的作用。

当今时代，广播电视媒体的大规模扩张和广泛的社会影响，不能不说与数字化技术和互联网新媒体的兴起相关。互联网诞生于20世纪60年代的美国，随后的1989年，欧洲粒子物理实验室的蒂姆·伯纳斯·李提出了万维网（WWW）的技术构想，从根本上为互联网的传播媒介性能奠定了基础。90年代以后，互联网开始大规模进入社会生活的各个领域，更以几何级的速度飞速发展。在现实生活中，我们看到越来越多的人通过互联网和移动互联网获取信息、收看视频。数字技术和互联网技术正在催生越来越多的媒介形式，

① ［加］马歇尔·麦克卢汉：《理解媒介：论人的延伸》，何道宽译，译林出版社2011年版，第24页。

而且随着社会化媒体的发展，未来还会出现更多的媒介新形式。

其次是媒体政策的松动。我国的传媒体制都是由国家性质决定的，我国的国体也决定了新闻业的属性，即在中国共产党领导下向广大人民群众传播新闻、引导舆论、服务社会。到1999年，从国务院下发“关于加强广播电视有线网络建设管理的意见”后，我国拉开了媒介产业集团探索的序幕。

国家新闻出版广电总局在“关于促进广播影视产业的发展意见”(2004)中提出，进一步扩大市场开放力度，吸引、鼓励国内外各类资本参与现代广电集团的建设中来。媒体管理政策的松动自此为非国有资本的传媒参与提供了政策和制度保障，打破了国有传媒一统天下的局面，形成国营、民营传媒共存竞争的格局。

2008年和2010年，国务院先后两次发文，要求传统广播电视机构和电信网、互联网可以双向进入，即充分利用广播电视网和通信网提供数字电视服务和增值电信业务。同时，允许电信网和互联网参与广电网的建设当中，为丰富我国的广播电视运营主体提供了支持。

2013年，国家新闻出版广电总局发布“关于促进主流媒体发展网络广播电视台的意见”，鼓励广播电视台与宽带互联网、移动通信网等新兴媒体结合，发展新形态广播电视播出机构，并把网络广播电视台提升到与电台电视台发展同等重要地位。这个“意见”的出台为我国广电媒体打造多元化传播形态提供了切实可行的保障。

最后是媒介“中心”环境的转移。传播过程由“传者中心”向“受众中心”转移。随着传播理论研究的推进，学界越来越清楚地认识到“传者中心论”的局限性，他们发现受众对信息的接收并不是被动和毫无意见的，不同的受众对信息的接收和反应程度也是不同的，信息接收者在传播活动中的重要性开始被重视。从20世纪60年代传播“使用与满足理论”提出开始，从“传者中心论”向“受众中心论”转变。到20世纪70年代，德国学者纽曼提出“沉默的螺旋”理论，基本确立了受众在新闻传播过程中的中心地位[①]。在实践上，西方传媒界也经历了从漠视受众需求向重视受众需求的转变。特别

① 王世进：《论大众传播的受众价值观》，《新闻爱好者》2010年第23期。

是随着互联网和智能移动终端的发展，受众不再满足于使用传统广播电视收听收看节目，现代广播电视体系下的多元传播主体就在这种媒介生态环境中应运而生。

二、多元传播主体竞争共存

传媒业的急剧发展，加速了媒体之间的竞争。这种竞争广泛存在于传统媒体之间、新媒体之间以及传统媒体和新媒体之间。

1. 传统主流媒体谋求发展

据相关研究[①]显示，传统电视作为媒介市场发展的主体，依旧是以中央电视台和各大省级卫视为代表的上星频道。长期以来，以影像内容为核心产品的卫视频道在文化消费市场仍占据着绝对的优势地位。但随着传播渠道的多样化发展，卫视频道的可持续发展面临着多重挑战。

以省级卫视为例，在一线阵营之间，除了湖南、浙江、江苏卫视连续三年稳居前三名外（见表3－1），其余进入前十名的卫视之间的竞争异常激烈，它极大地促进了一线卫视的增长，第一阵营的省级卫视在一片“唱衰电视”的论调中逆势上升，不断释放出电视媒体的竞争潜力。与此同时，一大批民营力量在这一时期涌现。2015年，以世熙传媒、灿星制作等为代表的新兴媒体制作公司不断发展壮大，在各自的优势领域不断深耕，使电视节目内容收到了高收视率的市场回报。

① 罗姣姣：《2015年全国上星频道发展报告（上篇）：总体严峻与局部繁荣并存》，《广电独家》2015年12月23日。

表3—1 2015年省级卫视总体收视表现（71城市网）

排名	频道	全天		频道	白天 06:00—18:00		频道	晚间 18:00—24:00	
		收视率	市场份额		收视率	市场份额		收视率	市场份额
1	湖南卫视	0.42	3.73	湖南卫视	0.27	3.17	湖南卫视	1.09	4.10
2	浙江卫视	0.31	2.72	浙江卫视	0.26	3.02	浙江卫视	0.67	2.53
3	江苏卫视	0.24	2.14	安徽卫视	0.17	2.02	江苏卫视	0.59	2.23
4	北京卫视	0.22	1.93	江苏卫视	0.17	2.01	东方卫视	0.54	2.05
5	东方卫视	0.21	1.89	北京卫视	0.16	1.87	北京卫视	0.53	2.01
6	山东卫视	0.17	1.52	东方卫视	0.14	1.63	山东卫视	0.40	1.50
7	安徽卫视	0.17	1.50	山东卫视	0.13	1.51	安徽卫视	0.31	1.18
8	天津卫视	0.13	1.17	江西卫视	0.12	1.36	天津卫视	0.30	1.13
9	江西卫视	0.13	1.16	天津卫视	0.11	1.26	江西卫视	0.28	1.04
10	湖北卫视	0.12	1.03	黑龙江卫视	0.10	1.12	湖北卫视	0.27	1.00

资料来源：CSM。

与此同时，广播电视媒体在视频网站业的整合过程中，也有不同程度的介入，主动谋求新的生机。到今天，电视与新媒体的竞合已然跨越了三个时代①。最初的1.0时代，其主要特征是电视台与视频网站同步播出同一内容，互相引流、互为推广，网台互动的大剧营销是主流。随后的2.0时代以“栏目为王”为标志，以浙江、东方等为代表的卫视与视频网站展开了大片综艺独家版权合作。到如今的3.0时代，“台”“网”打破渠道壁垒，媒体之间再无泾渭分明的边界，融合成为现实。总的来说，这是一个电视创新发展的时代，也是视频网站蓬勃发展正式进军内容制作领域的时代。

2. 新兴媒体进入主流

新兴媒体以互联网思维、用户思维的方式构建全球信息社会，发展成了大众传播新的“守门人”“小蚂蚁有了大喇叭”，毫无疑问的进入传媒主流，成为新型主流媒体。继而新媒体之间的竞争也如火如荼，以网络视频领域而

① 乐媒媒介咨询部：《电视业已进入“陷阱”：2015市场格局最强解读》，《广电独家》2016年1月6日。

言，各大视频网站纷纷抢滩移动端、介入上游产业链。而且近几年 BAT（百度、阿里巴巴、腾讯三大互联网巨头简称）高调进军传媒领域，各种注资收购与合作举动不断，足以说明竞争的激烈程度。先是 2010 年百度组建爱奇艺、2011 年腾讯视频上线测试，接着 2012 年年初优酷土豆合并，2013 年爱奇艺与 PPS 完成合并，2014 年阿里天价入股优酷土豆，同年年底搜狐接手“人人”转让的 56 网……各种投资并购热潮相继出现。此外，作为第一阵营的优酷土豆、爱奇艺等也轮番坐上网络视频头把交椅，视频网站的激烈竞争，不断重组着网络视频行业的竞争格局。

与此同时，新媒体对传统广播电视媒体的影响显而易见，新媒体日益消解着传统广播电视昔日所拥有的优势话语权，分流了广电媒体原先忠实的受众和媒介市场份额。另外，随着智能手机的快速普及和社交媒体的异常发达，用户收听收看视音频内容更加方便，只要有流量，随时随地都可以收听和观看音视频节目，甚至走路、吃饭、等车、睡觉这些碎片化的时间都被充分利用起来，压缩了传统广播电视的生存空间。

虽然各种传媒主体间存在着激烈的竞争，但是从媒介发展的规律来看，短时间内谁也无法取代谁，新的视听新媒体不会造成传统广播电视的消亡，传统广播电视也无法将后来竞争者驱出媒介市场。现代广播电视体系下多种传播主体将在很长一段时间内保持这种既竞争又共存的关系。

3. 新旧媒体谁主沉浮

以互联网和移动互联网为基础的新媒体发展令人注目，新兴传播主体强势进入，而与此形成鲜明对比的是传统广播电视逐渐式微。从国际上看，美国 20 世纪七八十年代建立起来的 CBS、NBC、ABC 三大广播网垄断市场的大部分份额逐渐丢失，到 21 世纪初的前五年，美国只有不到 1/3 的家庭在黄金档收看三大网的节目。另据美国权威公司 Forrester 对 4709 位美国用户的调研发现，只有 46％的年龄在 18～88 岁的受访者表示每个月会观看电视直播内容，54％的用户，也就是一半以上的用户已经不再收看电视直播了。

在国内，用户行为的变化与美国大同小异。2013 中国视听新媒体发展报告显示，北京地区电视开机率从三年前的 70％下降至 30％，年龄结构呈“老龄化”趋势①。另据CMS媒介研究所（2014）调查数据显示，观众人均观看电视的收视时长逐年下降，到2014年人均收视时长降至161分钟。其次在广告方面，早在2013年互联网企业的广告收入就超越了传统电视，被认为是电视媒体行业式微的标志之一。根据199IT中文互联网数据资讯中心的数据显示，互联网三巨头收入最低的百度，在2013年营收总计为287亿元，也比传统电视年广告收入最高的央视超过了2亿元（见表3—2）。

表3—2 互联网三巨头与电视五强媒体2013年营收比较表

公司名	2013年营收	电视台/频道	2013年广告创收
百度	287亿元左右	中央电视台	约285亿
		湖南卫视	约60亿
腾讯	556亿元左右	48亿	
		36亿	
阿里巴巴	412亿元	24亿	

传统电视面对互联网新媒体的冲击，开始建构自己的新兴媒体，实施本能反应的自我保护。湖南卫视于2014年5月正式携芒果TV推出“芒果独播战略”，试图实实在在地打造一个价值再造与内容整合的新平台。虽然现在很多广电媒体都建立了网络广播电视台等新媒体主体，但目前大多数是对传统广电内容的照搬，靠传统广电的“边角余料”度日，早已不能满足用户对特色内容的需求。显然，这种重搭建不重运营的视听新媒体业务拓展并没有给传统广电带来多大的收益。《商业内幕》（*Business Insider*）网站首席执行官兼总编亨利·布洛杰特更宣称，在互联网时代“传统电视的未来就是没有未来”。

三、多元传播主体联动共融

现代广播电视传播体系下多元主体互动共融，开创了多元主体混合传播

① 国家新闻出版广电总局：《2013年中国视听新媒体发展报告》，http：//www.199it.com/archives/124597.html。

的新态势。

首先，跨媒介联动。传统广播电视纷纷利用新媒体技术抢滩新媒体阵营，拥抱新媒体，通过搭建网络平台、运用社交媒体、推出移动客户端等方式和新媒体进行融合联动。在2015年的全国“两会”新闻大战中，人民日报除传统报纸进行报道外，还首设“中央厨房”式的全媒体平台，根据报业集团各终端发稿平台的需求制作新闻，一周之内通过“两微一端”发稿量超过500多条，总阅读量超过6亿次。中央电视台除了实施多频道报道两会外，还综合运用网络电视台、中央电视台新闻微博、微信和手机客户端进行同步报道。据统计，央视新闻“两微一端”（微博、微信、客户端）合力推出的“议政2015”央视新媒体两会报道，累计发稿1200余条，微博话题阅读量超过7亿人次，微信、客户端阅读量破千万。央视还首次在“两会”报道中应用微信“摇一摇”功能，实现电视与手机客户端的跨屏适时互动，有300多万网友参与话题互动，共议国是。由于中央和地方传统媒体积极整合新媒体资源、创新报道方式，2015年全国“两会”报道呈现出全面、立体、多样的特点，媒体以创新的报道方式为用户提供了精彩纷呈的“两会”新闻大餐。此外，央视在2014年全国“两会”中，首次采用大数据的分析方式，在《新闻联播》设置子栏目《两会大数据》，推出用数据解读“两会”的《“据”说两会》，取得了很大成功，而这些成就归功于央视与百度等互联网新媒体合作的大数据采集与分析。

其次，跨区域合作。在现代广播电视制作和传输条件下，央媒和省市媒体间的跨区域合作日益频繁，特别是在区域性重大突发事件的报道上。如2008年的汶川地震直播报道中，央视除了派出自己的记者赶往灾区外，还主动与地震灾区有关的四川省台和成都市、绵阳市电视台合作搜集有关震区的一手资料，保证汶川最新地震灾情在央视媒体平台上连续不间断传播。

最后，跨行业合作。1984年英国政府依据《电信法》，取消了一系列电信公司的电信业务垄断经营权，拉开了广播电视网、电信网和互联网跨行业合作的大幕。随后，美国出台了《1996年电信法》，为三网融合铺平了道路，其中规定，不得禁止或限制有线电视运营商及其附属机构提供电信服务，对等的电信企业也可以通过无线通信方式、有线电视系统以及开放的视频系统进入广播电视服务行列，从而加快了三网融合进程。在我国，从2001年“十五”计划纲要明确提出“三网融合”开始，到2006年的“十一五”计划纲要，以及2010年国务院出台有关加快推进三网融合的时间表，2015年国办关于三网融合推广方案的公布，都递进式地加快了全国全面推进三网融合的步伐。

第三节 传播主体多元化的表现形态

依据不同的分类标准，现代广播电视主体可划分成不同的类型。从主体性质看，多元传播主体可分为国有传媒主体、民营（商营）传媒主体和自媒体；从业务形态划分，有传统广播电视、互联网电视、手机电视和网络广播电视等；从生产层面看，除了传媒机构外，还有进入公共话语空间的自媒体、公民记者、UGC等。

一、视听新媒体表现形态

我国广播电视诞生以来，既是党和政府的喉舌，又是人民群众的喉舌，其事业与产业的双重属性，决定了其是我国传媒业最重要的主体形式，在所有传播主体中占主导地位。然而，随着数字技术和互联网技术的兴起，技术对传媒行业的影响比以往任何时候都更加明显。20世纪90年代起，网络开始大规模进入社会各领域，从而产生了各种新媒体形态及新的传播主体形式。

网络新媒体。互联网时代的主体形式中，新媒体以优酷、爱奇艺等为代表的视频网站和以微博为代表的社交媒体的发展最为瞩目。根据Analysys易观智库发布的2015年第1季度《中国网络视频市场季度监测报告》数据显示，中国网络视频市场广告收入为41.1亿元人民币（见图3－1），虽比2014年第四季度有所下降，但与上年同期相比仍增长了38.6％。

2015年第一季度中国网络视频市场份额占比情况，优酷土豆、爱奇异PPS、腾讯视频分别以21.17％、19.59％、14.11％的市场占有率，列中国网

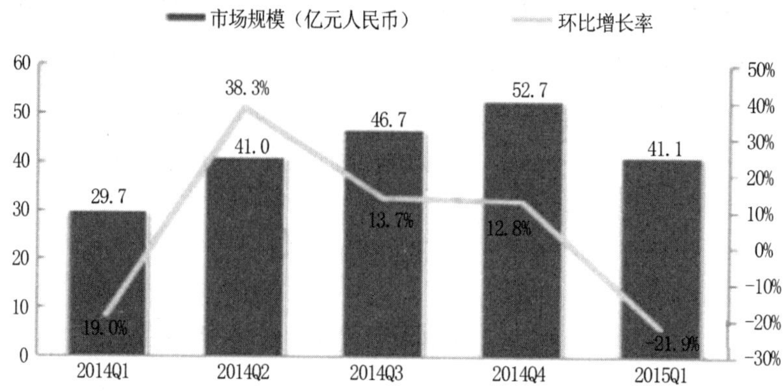

图 3—1 2015 年中国网络视频市场第一季度监测报告

络视频市场的前三名。

内容运营方面，视频制作商更加注重精品内容的自制生产，如爱奇艺的《爱上超模》、搜狐视频的网络剧《执念师》等。同时，注重外部内容渠道的整合，鼓励外部内容资源进驻，如风行网主推“视频号”产品，吸引传统广播电视入驻，与垂直行业进行融合，呈开放式的视频平台运作。

移动客户端。移动互联网时代，网络电视台、视频网站纷纷推出移动客户端，各种 App 应用应接不暇，其中不乏现象级 App 的出现，它们已经日益影响人们生活的方方面面，这些都在移动互联网时代形成了新的传播主体，特别是手机端已经成为网络视频的新增长点。

音视频 App 应用程序。众多基于移动互联网的音视频 App 应用丰富了现代广播电视体系下的传播主体形式。2015 年 3 月，大洋彼岸一款名为 Meerkat 的流媒体视频直播 App 迅速蹿红，这款应用与 Twitter 账号关联，用户只需简单点击就可以开始进行视频直播，直播开始时，用户的 Twitter 账号会自动发送一条带有在线直播链接的推文，所有人都可以通过链接观看视频直播，Meerkat 上线一周便聚集了 28000 的用户量。随后，Twitter 也发布了它自己的实时流媒体应用 Periscope，并展开了与 Meerkat 的激烈竞争。

模块化电视。2015 年 3 月 31 日，阿里和海尔联手推出海尔阿里Ⅱ代模块化电视，模块化电视采用独有的 OSIF 标准接口设计，可满足用户差异化定制产品模块的需求。随着互联网巨头纷纷入股增资和开发视频行业，更多的传播主体形式和传播载体或将出现。2015 年两会期间，李克强总理在政府工作报告中提出了“互联网+”的新概念，“互联网+”是创新 2.0 下的互联网发展新形态，也就是说未来任意传统行业和互联网结合都会产生一种新的经济与文化形态，这种新形态将对人们的生产生活产生巨大影响。特别是在传媒文化产业领域，我国必将迎来更为广阔的互联网浪潮，未来将会出现更多与互联网相结合的新的传播主体形式。

二、民营资本传媒企业

民营传媒机构，是指以民间资本为节目生产来源，并以独立身份从事广播电视传媒业经营活动的一种市场主体。在我国，传媒业的市场化程度较低，传媒业被长期赋予喉舌功能，鉴于其特殊属性，我国国家政策和主管部门对民营和商营资本进入传媒业一直保持谨慎态度。国家对影视传媒产业长期施行严密的政策性壁垒和严格的行业准入，对资格准入、发行等多个环节都制定了严格的法规治理体系。21 世纪以来，我国传媒的投资主体也开始逐渐由政府转变为多元主体参与，国家对民营资本进入传媒产业的政策开始有所松动。2001 年，中办、国办《关于深化新闻出版广播影视业改革的若干意见》提出，经营性资产可以上市，它标志着我国媒体政策正式开放，同时也从政策上鼓励支持民营资本名正言顺地进入传媒产业。

国有传媒和民营传媒通过新的运作机制、资金流通、节目制作等方面的探索，探寻出两种适合我国传媒业发展的模式：一是国营和民营的直接合作方式。2003 年 8 月，上海文广集团与国内知名民营传媒企业欢乐传媒正式携手，共同致力于高质量电视节目的运作。而欢乐传媒当年营业额达 2 亿多元、拥有 8 个著名电视栏目、节目覆盖全国 300 多个大中城市。二是民营资本向国营媒体注入资金，合作经营。据报道，早在 2002 年，人民日报就与北大青鸟联合投资创办了《京华时报》。至今，北大青鸟已投资《中国青年报》《青年报》等三个纸媒，成功入驻文化传播领域。

我国民营传媒企业从开始就表现出强劲的发展趋势，继而重构着传媒产业的市场版图。20 世纪 90 年代，我国内地的民营资本传媒实体开始出现，虽然相比欧美发达国家起步较晚，但经过20年的发展，规模已逐渐发展壮大，少数民营主体的影响力已超越传统媒体，其经营范围涉及广播电视、电影和新媒体等众多领域。民营媒体制作公司光线传媒、分众传媒等通过专业化的运营模式实现了民营媒体的差异化产品营销。

从市场准入制度看，民营广电企业建设应该与国有广电集团一样享受“国民待遇”，但由于民营企业主体在法律上仍处于薄弱地位，因此需要进一步完善我国广电业市场主体的属性界定，修订现有的广电业管理制度。

三、公共空间的自媒体

从个体层面来说，传播主体多元化表现为公民记者、自媒体、UGC等私内容进入公共话语空间。传统媒体环境下，记者作为时代的记录者，往往是新闻信息的主要来源。但是在互联网新媒体和大数据时代，这一情况发生了颠覆性变化。公众凭借着手中的智能设备和强大的社交沟通共享平台，不仅参与信息报道的能力增强，而且在事件和新闻报道中发挥着举足轻重的作用。许多重大突发事件中的自媒体传播案例说明，大量第一手资料都来自普通公民。新闻事件的报道也不再是记者完成的唯一版本，而是呈现出多样性、多视角的报道，出现了自媒体、社会化媒体的声音。

当新闻发生的时候，越来越多的公民利用微博微信等社交媒体传播。智能手机的普及和上传信息的门槛降低，使“人人都是记者”成为可能，信息发布不再是传统媒体人的专利。社交媒体和视频网站的出现，开始大量转发上传网民的言论，对传统媒体舆论产生影响。据人民网舆情监测室发布的《中国互联网舆情分析报告》，在100件热点舆情中，由体制内传统主流媒体首发的信息不足三成，而网民和用户通过互联网自媒体发布的信息则接近半数（见图3—2）[①]。

社交媒体的出现也改变了人们参与政治生活的方式，据美国皮尤研究中

① 人民网舆情监测室：《2013年中国互联网舆情分析报告》，见《2014年中国社会形势分析与预测》，社会科学文献出版社2013年版，第215页。

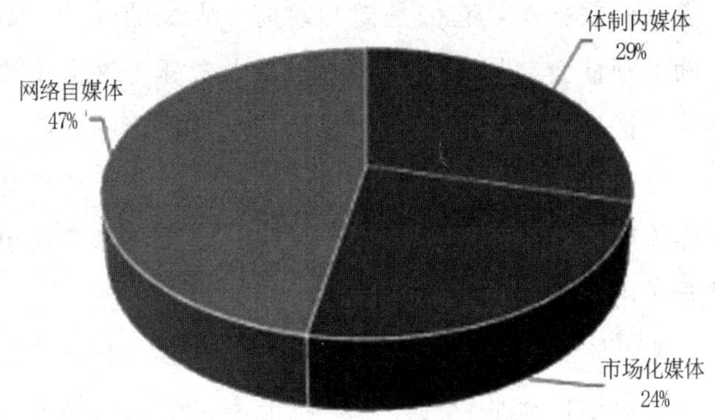

图 3－2 100 件热点舆情中首发曝光的媒介

心报告显示，美国有 66％的社交媒体用户通过社交媒体对公共和政治事件发表个人见解[①]。如今社交媒体等自媒体作为新的传播主体，在推动话题成为社会性言论方面发挥了重要作用。有人预测，随着大数据的可视化与大数据分析报道的出现，社交媒体已经或正在成为新闻生产的一种重要类型。

第四节 传播主体多元化的重塑路径

新兴媒体强势逆袭传统广播电视，从某种程度上动摇了传统广播电视的主导地位，如果不顺势引导，极有可能加剧各传播主体间的无序竞争，也不利于形成媒体间的传播合力，从而影响我国传媒整体传播力和影响力的提升。因此重塑当下传播主体多元化的形态格局，建构媒体间优势互补和满足用户需求的多元化传播主体有着重要的现实意义。

一、打造多样化的新型主流媒体

在我国，传统意义上的主流媒体一般指中央、各省区市广播电台、电视

① 王安丽：《“信息爆炸”时代 社交媒体是一把双刃剑》，《中国社会科学报》2013 年第 1 期。

台和各省区市党委机关报等，它们是党和政府、人民的喉舌，肩负着弘扬主流价值观、正确引领社会文化的特殊使命和重大责任。这类主流媒体既要承担起上述使命和责任，也要形态多样，即不但要有传统的报纸、广播电视媒体，也要有新闻门户网站、视频网站，移动新媒体，甚至还包括传统媒体与新媒体的融合媒体形态。这类“新型主流媒体”应在坚守主流思想舆论新阵地方面发挥重要作用。

传统广播电视媒体虽能够代表国家和人民的意志，坚守主流价值观和引导主流舆论，但是由于传播平台的单一，不能满足受众的多元需求，已经流失了大批受众，即使与互联网嫁接，组建网络广播电视台等视听新媒体，但目前在传播影响力方面仍难以与新媒体匹敌。另外，新兴的互联网新媒体和移动新媒体凭借着海量的信息和多元化的内容正在赢得越来越多用户的青睐。然而，新媒体为了取悦用户而变得泛娱乐化和媚俗化又使得它不能自觉承担起国家和人民喉舌、弘扬主流价值观的重任。所以要建立既能承担国家和社会稳定发展的舆论宣传重任，又能拥有大批受众拥趸的新型主流媒体。

新型主流媒体的打造，一方面需要对传统主流媒体进行改造，推动其与新媒体融合，并向移动化、微平台发展，使之实现创新和转型，能够适应未来发展而不被边缘化；另一方面需要对互联网新媒体等媒体形式进行引导，使其坚持正确的舆论方向，摒弃低俗化和过分娱乐化，使之能代表主流文化。

二、构建实力强大的新型媒体集团

经济全球化带来了文化的全球竞争，虽然近十年来我国传媒文化产业有了较大的发展，但比起世界级传媒“恐龙”，我国任何一家媒体都难以跻身其中（见表3—3）。

表 3-3 全球十大媒体排名简表①

序号	名称	市值
1	美国康卡斯特	486.84 亿欧元
2	美国谷歌	450.46 亿欧元
3	美国迪斯尼	339.14 亿欧元
4	美国新闻集团 21 世纪福克斯	275.39 亿欧元
5	美国 Direct 电视	239.09 亿欧元
6	美国时代华纳集团	224.34 亿欧元
7	美国维亚康姆集团	218.94 亿欧元
8	日本索尼娱乐	178.30 亿欧元
9	德国贝托斯曼传媒集团	163.56 亿欧元
10	美国 COX 企业	119.72 亿欧元

从表 3-3 全球十大媒体排名可以看出，我国媒体无一上榜，即便是中央电视台，与第十位的美国 COX 企业集团相比，仍有巨大的差距，这与我国在世界上的经济地位极不相称。如果不努力打造几个新型媒体集团，极有可能在全球化媒体竞争中被边缘化。因此，建立实力强大、有影响力的传媒集团是我国媒体做大做强并走向世界的重要步骤。早在 2000 年，国家新闻出版广电总局就下发了“关于广电集团化发展工作的原则意见”，确定广电媒体“可兼营其他相关产业，逐步发展成为多媒体、多渠道、多品种、多层次、多功能的综合性传媒集团”。实施期间虽有波折，但不能因此怀疑集团建设方针的正确性。2014 年 8 月 18 日，中央再次强调要建成几家拥有强大实力的新型媒体集团，除了表明国家坚定集团发展的决心外，也提醒我国传媒人一定不要再“折腾”了。

在世纪之交的 1996—2001 年，各级政府主导实施，我国已有部分媒体进行了集团化改革。从第一家报业集团广州日报报业集团 1996 年挂牌以来，我国陆续成立了 40 多家报业集团、20 多家广播电视集团②。但这些传统的报业集团和广电传媒集团，一般都囿于省内或区域内发展，根本谈不上全国化、

① 赵树清：《谁会是中央视野中的新型媒体集团?》，见 http://www.sarft.net/a/170905.aspx。

② 章东轶、吕伟兰、童杰：《报业集团做强的 5 种猜测》，《中国新闻出版报》2010 年 7 月 29 日。

更遑论国际化了。而且这些整合只是媒体内部数量和规模的物理叠加，没有产生真正的融合作用。不少传媒集团跨专业运作，表面上看是做大了，但效益上却差强人意，同国外实力雄厚、运作管理规范的传媒集团相比仍然相差甚远。

什么样的传媒集团才是实力强大的传媒集团？如何打造新型传媒集团？有专家在比较分析国外大型传媒集团的经验后，总结出具有强大实力传媒集团的一些共同特点[①]。

首先，实力强大的传媒集团应该是全媒体全产业链的一种形态，在美国，它拥有数量众多的附属台，同时可收购其他媒体形成复合型媒体集团。表3—4中显示的全球主要传媒集团没有一个是只拥有独立业务的，每个传媒集团都或多或少拥有报纸、广播、电视、电影、图书出版中的几种。

表 3—4　全球主要传媒集团的业务构成

传媒集团	业务构成
美国迪士尼集团	旗下拥有 ABC 电视网、RadioDisney 以及迪士尼在线网站。ABC 电视网拥有 231 个电视台，覆盖全美 99%的电视家庭以及 97%的电台市场，在全球拥有 50 多个合作伙伴，覆盖 240 个地区，还有电影公司和主题乐园等。
美国新闻集团	拥有福克斯电视网，统辖 22 家电视台，159 家附属电视台。还拥有《纽约邮报》《电视导报》，同时在海外拥有 130 家报纸。
美国时代华纳	旗下拥有《时代周刊》、有线电视新闻、HBO、《财富》、时代华纳公司等。
美国维亚康姆	拥有 CBS（哥伦比亚）电视网。为美国三大广播公司 ABC、NBC、CBS 提供和推销电视节目。该公司拥有 35 家电视台，包括 200 家附属电视台和 160 家广播电台，以及派拉蒙电影公司。
德国贝塔斯曼	在世界上 50 多个国家和地区开展电视（RTL 集团）、图书（兰登书屋 Random-House）、杂志（古纳雅尔 G＋J）、服务（欧唯特集团 arvato）和媒体俱乐部（直接集团 DirectGroup）等业务。

其次，实力强大的传媒集团都有自己的大品牌媒体做支撑，内容强大、人才济济、技术先进。如迪士尼集团有动画电影业和 ABC 电视网，新闻集团有福克斯电视网和全球众多报纸，维亚康姆有 CBS 电视网。

再次，这些实力强大的传媒集团在稳住自己核心市场的同时，都不断拓展海外市场，进行国际化扩张，通过各种并购和资产重组增强实力。虽然近

① 赵树清：《谁会是中央视野中的新型媒体集团?》，见 http：//www.sarft.net/a/170905.aspx。

两年时代华纳、传媒集团等进行了业务拆分，但这种拆分只是它们“聚焦化”发展战略的一部分，它们一方面在剥离部分非核心业务，一方面仍然在大举拓展新媒体业务。如早在2005年，新闻集团就以5.8亿美元收购Intermix Media公司，作为交易的一部分，门户网站MySpace也被纳入默多克麾下。除此之外，实力强大的传媒集团在新媒体环境下都进行了全媒体转型，它们不只输出文化产品，也输出文化价值观。

至于我国如何建成几家具有强大实力和传播力、公信力的新型传媒集团，赵树清认为应该注重以下几点[①]。

技术引领。就广电而言，广播电视技术一定要和大数据、云计算、智能终端和移动互联网等新技术进行深入融合。

市场驱动。这个市场包括传统媒体的受众市场和新媒体的用户市场，实力强大的新型传媒集团应该是能够以市场需求为导向进行内容生产和服务提供，这样才能扩大市场规模，并取得相应的市场回报。

产业支撑。在新媒体环境下，平台已经不再是稀缺资源，各种网络平台、社交平台、移动平台和自媒体平台正在快速兴起，BAT等互联网巨头也都在布局媒体内容生产，这时守住产业才能够守住阵地，一旦丢了阵地，媒体就失去了价值。

互联网思维。即用互联网思维进行内容生产、内容传播、市场营销和参与市场竞争。

内容为王。打造超强内容、超强品牌的广电集团。对于媒体来说，没有优质的内容，就难以长久留住用户，更谈不上培养忠实的用户了。

跨界整合兼并。新型传媒集团是具有一定规模的媒体集团，只有通过整合、兼并、拓展，才可能形成规模效应，形成新型传媒集团。

国际化竞争传播。在全球化的背景下，媒体之间的跨国竞争和跨国合作越来越频繁，新型传媒集团不但能够参与激烈的国内媒体竞争，而且要能够参与国际市场的传媒竞争，这就要求我们建立的新兴传媒集团必须实现国际化，与国际市场接轨，适应国际市场的竞争。

---

① 赵树清：《谁会是中央视野中的新型媒体集团？》，见 http：//www. sarft. net/a/170905. aspx。

三、传统广播电视与新兴媒体深度融合

生态利基理论认为，当两种物体具有相同生态位的时候，它们就会相互竞争直至其中的一种灭绝。同理，当两种媒体的生态位有交集却不完全重合的时候，它们会在竞争中进化直至找到自己独特的生态位。当下的视听新媒体就是和传统广播电视有相交却不重合生态位的媒介形态，它们之间存在着激烈的市场竞争，却又因为彼此特有的优势劣势而无法“一统天下”。与此同时，新兴媒体与传统媒体在赢得市场和扩大影响力的道路上又需要彼此依靠和相互借鉴。现实的需要加上国家政策的支持，加快传统媒体与新媒体的融合发展已成为现代媒体流程再造的必由之路。

目前，我国开展了各种形式的媒体融合。传统媒体希望通过融合来扭转发展的颓势和被动局面，报业面对报纸销量的大幅下降和外界的唱衰，纷纷推出电子报纸、多媒体数字报纸。新华网与移动运营商合作推出《新华手机报》，上海《东方早报》的新媒体项目“澎湃新闻”也高调上线。新媒体则希望通过融合获得更好的内容、资源等发展优势，2013 年风行网与上海文广传媒集团（SMG）形成的战略合作，首开我国“台网融合”先河，SMG 在内容、创意和制作上的优势与风行网在技术、平台上的优势互补，使得两者在技术、内容产品、渠道等方面得以深度融合，资源得到优化配置，也使得风行网的发展具备差异化特色。

2012 年 3 月创建的“今日头条”，作为一种基于数据挖掘的推荐引擎产品，其为用户选择推荐有价值的信息服务，是国内移动互联网领域成长最快的产品服务之一。据报道，“今日头条”已与数百家传统媒体建立了各类合作，丰富的内容资源为今日头条的发展奠定了坚实的基础条件，到 2015 年，今日头条累计激活用户数已超过 3 亿，其基本信息的迅猛发展也离不开与传统媒体的合作，

我国媒体融合实践虽然有了很大的进展，但目前仍多停留在媒介形式的融合上，渠道、经营、管理等方面的融合仍然不够深入。对于传统新闻媒体来说，融合发展是一个长期探索的书，面临着诸多难点。要真正实现传统广

电媒体与视听新媒体的深入融合发展，必须从以下几个方面努力。

第一，要强化“互联网思维”。互联网思维在对待受众（用户）方面，体现为重视人的价值，崇尚平等开放和用户至上。在原来“受者中心”的大众传播环境下，受众的注意力成为稀缺资源。因此，谁能最大限度地获取受众注意力，谁就能在激烈的传媒竞争中脱颖而出。而传统广电媒体作为一种精英化的信息生产，缺乏与受众的交流互动，内容传播多以记者等采编人员的意志为转移，导致观众的流失和收视份额的降低。互联网思维在信息传播的过程中，强调体验为王，即让用户在使用的过程中感觉满足。同样的产品和内容，如能提供良好的体验，可以增强受众（用户）对媒体的依赖感和忠实度。如果视听新媒体网站、移动终端都和传统广播电视播放同样的信息内容，往往在新媒体网站（终端）获得极高的点击率和社会影响力，这主要是因为网站和移动终端除了可以在线观看，还可以对内容进行回放回看，或采用下载缓存的方式让内容实现随时随地观看。同时视频网站提供的弹幕功能还能让用户在观看的过程中发表自己的观点看法，并在用户之间进行实时交流。互联网思维注重颠覆式创新，重塑了广电媒体，突出自己的个性特色，走差异化发展路线，印证了互联网思维下的差异化经营和创新。

第二，要实现资源的共享互补。即在媒体融合的过程中，打通传统媒体和新媒体平台内容资源、人力资源、财力资源等各种资源的流通交换。在已有的媒体融合实践中，不管是各广播电视台开办的网络广播电视台，还是各大报纸的电子版，都基本实现了与报纸、广播电视台母体内容资源的共享，但除了几家资金雄厚、有特色的网络广播电视台增加了针对网络的自制节目，一般情况下的内容共享就是把原版内容照搬照抄到网络平台上，内容严重缺乏创新，也没有针对网络传播的特点进行播放策略调整，极大影响了媒体融合的实质效果。从互补的角度上来说，目前媒体融合的现状也是差强人意。以中央电视台为例，中央电视台相继开办了网络电视台，推出了央视影音客户端，还开通了微博、微信等社交平台，基本实现了多屏多终端多渠道的传播格局，但它们到底形成了多大的传播合力还有待观察。整合资源、实现资源的共享互补需要各媒体结合平台的传播特点和优势，对内容资源进行精编、审核和资源再造，必要时还要根据平台内容需求进行自制生产。

第三，要培养全媒型采编人才。传统的新闻生产，记者只需要为所在的广播、电视台提供音视频报道，而数字化环境下，融合记者采编人员不仅要为所在的传统媒体提供音视频素材，还需要为网络广播电视台、“两微一端”等移动客户端提供新闻产品。同时在新媒体条件下，由于信息传播的速度加快、平台更加便捷，媒体对新闻信息的抢夺也更加激烈，对现代广播电视记者的职能和综合素质也提出了更高的要求。现在的记者要做“全媒记者”“超级记者”，不但能够写稿拍摄，还要根据不同平台的要求对素材进行加工、改编，能够胜任多重任务、多种条件下的新闻报道工作。这种全媒型记者，首先是能够用智能手机对突发事件进行即时报道；其次还能够在同一事件报道中为媒体网站写稿，又能提供视音频和博客新闻；最后还能够为广电媒体做系列报道和专题报道。奎恩认为，“全能记者”最重要的素质不是能够掌握所有的先进采访设备，而是具有媒体融合的意识。在国外很多受到网民欢迎和获奖的融合新闻报道，都是团队合作的产品。[①] 而这种全能型采编人才正是现代传媒尤其是媒体融合亟须的人才。

媒体融合不是单纯的“引进”与“嫁接”，也不是让传统媒体彻底转变成新兴媒体，而是让他们在改造的过程中相互取长补短，走出一条适合自身媒体生存发展的道路。在以往的媒体融合实践中，曾因对媒体融合“度”的把握不当，致使传统媒体或因过度追求“收视率”和过分崇尚“用户需求至上”而形成媚俗化、低俗化和泛娱乐化倾向，或因融合步伐过小而无法形成与新媒体的用户竞争和市场竞争。这就要求传媒管理部门对媒体融合进行适当的规范和政策规制，引导互联网新媒体坚持正确的舆论和价值导向，规避因追求吸引眼球而带来的低俗媚俗倾向，减少因网络谣言而造成的社会不和谐因素。

移动互联网时代的媒体发展日新月异，任何一次技术进步和政策变动都将带来传媒业的重新洗牌。在未来，我国传媒业依然会面对来自资本市场的压力和来自国外强势传媒集团的竞争，国内传统媒体和新兴媒体依然会继续

---

① 本刊记者：《国际媒体专家谈“媒体融合”——“2009媒体融合战略战术高级研讨班”观点概述》，《中国记者》2009年第9期。

竞争共存，但无论是“一家独大”还是“几枝竞秀”，不管是传统媒体占主导还是新兴媒体占上风，有一点可以肯定，那就是未来主流传播主体必将是融合后的传播形态。

传统广播电视再也不能沉湎于“第一媒体”优势之中，各种视频网站和网络广播电视的兴起已经打击了传统广播电视的部分自信。如果说前几年的视频网站同质化严重、缺乏优质内容支持，那么随着视频网站自制剧的推进和优质视频版权的购入，现在的视频网站已经实现逆袭，并与传统广播电视拉开了距离，这种差距更随着手机移动端布局而拉大。可以预见的是，如果传统广播电视的转型仍无力防止观众和人才的流失，其未来发展岌岌可危。因此，面对竞争和压力的传统广播电视主流媒体必须尽快实施战略转型。

第四章 现代广播电视传播的主流媒体建构

新型主流媒体和新型媒体集团建设，是国家在新媒体环境下，为牢牢把握舆论主导权，对传统媒体转型提出的重要战略任务，并要求传媒以服务用户为主流价值取向，开放新兴传播平台，打通新媒体传播渠道，探索一体化媒体建构，提高主流媒体的融合传播力和影响力。

第一节 新型主流媒体的基本特征[1]

主流媒体一般指具备一定规模，体现并传播社会主流意识形态与主流价值观，坚持并引导社会发展主流和前进方向的主要媒体。在新的媒介生态环境下，传统媒体面临着全面转型，新兴媒体也面临着进入主流的问题。只有传统媒体与新兴媒体融合发展，即实现“你就是我，我就是你”的一体化发展，才能形成具有强大竞争力的新型主流媒体，在坚守主流思想舆论新阵地方面发挥重要作用。

一、新型主流媒体的互动与共生

综观人类传播史上的五次革命，媒介的生存与发展“似乎是一种相互协调、共进共荣的共生关系”。[2] 媒介生态的改变带来的媒介形态“人性化趋势”

① 本节部分成果已经以本项目主持人的名义发表在《编辑之友》2015 年第 1 期。

② 邵培仁：《论人类传播史上的五次革命》，《中国广播电视学刊》1996 年第 7 期。

在互联网时代体现得尤为明显，其中共生、主体、信息和技术四大因子构成了当前新型主流媒体的主要生态环境。

（1）新型主流媒体的共生因子：互补性与“共进化”。“共生”一词，源自古希腊语，原义指的是“共同生存”，即在共生环境条件具备的前提下，共生单元之间按一定的模式构成的共生关系。这些共生关系在整体上构成公共系统，表现出多重性、共进化性、不可逆性和自主兼容性等特性。[①] 许多研究者认为，共生应包括互惠共生、共栖及寄生。共生与共同二者有互补性，共生用以对抗共同的同质化，共同用以对抗共生的竞争与对立。[②] 共生理论在媒介应用研究中，较有代表性的是凯斯皮斯关于“媒介发展四阶段论”，即在开始阶段，新媒介的诞生吸引了公众的关注；在制度化阶段，新媒介的功能优势凸显，公众开始使用且离不开新媒介；在防守阶段，由于新媒介被广泛应用到各个领域，从而挤压了旧媒介的版图空间，旧媒介的垄断地位开始动摇；在适应（共生）阶段，新旧媒介相互适应，优势互补，共生共荣。[③] 而罗杰·菲德勒认为，“媒介形态变化”的基本原则，即“共同演进与共同生存”[④] 等。他认为，新媒介都是从旧媒介形态的变化中逐渐脱胎出来的，当比较新的媒介形式出现时，比较旧的媒介形式就会去适应并且继续进化而不是死亡。这直接或间接地论述了媒体共生特征。

（2）新型主流媒体的主体因子：互联性与“去中心”。主体因子在互联网生态系统中是最为活跃的因子，根据信息在交换过程中的参与状况，主体因子可以分为信息生产者、信息消费者和信息中介。而互联网让世界变得扁平化，人人都可能是传播主体，UGC（用户生产内容）在很多领域被广泛采纳。新的媒介生态环境中，多重主体因子是互联性的、去中心化的，两个或更多的客户端间的信息交换、信息分享，乃至于信息速度和发布时间都是由自己确定。因此，生产者、消费者之间的界限更加模糊，媒体中介的作用似乎在减弱。

---

① 袁纯清：《共生理论——兼论小型经济》，经济科学出版社1998年版，第56页。

② ［日］尾关周二：《共生的理想》，卞崇道等译，中央编译出版社1996年版，第131页。

③ 郑恩、林大为：《媒介进化论研究的五大原则》，《江苏广播电视大学学报》2009年第2期。

④ ［美］罗杰·菲德勒：《媒介形态变化：认识新媒介》，华夏出版社2000年版，第24页。

处在这样一个生态系统中，新型主流媒体必须不断适应外部环境，从（群体）分化到（系统）互动和（角色）选择不断进化，减少交流的时空限制。尤其在网络生态体系中，新型主流媒体需要正视传播主体因子特性和需求的变化，正确引导主体因子成为新型“生态链”中的重要一环，以在UGC和PGC（专业生产内容）之中找到一条生态平衡之路。

（3）新型主流媒体的信息因子：互动性与“内爆性”。互联网时代的信息因子摆脱了“一对多”发布的大众传播系统的羁绊，具有较强的互动性。《新新媒介》的作者莱文森认为：“新新媒介的用户被赋予了真正的权力，而且是充分的权力；他们可以选择生产和消费新新媒介的内容，而这些内容又是千百万其他新新媒介消费者——生产者提供的。”① 他清晰地向我们描绘了社会化媒体的互动传播机制，且这种机制更加凸显互动和参与的心理动机和个人动机，这是新型主流媒体新的媒介生态因子。

在网络社会中，信息类别的边界模糊，难以区分，从而形成麦克卢汉《理解媒介》中的信息“内爆”：媒介的强大制造和传播功能使得整个社会被信息所笼罩，人们越来越难以将事实与噪声分开、将主流与“非主流”区隔。新型主流媒体处于高互动性与可能“内爆”的媒介环境中，因此，“遵循新闻传播规律”显得尤为重要，不仅要主动参与互动环节中，凸显主流意识和精英定位，还要在尊重差异的基础上凝聚共识。

（4）新型主流媒体的技术因子：快速性与“可视化”。推动新型主流媒体的建构，要充分重视技术的核心驱动力。不论是建立多媒体的传播平台，还是建立跨媒体的统一数字化管理流程，均离不开技术的支撑。数字化促进了信息在生产、分配和消费方面不同程度的增长，技术力量的快速迭代，造成了一种“速度文化”，越来越多的信息正在更频繁和更快速地被传递。② 与此同时，可视化也成为“速度文化”的另一表征：形象被认为是一种比语言、文字和数字消费得更快的符号。从“读图时代”的表述到今天应用大数据制作“数据新闻”的理念，无一不是数字技术的产物。

---

① ［美］保罗·莱文森：《新新媒介》，何道宽译，复旦大学出版社2013年版，第3页。

② ［荷］简·梵·迪克：《网络社会——新媒体的社会层面》（第二版），蔡静译，清华大学出版社2014年版，第209页。

二、新型主流媒体的服务与开放

2011年，李彦宏在百度联盟峰会上首次提出了“互联网思维”的概念。何谓“互联网思维”？周鸿祎从方法论上进行了解读，即“用户至上；体验为王；免费模式”。[①] 这些理念大多来自互联网企业的经验总结，也为新型主流媒体的建构与发展提供可借鉴的思路。

（1）用户服务思维。互联网思维的核心即用户思维，也是主流媒体所面对的新型主体因子。在互联网时代，新媒体加强了用户行为模式的识别和信息服务的精准投放，大大提高了多媒体、多终端信息发送的效率。因而，主流媒体应以用户需求和使用情境为出发点，受众在哪儿，媒体工作的重点就该在哪儿。用户在哪里，媒体的服务和媒体的覆盖就在哪里。换言之，将追踪用户使用产品的情景，化为媒体设计的一个重要思路：关注用户在什么时候、什么状态、什么习惯下使用你的内容。在信息和众多媒体几乎处处可见的今天，只有最能符合用户特定需要的媒介才能获得他们的注意，赢得他们的使用。这些认识和理念归结成一条首要原则就是“用户体验至上”，即从用户使用情景的角度去设计和开发媒介产品，甚至做超出用户预期的使用体验，才能赢得市场青睐。

（2）平台开放思维。在信息因子互动性和“内爆性”的今天，开放平台是主流媒体实现信息传播功能转型的理想路径。因此，新型主流媒体应在全媒体平台打造基础上，建构扁平的组织架构和开放的传播流程。BBC从总裁到最基层员工，不能多于5个层级，以期实现扁平化管理，促进资源共享利用。BBC通过整合成立跨媒介创新委员会、新闻委员会和商业经营委员会等三个委员会，使媒体融合的责任更集中，决策更迅速。BBC从2000年开始尝试机制改革、组织结构调整，以应对内容的全媒体播发（见表4－1）。

① 周鸿祎：《周鸿祎自述我的互联网方法论》，中信出版社2014年版。

表 4—1 BBC 2010 年组织结构

执行委员会	视觉团队	所有视频节目制作
	音频与音乐团队	所有广播频道和广电音乐节目
	新闻团队	全平台新闻节目制作
	北部中心团队	体育、儿童节目制作
	未来媒体与技术团队	新媒体与技术研发和技术保障
	市场与受众团队	市场与受众调查和研发
	金融与商务团队	节目经营
	人力资源团队	人事管理
	机构运营团队	政策、战略、法律、资产管理

表 4—1 中所示的新闻团队经过重组，将原先独立的电视、广播和网络新闻运营平台整合成一个跨平台多媒体新闻中心，并将某一新闻资源按照受众不同需求与传播途径的差异进行调整，使其适合在电视、广播、网络、手机、互动电视等多个平台上传播。①。

为适应全媒体融合平台播出机制，BBC 在新的多媒体编辑部办公楼建立了一个新的编辑系统，将搬入 BBC 大楼的新闻网站、广播新闻部门、国际新闻频道及所有为 BBC 撰写文字新闻的记者，重组为多媒体新闻部和多媒体节目部两大部门。至此，BBC 传统的广播新闻、网络新闻和电视新闻这三大部门不复存在，其功能被新的编辑部替代，提高了工作效率，改善了新闻质量。

在 BBC 的全媒体战略中，传统媒体业务与新媒体业务的台网一体化运营，是其战略计划即 One BBC 计划中的重要组成部分。因为 BBC 的网络结构与页面设计，由 BBC 新媒体技术部门搭建框架，而其内容部分则由电视、广播相关的业务部门来填充，所以不存在台网之间的联动问题。以 BBC 新闻中心为例，电视新闻演播室和电视、网络、广播编辑区高度集中在工作区域。BBC 新闻中心统一调度、协调英国国内及全球新闻的采集与电视、广播与网络 24 小时的节目内容编发，而且不同媒体平台不断相互进行内容推介，以整合立体传播扩大影响力。在具体运作上，BBC 奉行新闻报道网络优先的原则，

① CCTV 发展研究中心：《BBC 全媒体战略》，见 http：//www. cctv. com/cctvsurvey/special/BBC-quanmeiti/20111231/111056. shtml。

以抢占新闻时效制高点，满足受众第一时间了解新闻的需求。因此，BBC要求所有一线记者，采访中首先给BBC网站提供资讯和图片，其次才是为BBC电视和广播采集信息①。BBC的全媒体运营战略，实质上是用一种开放的思维，打通了信息流通的各个环节。

(3) 产品迭代思维。产品迭代思维与用户服务思维一脉相承，侧重技术应用的纬度，通过技术优化媒介产品的用户体验，以“微创新”的手段，进行产品迭代更新。新媒体依托先天的技术优势，针对用户的新需求快速进行产品迭代，而传统媒体因为产品思维的缺失及新技术的短板，造成了虽有新媒体布局却基本无所作为的窘境。产品迭代追求的是“快速性”，先人一步，抢占先机，否则可能会造成受众流失。因此，新型主流媒体需要突破性地实现产品迭代的思维。上海报业集团的新闻客户端“澎湃新闻”，上线之后及时汲取用户的反馈，进行了几次“小步快跑”的改版微调，这种尊重用户的做法，为“澎湃新闻”赢得了广泛的社会影响力。

三、新型主流媒体的品质与引导

新型主流媒体之“新”主要体现在思维之新，即服务用户、平台开放和产品迭代“三位一体”的建构理念。而新型主流媒体之“主流”主要体现在传播影响力的提升，即面对新兴媒体的“挤压”，对主流媒体内在的本质反映与要求。

1. 从传播渠道、平台融合看新型主流媒体的传播力

新兴媒体的崛起，以其信息传播的迅速性、及时性，以及覆盖面广、首发率高而影响世界，媒体的传播力再次被技术“唤醒”。荷兰著名传播学者简·梵·迪克通过对新旧媒体比较研究，提出了衡量传播力的九个要素：速度、

① CCTV发展研究中心：《BBC全媒体战略》，见 http：//www. cctv. com/cctvsurvey/special/BBC-quanmeiti/20111231/111056. shtml。

到达率、存储、精确度、选择性、互动性、同步程度、复杂程度和隐私保护程度。[①] 其中，新媒体潜在的地理和社会到达率非常广泛，海量存储非传统媒体所能比，且新媒体的数据精确性在逐渐增加，并能提供文字、图像、音视频等多种符号信息。新媒体的这些特点都成为新型主流媒体兼收并蓄的优势，使之能帮助主流媒体增强话语权，帮助国家与政府加强对日益复杂的社会和组织的管控能力。

2. 从新闻传播权威性看新型主流媒体的公信力

美国学者埃利奥特·阿伦森在谈到人们对社会影响的反应时认为，依从、认同、内化是社会影响的三种效果。[②] 其中"依从"可以转化为对传媒的依赖性，"认同"可看成对传媒的文化解读立场，而"内化"（internalization）则是让传播入脑、入眼、入耳、进心的最佳诉求，也是对社会影响最持久、最根深蒂固的反应。要对受众产生"内化"的反应，做到既传播到客户端，又传进用户的心田，就需要提高媒体的公信力和权威性。而公信力体现了对真实性的承诺和坚守，这就回归到了新闻传播的规律——真实性、客观性报道。对新型主流媒体来说，就是要让主流的声音进入大众群体，这样才有引导舆论的可能。

3. 从主流话语的认同性看新型主流媒体的影响力

为了赢得更多的社会影响力和话语权，就需要在赢得信任感、增强吸引力、强化依赖感和提高服务性等方面下功夫。

信任感是获得影响力的首要条件。在媒介融合语境下，新型主流媒体呈现多元化趋势，只有建立融媒体的自律机制，坚守媒体责任，强化社会担当，才能增强新型主流媒体的发展活力。

吸引力是获得影响力的关键路径，而吸引力的关键是认同感，要充分考虑社交媒体受众的心理和习惯，采用融媒体形态和运营方式，整合采编资源

---

① ［荷］简·梵·迪克：《网络社会——新媒体的社会层面》（第二版），蔡静译，清华大学出版社 2014 年版，第 14 页。

② ［美］埃利奥特·阿伦森：《社会性动物》，邢占军译，新华出版社 2001 年版，第 128 页。

和传播渠道，利用社交媒体网络建立自己的“粉丝群”，从而增强内容的感染力。

依赖感是获得影响力的重要表现。在互联网 Web2.0 阶段，基于真实的人际关系的社交媒体让人容易找到融入社会的感觉，从而产生某种“依赖感”。移动互联网进一步加强了这种“依赖”，产生了“微博控”“微信控”等。这一方面挤占了人们使用传统媒体的时间，加深了传统媒体与社交媒体在受众分布上的“沟壑”；另一方面也给了新型主流媒体“弯道超车”的绝好契机，抓住移动互联网的“社交化、视频化、移动化”特点，可增强用户对新型主流媒体的“黏性”。

服务性是获得影响力的内在要求。媒体的公共服务主要体现在以公众知情权为核心的一系列公共利益的实现。在媒体融合发展的态势下，新型主流媒体要善于利用社会化媒体，强化自身的公共服务性，创造一个更高效的意见表达平台和健康的媒介生态环境。

第二节 国际现代广电主流媒体集团的建构经验

在公共广播和商业广播明显分野的西方国家，尤其是英国的 BBC 作为前者的典型代表较为成熟，所以，本书选取 BBC 的媒体转型与融合战略作为新型广播电视主媒体集团建构的研究对象，更具说服力。透过“BBC 媒体融合报告”，可大致了解 BBC 在建构新型广电主流媒体集团中的主要经验和路径①。

一、调整运营管理思路

BBC 较早认识到媒体融合的重要性，面对媒体竞争环境重新进行服务定

① 张韬：《BBC 媒体融合报告》，广电微信公众号，http：//chuansong. me/n/1383850，2015 年 5 月 17 日。

位，适时调整公司事务和管理的方向，包括从财务、管理、技术和媒体理念等多个方面适应媒体融合发展战略。早在 2007 年 BBC 就提出 Four Screens（四屏：电视、手机、平板、电脑）的产品发展思路，积极拓展融合媒介，实现跨界经营。在 Apple 推出 iPad 之初，BBC 就成为其预置内容 App 的供应商之一。

BBC 借助互联网为传统广播业务拓展新的疆界，并且把媒体、电信等业务有效嫁接，形成不同平台的战略融合，这对我国推动传统媒体与新兴媒体融合，建构新型广电主流媒体集团有重要的启示意义。

BBC 的媒体融合发展策略与英国的国家利益、文化利益紧密相关。2009 年英国文化传媒体育部和商务创新技术部联合公布《数字英国》白皮书，明确提出要让英国成为数字时代创意产业的全球中心，为公众提供包括公共服务在内的宽带、高品质内容，特别强调 BBC 应在其中扮演重要角色，成为一个与更大范围的媒体机构进行合作的公共服务内容提供者、数字英国的推动者。

在英国国家战略计划指导下，由 BBC 主导，包括 ITV、第五频道和英国电信等共同组成的下一代数字电视服务产业联盟倡导发起了“画布”计划，该计划于 2011 年正式推出。作为一个英国数字电视高清升级版和大型 IPTV 服务平台，该计划与《英国数字电视计划》《数字英国》对未来媒体的发展规划相一致。2012 年 3 月 23 日，英国女王为 BBC 的新媒体大楼“英国媒体城”（Media City UK）剪彩，也印证了其对 BBC 的新媒体融合发展战略的支持。

BBC 充分认识到移动互联网对媒体融合的重要作用，其在 2011 年提出的移动为先（Mobile First）策略中，要求在不同新媒体平台展示内容时，首先按照报道流程考虑移动媒体平台的需要，把移动平台的内容展示传播完成之后，再以此为模板，相继推广传送到其他媒体平台上。这一思路在伦敦奥运会直播报道中体现得尤为明显。

二、建构 BBC 网站融合平台

面对汹涌而至的数字新媒体技术浪潮，首先，BBC 采取了积极主动的应对策略，包括 BBC Choice 数字电视频道、BBC World Service 网站，以及互联网业务 BBC Online、智能电视业务 Red Button、多屏融合业务 BBC iPlayer。由于 BBC 高度重视网络传播形式和网络传播价值，媒体网站自然也成为 BBC 不同形态的媒体内容交汇平台。相比于普通的门户网站，BBC Online 的传播内容不仅包括提供给广播电视台的实时内容，还能够满足传统媒体或新闻网站所涵盖的新闻、体育、商业信息需求，以及提供 BBC 独有的儿童、教育、艺术等高质量内容。在 BBC 的网站融合平台建构方面，通过开发新一代的搜索引擎功能，实现对 BBC 所有节目内容的元数据进行快速的检索。

其次，构建 iPlayer 新媒体平台。iPlayer 是 BBC 于 2007 年启动的向多终端推出流媒体服务的项目，BBC 的所有节目逐步都将纳入其中。这项计划受到观众追捧，它改变了人们的收视习惯，收到了良好的传播效果。在 iPlayer 推出一年后，访问和下载量已累计超过 1.8 亿人次。2012 年 BBC 又对其他电视台开发了平台资源，使 iPlayer 在 BBC 融合战略中占有越来越重要的地位。BBC 通过 iPlayer 打破了不同媒介之间的界限，从技术上实现了节目内容和多渠道的融合。

三、重视用户服务理念

BBC 节目制作策略，是 BBC 融合发展的主要策略之一。2011 年，BBC 宣布将节目制作理念转向“主题方式”，以满足不同层次观众的需求，并且把过去从“用一套节目来满足所有观众的需要”的观念转变为“给不同定位的观众多样的选择”。理念的重塑，关键是去除媒介之间的区隔，打通广播、电视和互联网等之间的通道，在公司媒介之间建立起跨平台的节目制作和共享机制，将用户的使用需求与 BBC 的新闻业务服务紧密结合。

为此，BBC 将广播新闻、网络新闻和电视新闻三大部门重组为多媒体新闻部和多媒体节目部两个部门，使其记者能在新闻现场同时完成两种以上媒介形式的稿件，带来“叙事形式”变化。同一新闻资源从最初策划、制作到最终发布均有各部门参与，以适合在电视、广播、网络、手机、互动电视等多平台上播发。而各平台的内容策略仍由各主编自己决定，保持独立性。所有信息发送到新闻集成平台上，由平台统一调度、协调新闻的采集与电视、广播、网络节目内容编发，不同媒体平台相互进行内容推介，实现立体传播。

BBC高度重视受众群体的深度分析，培育新型视听传播关系，尤其强调用户的参与感，注重分析用户对节目内容的需求，力争制作针对性较强的节目，使BBC的节目产品能为世界不同国家的观众所接受和理解。

在新媒体环境下，为有效吸引年轻用户，BBC网站邀请网民参与BBC主页的改版，通过BBC网站、iPlayer等的用户数据分析帮助其用年轻受众喜欢的方式和服务来把握年轻受众群体，通过节目内容的多元分发使其继续保持在新媒体方面的影响力。

第三节　我国新型广电主流媒体集团的一体化探索

长期以来，我国广播电视媒体实行“四级办广播、四级办电视、四级混合覆盖”的方针，迅速发展壮大，成为当之无愧的主流媒体。21世纪以来，随着新媒体的崛起，传统媒体受到严峻挑战，碎片化的信息传播，多元化的公众互动，分流了受众与用户，消解了传统主流媒体的影响力。于是，集团化的尝试、新媒体的拓展，成为我国广电主流媒体转型发展的积极探索。

2014年，被称为“中国媒体融合发展元年”。中央级和省级广播电视媒体，在内外多重因素的影响下，先后启动了媒体融合和建构新型广电主流媒体的体制机制改革，在媒体内通过机制调整以提高整体生产能力，在媒体外部通过寻求广泛深入的合作，扩展社会影响力，让体制机制与市场更加顺畅对接。本书以上海广播电视台（SMG）的新兴主流媒体打造为代表，进行较为深入的分析。

一、新型组织架构的变革历程（SMG）

2001年4月19日，根据政企分开和管办分离的要求，上海市文广局下属的大部分事业单位，包括广播电台、电视台、影视制作机构、文艺院团、剧场等，合并组建上海文化广播影视集团（俗称“大文广”），标志着上海广电集团化建设的开始。同年 8 月，上海文化广播影视集团将旗下上海电视台、上海东方电视台、上海有线电视台、上海人民广播电台、上海东方广播电台等单位合并组建上海文广新闻传媒集团（俗称“小文广”，英文简称“SMG”）。

2009 年 10 月 21 日，上海文广新闻传媒集团更名为上海广播电视台，并出资成立台属集团公司——上海东方传媒集团有限公司。在此之前的 2003 年 10 月 23 日，上海卫视改名上海东方卫视，彰显其国际化冲动与全球化的视野。

2011 年 12 月 29 日，SMG 旗下的百视通新媒体股份有限公司在上海证券交易所（A 股）借壳上市，成为国内新媒体业务上市第一股。

2014 年 3 月 31 日，上海广播电视台、上海文化广播影视集团有限公司整合原上海文化广播影视集团、上海广播电视台、上海东方传媒集团有限公司，正式启动上海文广新一轮体制改革。该台（集团）是目前中国媒体产业门类最多、产业规模最大的省级广电媒体及综合文化产业集团。至 2015 年 7 月，该台（集团）共有职能部门 13 个，直属事业部 8 个，一级公司 16 家（含 1 个上市公司——上海东方明珠新媒体股份有限公司），二级子公司 85 家，三级子公司 9 家，共有从业人员17 200余人。

旗下通过资源整合新成立的东方卫视中心，形成了扁平化的管理架构，确立了以独立制作人为中心的运营机制，授予独立制作人团队组建、项目竞标、创意自主、资源使用、经费支配、收益分享权等六大权力。

2015 年 6 月 3 日，百视通发布公告称，百视通和东方明珠合并变更为“上海东方明珠新媒体股份有限公司”。上海广播电视台台长、SMG 总裁王建军出任重组后上市公司新一届董事会董事长。作为 SMG 旗下的上海东方明珠新媒体股份有限公司（简称“东方明珠”）是中国 A 股市场首家市值超过千亿的文化传媒类上市公司，由旗下原上海东方明珠（集团）股份有限公司和原百视通新媒体股份有限公司重组而成，重组后形成内容、渠道与平台、服务三大业务板块，14 个事业群，包括云平台与大数据事业群、研究院、媒体制作事业群、影视制作事业群、版权运营事业群、互联网电视事业群、渠道营运事业群、移动传输事业群、有线电视事业群、数字营销与广告事业群、视频购物及电子商务事业群、游戏业务事业群、文化娱乐旅游事业群、文化地产事业群等，致力于打造最具市场价值的新型互联网媒体集团。

二、综合性的广电集团业务类型

1. SMG 媒体运营品牌

SMG 媒体运营品牌拥有电视频道（15 个）：东方卫视、新闻综合、娱乐、星尚、电视剧、第一财经、五星体育、纪实、艺术人文、ICS 外语、东方购物、哈哈少儿、炫动卡通、东方卫视国际海外频道、东方电影。

广播频率（13 个）：包括上海新闻广播、东方都市广播・899 驾车调频、东广新闻资讯广播、经典 947、交通广播、动感 101、故事广播、Love Radio103.7、戏曲广播、KFM981、五星体育广播、第一财经广播、浦江之声。

数字付费电视频道（15 个）：都市剧场、欢笑剧场、动漫秀场、全纪实、东方财经・浦东、法治天地、七彩戏剧、幸福彩、游戏风云、魅力音乐、生活时尚、极速汽车、劲爆体育、新视觉、金色频道。

报纸杂志（6 种）：《第一财经日报》《第一财经周刊》《陆家嘴》《中国房地产金融》《上海电视》《每周广播电视》。

交互式网络电视：IPTV。

网络传输：无线传输、有线传输和卫星传输。

2. 内容制作及版权

内容制作及版权包括影视、动漫及纪录片内容制作与版权，并建立集团专事节目版权交易的机构，如五岸传播公司、秒鸽网。

3. 互联网新媒体

互联网新媒体包括 OTT TV、移动视频、媒体云、看看新闻网、广播 App 阿基米德、一财网及媒体应用等。看看新闻网（www.kankanews.com）

作为上海广播电视台旗下的网络新媒体平台，依托SMG的强大内容资源和制播能力支撑，结合数字媒体创新技术，精心打造24小时视频直播流，呈现出最新最热的时事追踪。当重大突发事件发生时实时切入直播流，向网民提供海量、优质的版权视频新闻。看看新闻网打破传统电视媒体与网络新媒体的界限，建设以视频新闻为特色、具有品牌价值的网络新闻互动平台，为用户提供视频上传通道。同时整合SMG强大的内容资源，建立起国内一流的网络视频新闻数据库，为客户提供全方位的资料服务。

4. 电子商务及其他

东方购物是电视购物服务提供商，2014年销售额即达85亿元。此外还涉足主机游戏及手游、财经大数据、电视后期制作、技术系统服务、少儿艺术学校等产业。拥有东方明珠广播电视塔、上海国际会议中心、上海东方绿舟等诸多知名文化地标。

5. 现场演艺与文化投资

文艺院团（9家）、马戏学校（1所）、演艺场馆（7个）、演艺经纪（5个）、票务中心（1所）、舞美中心（1所）。投资上海迪士尼乐园40.35亿元，设立美国硅谷复盛风险投资基金、华人文化基金和上海文化产业基金。

截至2015年6月底，上海广电集团总资产规模达到614亿元，净资产规模达到433亿元，同比增长34%和48.5%。在新一轮发展中，SMG以“传播向上力量，丰富大众生活”为使命，努力践行“忠诚、责任、创造、共赢”的企业核心价值观，聚焦平台、内容与服务，借力资本市场，持续深化改革，创新发展方式，努力打造我国具有创新力和国际影响力的现代广电媒体及文化产业集团，为增强国家文化软实力、扩大中华文化国际影响力做出新的贡献。

三、“互联网+”的广电媒介生态构建

1. 目标：构建互联网生态企业

2014年11月21日，新组建的上海东方明珠新媒体股份有限公司挂牌后，时任SMG总裁黎瑞刚表示，希望新公司代表SMG的未来，做行业变局者。在复牌当日，该上市公司市值超过1600亿元，在全球上市的传媒巨头市值排名中处于第九位，在国内是仅次于BAT和京东的第五大中国互联网公司。上海东方明珠新媒体股份有限公司总裁凌钢在接受《中国广播影视》专访时说，这家作为SMG唯一的产业与资本平台的新型互联网生态企业，目的是构筑以互联网电视为核心的互联网媒体生态系统。[①]（见图4—1）如果想在未来的媒体竞争和跨界竞争中保持优势，以OTT为战略方向，建立大规模、多维度的生态系统式企业是东方明珠的唯一选择。

OTT作为真正的互联网传媒产业，它与传统的有线电视和IPTV业务有着本质的区别。OTT没有地域概念，可以通过互联网实现端口到平台的对接。从理论上说，OTT可以提供无限量的内容，SMG不仅拥有互联网电视牌照，更是互联网电视内容的生产商和集成商。

目前我国OTT运作分为两大阵营，一是包括SMG在内的主流媒体七家牌照方；另一个是非牌照方的市场主体。就此而言，现行政策和牌照为东方明珠提供了极好的空间优势。除了内容优势外，东方明珠还具有渠道优势，包括传输资质、渠道覆盖以及市场份额占有方面，拥有相对的领先优势，在全国范围内25个省和自治区拥有驻地，具备技术、市场和运营的支撑，为开展全国业务奠定了重要基础。基于这些优势，东方明珠的OTT战略突出两个重点：一是做好平台，用平台的体验、内容和功能吸引客户；二是从B2B（Business to business，即供应商与需求商之间的交易）为主，转向B2C（Business to customer，即商家与客户之间的交易）和B2B并举。

① 王卓：《东方明珠总裁解密互联网生态大战略》，《中国广播影视》2015年7月19日。

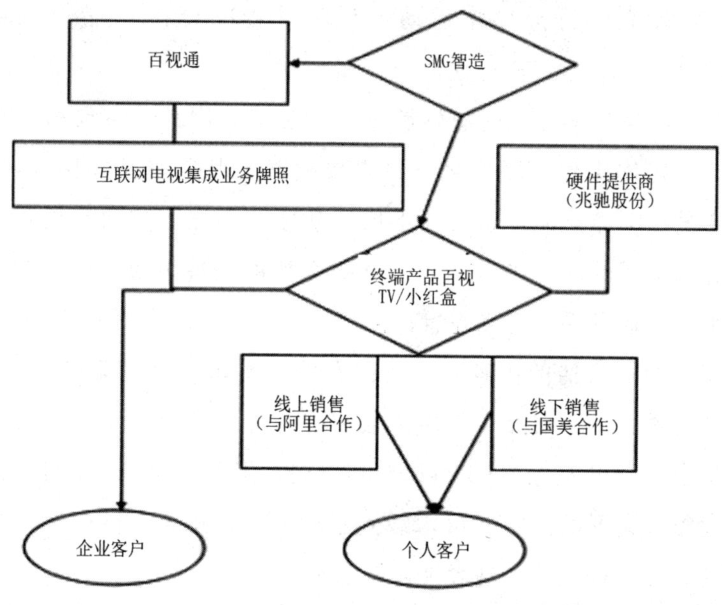

图 4－1 SMG 互联网电视（OTT）模式

与此同时，SMG 还采用 DVB＋OTT 的手段，发展现代广电体系。DVB（Digital Video Broadcasting）即数字电视广播，是广电领域的三网融合，实现有线电视网络、电信网络和计算机网络的相互渗透、互相兼容，并逐步整合成为统一的信息通信网络，其中互联网是其核心部分。2015 年 7 月 13 日湖南广电传媒和阿里巴巴展开全面战略合作，为用户提供同时具备 DVB 数字电视功能以及 OTT 功能的智能机顶盒。该智能机顶盒集合有线电视频道直播＋时移、分类影视点播、节目推荐三大功能。此外，用户还可以通过手机和智能盒子的互联，将照片、视频等内容推送到电视屏幕上。消费者利用盒子配备的智能遥控器，可以在一个平台上实现看电视台直播、电影、VOD 网络视频点播、玩游戏、购物、少儿教育等全部功能。并能通过支付系统提供基于电视机终端的在线支付服务，包括各种缴费等日常生活服务。

2．重心：打通大小屏，进军移动端

“大屏端的策略是百视通 OTT 电视，而移动端的策略就是 BesTV（百视

通公司 IPTV 新媒体视听产业）移动客户端”，将过去无数分散入口的流量集中导入新的‘BesTV’中来[①]。

移动互联网是未来互联网的发展重点和趋势，因此，布局移动互联网也成为现代广电媒体构建互联网生态的重要战略。但是如果只从事内容分发，而没有真正的移动端产品，将会是本质的缺陷。首先东方明珠正建构一个移动端的内容和应用的聚合平台。如东方明珠利用大量版权开展影视点播，让很多内容都可以通过手机直接观看；其次，直播回看，包括央视的、卫视的、上海地面频道的、广播的内容，以及已有的阿基米德客户端全部整合进去；最后，视频购物、第一财经、应用商店和游戏等内容也将全部实现整合和打通。这个聚合平台将来与 OTT 可以互相协同，把手机和 Pad 等移动终端的内容投放到大屏，大屏的内容也可承载到手机和 Pad 里来，随时随地为用户提供所需要的服务，也就是实现大屏小屏互动。

由于 SMG 的发展重心聚焦在以互联网电视为核心的互联网生态系统打造上，因此，在移动端推出更集中的旗舰产品成为 SMG 运作层面的现实选择。SMG 于 2015 年 6 月推出了名为“百视 TV（BesTV）”的旗舰移动端 App 产品，涵盖集团 70%以上的营业收入和利润。现在 SMG 又将旗下的无数个新媒体入口，都集合到百视通一个入口里，以提供全方位的公共服务。

3. 运营：再造业务架构体系

SMG 运营体系主要分为内容、渠道与平台、服务三大板块。其中内容板块，主要是聚合颇具规模、门类齐全、突出特色的内容。这个业务群内既有 SMG 独自生产的内容，以及版权运营和集成分发的节目，又对接控股股东的节目生产能力，打造成内容聚合平台，以此形成媒体集团的核心竞争力。在渠道平台板块，通过强化不同业务板块以及事业群之间的联动和协同关系，将各自的业务优势在上市公司层面转化为平台意义和生态意义上的转型能量。渠道板块，包括互联网电视、渠道营运、有线电视、移动传输、游戏业务等，如对视频网络重组，与未来 OTT 的发展战略结合，形成新的商业模式和体制

---

① 张汉澍：《百视通互联网媒体生态系统》，《数娱梦工厂》2015 年 6 月 4 日。

架构。服务板块，则涵盖数字营销与广告、视频购物及电商、文化娱乐旅游、文化地产等事业群的细分业务。集团最终通过上述三大板块的业务协同、效能协同和用户协同，实现三大板块价值的提升。

4．机制：东方明珠股权激励

新的上市公司东方明珠作为中宣部的试点单位，推出了新的解决机制问题的股权激励方案。机制问题是产业发展中一个非常重要的因素，没有一个好的机制，再好的资源也得不到好的发展。原来传统媒体的管理机制、运营机制和人才激励机制，在进入完全市场竞争环境时，特别是在互联网的产业背景下，显得极不适应，其弊端已透过部分媒体知名人士的频繁跳槽而凸显出来。所以，东方明珠股权激励就是为在企业内部形成价值实现标准，即每个员工做的贡献能够获得企业认可和社会认可，让每个人对于创造性工作都能有原生性动力。其股权激励改革方案：首先给高管团队、重要骨干以及所有员工以充足的机会；其次是金手铐原则，使得所有的利益兑现与每个人的努力以及做出的业绩呈现对应关系，再通过金手铐原则把企业的效益带上去，使上市公司最大限度地实现自身价值和市场回馈①。

2014 年 3 月 15 日，由东方卫视、新娱乐、星尚、艺术人文、七彩戏剧等频道组成的大中心——东方卫视中心正式拉开了 SMG 机制改革的大幕。同时，18 个东方卫视中心独立制作人团队也全部集结完毕，获得了资金、人员、资源等诸多体制、机制方面的灵活自主权。围绕着独立制作人和节目团队，东方卫视中心组建了“三部门、三中心”格局，全力为制作团队服务。王建军说，独立制作人制度作为改革的先行者、排头兵，就是要探索成为全台、全集团改革可复制，可推广的样板②。

东方卫视中心独立制作人建设紧紧围绕节目、团队和文化三个关键词展开。关键词“节目”，表明东方卫视中心的一切部门、机构都围绕独立制作人

---

① 刘牧：《东方明珠股权激励，适用金手铐原则》，《中国广播影视》，见“广电独家”微信公众号，2015 年 8 月 3 日。

② 田甜、王建军：《详解 SMG 如何建设独立制作人?》，《SMG 创意厨房》，见广电独家公众号，2015 年 5 月 29 日。

和节目团队来设立，核心就是要把节目打响，这是改革的初衷，也是东方卫视的目标。在东方卫视中心推出的创新节目中，既有原创模式，也有引进模式，或与其他制作公司合作，做出东方卫视的品牌，保持东方卫视的特色和特性。关键词“团队”，就是要培养自己的节目团队，特别是给予独立制作人好的机制、政策。关键词“文化”，即东方卫视中心改革整合了相关频道和人员，整合后如何融合形成凝聚力，决定改革成败的关键。强调企业文化和核心价值观的培养，形成自己独特的文化，打造团结、协同、高效、坦诚、沟通、信任的文化，生产更多的创新节目和现象级节目。

5. 融合：加速全媒体资源整合

SMG通过整合各类资源，加速媒体融合，开展全媒体运营的崭新实践。在这一过程中，SMG筹备全媒体新闻中心，借以实现传统广电媒体和视听新媒体信息资源的整合。

以SMG的“品牌上海”项目为例，在运作过程中，节目依托SMG庞大的媒体资源，启动“品牌上海”的全媒体传播行动，通过“看看新闻”与腾讯、新浪、优酷、东方网等不同类别的数十家媒体进行广泛合作，进行二次生产，实现全方位的传播覆盖。

此外，SMG的“品牌上海”项目还充分利用“两微一端”，即利用移动端社交媒体制作H5[①]网页来对“品牌上海”进行预热，在有关微信公众号上发布系列图文内容等多种新媒体传播手段，对上海产品品牌和城市品牌进行全方位的推广。“品牌上海”项目还辅以一系列线下活动，让线上与线下联动。这些线下活动包括图文展示、视频播放、制作专题页面、推送移动客户端等渠道聚合宣传联动，实现从线上预热、宣传到线下活动，乃至循环式整合传播，使该项目产生了立体化的效果。

总之，新型主流媒体的建构，以公信力、传播力和影响力为目标，坚持传媒发展规律，打造现代广播电视传播体系，在一定程度上增强了媒体的话

---

① 指第5代HTML，也指用H5语言制作的一切数字产品。HTML是“超文本标记语言”的英文缩写。我们上网所看到的网页，多数都是由HTML写成的，它可以包含图片、链接，甚至音乐、程序等非文字元素。

语权，让中国形象更真实、更可亲的立于世界面前。

2018 年 3 月 22 日，中国广播电视界又传出一个重磅媒体融合消息，中央三台即中央人民广播电台、中央电视台、中国国际广播电台宣布合并组建中央广播电视总台。新组建的中央广播电视总台，作为国务院直属事业单位，归口中央宣传部领导，对外统一呼号为“中国之声”。这是党和国家加强重要舆论阵地的集中建设与管理，增强广播电视媒体整体实力，推动广播电视媒体与新兴媒体融合发展，打造一个拥有强大传播力、公信力、影响力和竞争力的国际一流新型媒体旗舰的重大改革举措，对世界传媒生态形成极大的影响。

第五章 现代广播电视的传播渠道融合

在多屏共享时代，传统电视媒体的资源分发、渠道应用、终端开发都在同步发生变化，因此，渠道竞争力的作用也随之凸显。尤其是随着新媒体的发展及观众收看习惯的变化，电视媒体也开始改变封闭化运作的单一模式，开放平台，拓展渠道，借助移动媒体、视频网站等“新渠道”与社会资源互通，构建多媒体产品的视听产业链，以争取更多的市场份额。

多种传播渠道的综合利用，在国外传媒集团的市场化经营中已颇为成熟，而在国内广电集团的发展中则处于初步探索阶段。目前应根据新媒体生态环境的变化，适时调整利用多样化的平台和渠道扩大传播影响力。

第一节 多元传播环境中的广电渠道变迁

过去，传统广电倚仗独有的信息分发渠道优势造就内容资源的高度垄断，并一直维系着行业的生存与发展。然而，在互联网发展的冲击下，移动终端等新媒体的普及导致信息分流，传统广播电视频道（率）资源的高度垄断性反而逐渐偏离了用户的媒介使用习惯。因此，转型广电全媒体运营战略，提高节目内容传播力，成为广电媒体发展的核心竞争力之一。

一、从传统广电渠道向视听新媒体渠道转变

新媒体技术的变革不仅改写了我们的社会生活，也改变了我们观看节目的渠道、终端和方式。保罗·莱文森认为，媒介革命经历了三个阶段，在第

三个阶段，人们能够在任何地方、任何时间获取一切信息，包括图像、声音和词语等。他认为，所有媒介终将变得越来越人性化，它们处理信息的方式越发自然，且优于已有的任何媒介。[①] 这是媒介环境学派的理想建构，也为国内外传媒集团全媒体战略实施提供了佐证。

1. 提升渠道的内容分发能力

渠道竞争力的核心是内容分发能力，它为广播电视节目提供了多样化的路径选择。以互联网电视为例，现已成为许多国际知名频道抢占新高地的路径。如欧洲新闻台（波斯语频道）于 2013 年 6 月进入国际互联网电视运营商 GLWiZ 的播出平台后，通过其智能手机端、平板电脑和互联网电视等多个终端面向全球播出。

英国 BBC 与推特网（Twitter）开展一系列合作，利用社交媒体在节目推广和内容分发中的作用，提升了 BBC 节目的触达率和知晓度。BBC 还专门针对 Twitter 的传播特点，制作了适合在该网上播出的短视频节目。这些短视频被传送到 BBC 在 Twitter 网上的@BBCWorld 接收终端，有效地延伸补充了传统 BBC 的播出渠道，得到用户的极大关注。

2. 拓展应用程序渠道的传播力

传统广播电视通过应用数字媒体新技术拓展传播渠道，成为时下的媒体热点。有研究预测，到 2020 年，全球基于新媒体应用程序的视频观看将占整个收视时间的一半。这意味着，许多电视观众将“撇开电视机看电视”。

为此，国际著名广播公司都在积极开发相关应用程序。美国 CBS 利用新应用程序，不仅能播放该公司全天时段的完整版电视节目，还能提供 24 小时节目回放功能。此外，更值得关注的是 CBS 开发出所有热播节目的第二屏功能，并整合社交媒体互动功能，为广大用户提供一个与明星或选手直接互动的平台。

我国浙江广电集团近年来在媒体运营上，充分利用微信号营销渠道取得了明显效益。浙江广电集团强化互联网思维，抓住新媒体“圈子化、碎片化、

① 保罗·莱文森：《手机：挡不住的呼唤》，何道宽译，中国人民大学出版社 2004 年版，第 170—171 页。

个性化和互动化”的特性，重点开展了一系列以微信为主的新媒体营销活动，拓展创收渠道，提升营销实效，扎实推进媒体经营“从量的扩张向质的提高转变”，探索出“互联网＋广告”的营销新模式[①]。

当前，浙江广电集团共有12个广播电视频道开设官方微信公众号（订阅号），用于宣传栏目品牌或广告信息。目前该集团各频道具有广告营销功能且粉丝数在1万以上的微信公众号共有28个（见表5—1）。其中，粉丝数超过50万的3个公众号都集中在广播频道，分别是交通之声“HIFM93”（95万）、浙江之声“浙江之声”（80万）、城市之声“私家车第一广播”（62万）。而各地电视频道的官方微信公众号粉丝数均在30万内，多个频道同时依托品牌栏目建立栏目微信公众号，形成“微信矩阵”，频道整体粉丝量也达到约50万。

表5—1　浙江广电集团官方微信公众号粉丝统计表

频道名称	微信公众号名称	粉丝数（万）	备注
广播频道			
浙江之声	浙江之声	80	直接推送创收
经济频道	FM95950K	4.4	挖掘粉丝经济，开办“牛散实战营”
音乐频道	动听968	18	直接推送创收
	浙江FM996	16.3	
交通之声	HIFM93	95	直接推送创收
	FM1045	19	
城市之声	私家车第一广播	62	直接推送创收
电视频道			
浙江卫视	用于提升节目影响，均未涉及增值服务或直接创收		
钱江都市	九点半	15	有增值服务 无直接推送创收
经济生活	浙江经视	25.3	
	经视新闻	8.9	
	证券直播室	7.1	
教育科技	小强热线浙江教科	20.6	直接推送创收
	浙江新闻频道	14.6	
影视娱乐	浙江影视娱乐频道	22.4	直接推送创收
民生休闲	钱塘老娘舅	18.6	有增值服务 无直接推送创收
	相亲才会赢	17	
	浙江少儿亲子俱乐部	15	
少儿频道			

① 应钢：《浙江广电集团微信广告营销获利千万，他们是怎么做到的?》，广电独家微信公众号，2015年10月2日。

目前，浙江广电集团绝大多数频道的微信公众号每天进行 1 次推送（腾讯公司有推送次数限制），每次包含 3～8 条动态信息，其中 1～2 条为客户产品或活动的推介信息。从目前情况看，浙江广电集团各频道微信公众号的主要功能是宣传本媒体节目、开展观众互动、实现广告创收等，尤其在广告营销方面发挥着重要作用，2015 年上半年实现直接创收数百万元，带来间接增值收入数千万元。

浙江广电集团将“微信公众号”的渠道拓展为新的广告承揽载体，成为现代广电媒体运营发展的一个方向。由于在微信推送中直接投放广告，微信公众号的粉丝数和到达率越高，营销价值也就越高。因此，微信粉丝数量较大的广播频道，直接推送创收的数额也比较高。如广播交通之声公众号“HIFM93”目前粉丝突破 95 万，设有“节目互动”“出行利器”“车友俱乐部”等功能，头条阅读数几乎每条都超过 10 万，广告阅读数平均每条 2 万多。在推送内容中展示的客户产品信息，根据市场行情与经营需要，每条收费 3000～5000 元不等。同时，频道除常规的“微信推送”发布商业广告外，还挖掘开发了“微信植入”“栏目冠名”“微信活动（包括关键词报名、主题性活动、互动性游戏）”等广告产品，实现客户信息的二次传播，有效增强了用户体验，提升了营销效果。

据“广电独家”公众号的一篇文章介绍，浙江广电集团除了将“微信互动”作为重要的营销辅助手段外，还将“微信粉丝”转化为用户进行深度定制开发，积极探索多种新媒体营销手段。浙江电视民生休闲频道开发 App“百礼挑一”，整合频道各档节目，创新用户体验，实现优势资源集群化、互动形式多样化，在吸引广告客户方面具有更强的竞争力。

3. 增强融合渠道的竞争力

传统广播电视借助新媒体技术和渠道来提升其市场竞争力，是现代传媒发展的一个重要趋向。

美国哥伦比亚广播公司于 2014 年年初同 Hulu 签署了合作协议，由该公司向 Hulu 提供节目资源，让用户通过 Hulu 可以观看到 CBS 公司 5000 多部电视剧，包括一些经典的电视剧，这种合作既有效开拓了 CBS 节目的播出渠道，又开发了CBS节目内容潜能。

在现代媒体播出终端多元化，实现传播无缝化的背景下，传统电视播出终端还向视听新兴媒体延伸，包括手机电视、平板电脑、互联网电视等，导致节目传播主体多元化、渠道多样化、终端多屏化，为广播电视的全媒体战略开辟了极为丰富的路径。因此，全面实施广电全媒体战略，必将针对新技术下的视听传媒特点，充分发挥广电集团自身的内容优势，以传播能力最大化为目标，打造融媒体构架和业务板块。

二、从单一模式向多渠道运营转变

传统广播电视台借助新媒体技术平台，开发出一些新业态，涵盖移动媒体、社交媒体、OTT业务等。如一些处在媒体前沿的美国ABC地方电视台，已从多媒体终端上获取了占总体收入10%广告收入。美国CBS全天无休的流媒体新闻网络CBSN频道带来了连续不断的新闻故事。在工作日，它持续15小时固定报道，其中包括电视节目、新闻服务。

在我国，传统广播电视机构也开始转变观念，以用户需求为导向开展各类新业态服务。不论是传统电视节目，还是视频新内容，跨屏互动的设计都将成为未来成功节目的标配。在多屏合一的时代，用户的注意力越来越分散，只有激发传统媒体平台和新兴媒体平台之间的用户转化，才能真正保持传统媒体的持久影响力。

中央电视台在“一云多屏、全球传播”的战略框架下，已逐步形成以中央网络广播电视台为核心的多元媒体业务一体化发展格局。如今已开办有IPTV、互联网电视、“两微一端”等各种视听新媒体业务服务。2012年下半年以来，中央电视台以“央视新闻”为品牌，在“两微一端”三个新媒体平台上延伸服务，不断提升中央电视台全媒体、全终端的覆盖影响力。

第二节 现代广播电视传播渠道的多样化

借助新媒体技术，传统广播电视向视听新兴媒体拓展，延伸广播电视传输体系。所谓视听新媒体，是指通过“数字化”和“互动化”的媒体传播方式，由可连续运动的图像或可连续收听的声音组成的音视频节目的新媒体业务形态。① 当前，在各类新技术的包围下，我国广播电视传输网已不再是音视频唯一的传输通道和服务平台，现代广播电视开始构建面向多个播出平台、多种用户终端的综合制播系统，实现台网联动，形成多种媒体同频共振、整合传播的局面。②

同时，现代广播电视媒体因时而变，牢牢把握新媒体发展主动权，主动拥抱新技术、新应用，催生了多种视听新媒体业态，并借助新媒体传播手段，注重多媒体交叉覆盖，广播、电视、网络优势互补，建设多终端内容集成播控平台，创造良好的叠加传播效应，大幅度提升了现代广播电视的传播能力。

一、视听新媒体传播

1. 网络广播电视拓展传播

互联网新媒体的迅速崛起，对广播电视的受众形成较大的分流已成为不争的事实。《中国互联网络发展状况统计报告》（第 41 次）显示，到 2017 年年底，中国网络视频用户已突破 5.79 亿人，我国 75％的互联网用户使用网络视频。

网络广播电视（包括网络视频），以互联网为介质、提供音频视频服务，已成为传统广电媒体的重要延伸，弥补了传统广播电视的诸多劣势，表现出

---

① 蔡赴朝：《在全国广播影视工作会议上的讲话》，《中国广播电视学刊》2013 年第 2 期。

② 宫承波等：《媒介融合概论》，中国广播电视出版社 2011 年版，第 158 页。

鲜明的现代传播特点。

打破时间限制，扩大受众选择权。传统的广播电视节目播放都以“顺时序播放”，人们想要收听观看自己喜欢的节目时，总是要紧跟电台、电视台的播出时间，而网络广播电视的出现，打破了传统广播电视无法回看和选择的劣势，受众一改“被动收听收看”的状态，能享受到“主动选择点播”的延时使用服务，从而给予用户较大的信息选择权。

打破地域限制，扩展广电传播空间。传统广播电视媒体由于地域的限制，让许多地区的受众无法接收到节目。而网络广播电视由于通过互联网和宽带广电网的传播，可以不受地理空间的限制实施全球化传播，从理论上讲，只要有网络覆盖，就可以在世界上的任何角落接收到任何一个广播电视媒体的节目，也就是说，只要打开网络随时都可以收听收看。

打破被动限制，拓展广电反馈渠道。互联网传播的最大特点是交互性，受众不再处于被动位置，因而具有新媒体特质的网络广播电视媒体用户也不再是单纯的信息接收者，他们也可以成为信息的生产者和传播者。因为受众（用户）在接受网络广播电视传播信息的同时，也可采用智能手机，或通过社交媒体工具将自己的意见和评论即时反馈给媒体，这样在网络广播电视与用户间产生了新的互动关系。

2. IPTV 辅助传播

IPTV 即交互式网络电视，它利用宽带广电网或通信网，通过互联网络协议，向家庭电视机或各种计算机终端用户提供包括数字电视在内的多种交互式数字媒体服务。[①] IPTV 业务自 2003 年在中国启动以来，特别是随着国家三网融合政策的推出，IPTV 用户数量迅速增长。早在 2014 年，中国 IPTV 用户就超过 3000 万户，占到同期有线电视用户的近 13%，并已超过了 2500 万户的有线电视双向用户数。此后，IPTV 建设进入快速发展期，截至 2017 年年底，我国 IPTV 用户已达 1.22 亿户，其中最重要的影响力还是在于国家政策的驱动。

① 张丽：《世界广播电视发展研究》，中国传媒大学出版社 2012 年版，第 220 页。

2015年8月，国务院办公厅印发的《三网融合推广方案》中要求："加快推动IPTV集成播控平台与IPTV传输系统对接。"该方案还进一步明确了IPTV业务发展的合法身份，同时对IPTV业务的集成播控平台、计费、版权、传输等方面做出了详细描述，提出"在确保安全播出的前提下，广电播出机构可与电信企业探索多种合作经营模式"。这意味着历经十余年发展的IPTV业务已与有线数字电视发展具有同等重要地位。

2016年3月，国务院三网融合工作协调小组办公室又下发了当年的1号特急文:《关于在全国范围全面推进三网融合工作深入开展的通知》指出，广电和电信主管部门即可按照"成熟一个、许可一个"的原则，开启双向进入业务许可申报和审批工作。国网公司（即中国广播电视网络有限公司）可申请在全国范围经营基于有线电视网络的固定网基础电信业务；各省（区、市）的省级有线电视网络公司申请在本省（区、市）推广地区经营基于有线电视网的互联网接入业务。中国电信集团公司、中国移动通信集团公司、中国联合网络通信集团有限公司申请在全国推广地区经营IPTV传输业务，由新闻出版广电总局按照相关规定受理和审批。

2016年5月5日，"国网公司"获得了国家工信部授予的基础电信业务牌照，其业务范围包括经营全国范围内的互联网数据传送业务和通信设施服务两项基础电信业务。至此，三网融合终于迈出了实质性的第一步，它对加强有线电视网络行业的资源整合，促进三网融合的有序竞争，推动IPTV建设有重大的意义。

一方面，IPTV的订阅式传播功能，让电视用户拥有了更多的自主权，能根据自己的偏好从中挑选自己感兴趣的频道或节目进行订阅，或实现时移、回看功能。同时，IPTV的互动性传播，实现了用户和电视媒体之间、用户和内容提供者之间、用户与用户之间的双向互动传播，使我国传统电视媒体的生产与传播产生了极大的变革，在促进现代广播电视传播体系形成的过程中发挥了重要作用。另一方面，IPTV对中国电视的改变，还表现在对中国原有电视媒介生态的改变。IPTV的出现，给三网融合提供了一个很好的发展契机，是电脑、电视、电话等网络终端产品的功能融合，它将作为现代广播电视传播体系的重要组成部分而存在。

3. 互联网电视的融合性传播

互联网电视与 OTT TV（Over-The-Top TV）在主要功能方面是一致的，因此，有时将两个概念通用，其意是以互联网电视一体机或有上网功能的电视机顶盒为终端，以公共互联网为传输介质，以虚拟专网为传输渠道，为观众提供直播、点播、回放等其他互动应用功能的平台。[①]

互联网电视是广播电视与互联网深度融合的产物，我国于 2013 年开启互联网电视元年，一经问世，发展势头突飞猛进，到 2016 年，其用户数已突破 1 亿。互联网电视通过电视机终端输出网络视听节目，因此，它也具有自主安排观看时间、交互性、分众化服务等优势。除此之外，互联网电视还有其独特的传播特点：多屏统一观看，真正有效地将电视机与智能手机、平板电脑、台式电脑融合在一起，将人们重新拉回到电视机前，让用户体验到更丰富、更便捷的服务。

互联网电视，从技术到内容等各方面实现了三屏或多屏的融合，成为现代广播电视传播体系的重要组成部分。它通过电信运营商的宽带服务覆盖全国，一方面为传统电视开辟了新的功能；另一方面，又为视听新媒体开辟了新的终端。随着下一代互联网和下一代广电网接入技术的迅速发展，电视、PC、手机等多屏互连互通，将大大增强丰富多彩的节目内容。

二、手机广播电视传播

手机广播电视，从严格意义上说属于视听新媒体的范畴。但由于我国未来传媒的发展重心明显趋向移动互联网，而手机广播电视作为移动传播时代的最佳应用，必将成为新型主流媒体。

1. 手机广播电视的基本形态

（1）手机电视

① 李宇：《从宣到传——电视对外研究》，北京大学出版社 2012 年版，第 135 页。

手机电视是广播电视网络与移动通信网络融合的最新产物，它以手机为接收终端，为用户提供以音视频为主要形式的节目体验。手机电视兼具传统媒体的多重优势，包括传统电视的直观性、传统广播的便携性、纸媒报纸的滞留性，以及网络新媒体的互动性。目前，手机电视主要有两种传播形态：一种是采用中国移动多媒体广播电视（CMMB）标准，利用数字无线广播电视技术向手机终端传播视听内容和信息，其运营主体是各级广播电视台；另一种是基于移动网络的流媒体手机电视，它是以移动互联网或通信网为传输载体，通过智能手机终端传播视听节目内容。两种形态的不同之处在于，前者只能单向传播，而后者可实现交互式传播。

目前，已有中央电视台、中央人民广播电台、杭州市广播电视台、上海广播电视台、辽宁广播电视台、中国国际广播电台等6家主流媒体机构获得了手机电视集成播控平台牌照。而三大移动运营商中的中国移动、中国联通和中国电信只获得了手机电视分发业务开办权。

手机电视突破了传统电视对观看时空的限制，实现了随时随地接收与观看节目，让用户拥有更多的观看自由。此外，手机电视的便携性，不仅让电视节目无时不在、无处不在，更重要的是能让用户随时随地接收最新的信息，可以充分地利用碎片化的时间和任何地方即时观看新闻资讯，享受体育赛事或综艺节目的娱乐。

手机电视实现了即收即转的全天候接收与观看。其功能的多样化，让用户从被动观看电视的境遇中解放出来，于手掌之间即可实时收看、边看边评点击回看等功能，并在用户之间通过互动，将优秀的节目推荐给其他用户观看。

手机电视还实现了私密性、公共性的共享式接收与观看。一般说来，视听媒体可划分为大众型、家庭型和个人型。大众型媒介涵盖户外大屏等，其内容可同时供大众观看；家庭型媒介一般指家用电视机，属于客厅文化；而手机电视与电视机、计算机和或户外大屏相比，更具私密性，但它同时可在公共场合演示，并与人共享，兼具私密性与公共性。手机电视的出现使人类的交流和交往在时空维度上得到极大的拓展，并完成了作为大众传播媒介的全部进化，兼备数字化电视和移动互联网络的功能，突破了传统广播电视的传播方式，成为大众传播技术的又一次革命性变革。

（2）手机广播

手机广播，是指将手机作为音频接收终端，既保持了传统广播节目实时收听的传统，也可以通过手机实现语音通话和短信等功能。收听手机广播一般有三种路径：一是手机内置 FM 调频接收模块接受节目；二是通过移动网实时收听或点播广播节目；三是基于三网的融合实现广播节目下传和用户信息回传，从而实现手机广播节目的收听。①

赛立信媒介研究数据显示，2010 年，我国使用手机终端收听广播的听众比例仅为 18.1%，属于补充性的收听终端之一，传统收音机仍大行其道。2011 年，广播的手机终端收听成为爆发年，与我国智能手机发展趋势相一致，当年利用手机收听广播的比例达到了 35.4%，增长率高达 95.6%。到了 2012 年，手机终端的收听更是增长到 45.2%，已超越传统收音机，成为用户最多的收听终端。

作为手机与广播相结合的手机广播，实现了跨媒体的信息共享、多向的用户交流互动、个性化的广播节目传播。手机广播的便携性，更让人们感受到“贴身媒体”的随时随地享用。

总之，手机广播电视实现了信息渠道的多元化，让社会信息、网络资源得以共享，手机媒体与传统广播电视媒体融合的优势互补，共同促进了现代广播电视传播体系的发展。

2. CMMB 的系统性覆盖

中国移动多媒体广播电视（简称 CMMB），是我国广电系统自主研发的一套面向多种移动终端传播的技术系统。CMMB 的优势是覆盖广、成本相对较低、可以实现多用户同时观看，具有移动接收、高效省电等传统数字电视所不具备的技术特点。在 2014 年，CMMB 已经建成广电系统第一个全国运营体系，并初步形成了覆盖全国的网络，完成了 330 多个地级以上城市的 CMMB 信号基础覆盖，总覆盖人口数超过 5 亿人，成为全球最大的移动广播

---

① 金震茅：《手机广播：引领媒介时尚的“贴身媒体”》，《视听界》2008 年第 3 期。

电视覆盖网络。而且CMMB用户量和终端已经初具规模，终端用户总数已经达到4700万以上，其中包括2300万付费用户，内容和服务以及终端品种更加丰富，市场主体更加多元化，初步形成了中央、省、市三级统一规划，同步发展专业新媒体频道体系。

CMMB与国外的移动多媒体广播电视相比，具有多种优势与功能。首先，支持多种业务，不仅提供数字实时广播电视节目，还可以提供缴费、购物等增值业务，以及全国应急广播等综合型信息服务；其次，支持多级运营体系；最后，适用于任何具有屏幕观看功能的移动终端设备，包括平板电脑、笔记本电脑等终端接收CMMB的信号。

CMMB对构建现代广播电视传播体系也产生了积极影响。一方面，系统是继有线、卫星之后又一新的传播手段，有效填补广播电视对移动人群覆盖和服务的空白。另一方面，CMMB作为广播电视传播渠道的重要补充和延伸，成为构建现代广电传播体系的重要组成部分。目前，CMMB已转入商用，能同时提供新闻、交通、天气、政务、教育、医疗、股票等多种广播电视节目和信息服务。

三、即时通信工具（新媒体）传播

1. 微电台的新突破

新媒体的发展使世界传播领域发生重大变化，进入移动互联“微时代”。由新浪微博与传统广播电台相结合推出的全新产品——微电台于2011年5月正式上线，成为微时代的又一传播新形态。微电台，是广播电台与互联网新媒体合作建立的传播平台，网友或微博用户在网上浏览、聊天时，可一边在线收听电台节目，一边与广播主持人和网友实时进行微博互动。微电台得到了微博用户的积极响应，在微博中掀起了新一轮的广播热，且呈不断增长的发展趋势。

突破地域局限。微电台所依托的传统电台的地域性特性明显，而微电台的出现使这一束缚得到改变，广播节目可以借助移动互联网技术实现随时随地在线收听或离线点播。

突破设备约束。微电台的产生突破了收听终端的限制，使用户的收听由收音机变为互联网终端，听众从“打开收音机听广播”变为“网络搜索听广播”，收听方式更为自主。

突破线性传播。广播是时间性的媒介，主要靠声音的线性流动传播，声音过耳易逝，不易被记录和保存。微电台则充分利用互联网的优势，运用多媒体技术，将声音、图片、视频融合在一起，实现由单一音频的传播转为音、视频同步传播和双向互动。这一改变弥补了广播只能顺时收听、不能延时回看，只能听音频、不能看视频的缺憾。

突破单向接收。边听边聊是微电台最大的特色，电台节目主持人通过微博的发布、评论与回复等功能即时与网络听众交流，听众可以通过相关渠道与主持人交流，形成双向“点对点”互动。这些方式都极大地改变了广播的传播方式、传播范围和传播力度。

作为广播与互联网新技术密切结合的新兴媒体，微电台集听、看、聊广播于一体，跨时空传播、互动性交流，从而打破了传统广播媒体的地域限制、终端限制、单向传播限制，实现边听边聊的交互传播，这种融合弥补了传统电台的诸多劣势，成为广播融媒体中的佼佼者。微电台开放的、全域性的广播，扩大了传播范围，促进了广播的全覆盖，进一步推动现代广播电视传播体系的发展。

2. 广电微博公共账号的新崛起

由于微博的开放性、交互性、即时性以及低门槛的内容生产和传播方式，可以让每个人都成为信息的生产者和发布者，它满足了人际交往与被关注的精神需求。

微博的内容传播已经不再局限于文字符号，还可发布图片、音频和视频等多媒体符号，让越来越多的传统广电媒体入驻微博平台，借助微博传播渠道得到充分拓展，而用户通过使用链接的方式连接广播电视节目，扩大了广播电视节目的影响力。通过二次制作，广播电视媒体将节目内容再在微博上传播，使分众在虚拟平台上再汇聚。目前，传统广播电视与微博之间已经形成了事实上的既竞争又融合的关系，将传统的广播电视渗透到微博与互联网之中，这将促进传统广播电视向现代广播电视转变，在大传媒时代焕发出更加耀眼的光辉。

3．广电微信公众号的新传播

2011年是我国“微信年”。微信，作为腾讯公司推出的一款为智能手机提供即时通信服务的免费应用程序，让用户能通过智能手机、平板电脑、网页快速发送文字、图片、音频、视频等信息。从2012年开始，微信迅猛发展，逐渐成为人人不可或缺的新媒体。

如今广电传媒借助微信实现了点对点传播，开创了一种新的传播形式。其新闻主要通过公共平台推送、朋友圈分享以及好友互通信息三种模式进行传播。一方面，微信的语音特性得到了广播从业者的青睐，广大听众可以通过微信账号传达心声；另一方面，微信具有多媒体传播的特点，它可以实时传播文字、图片、视频等，全方位、立体化地展示传播内容。

对于传统广播电视媒体而言，微信让以往杂乱分散的受众成为个性鲜明的个体，让媒体能直接了解用户对节目内容的喜好状况，有助于扩大受众群。微信也为广播电视提供了直接的沟通渠道，弥补以往反馈渠道不畅的缺憾。同时，微信方便快捷的即时交流能让主持人与受众实现线上线下多渠道互动，与受众形成一种稳固的关系，增加受众参与节目的机会，从真正意义上实现了多方位、立体化的全媒体化信息传播。

4．广电新闻客户端的新渠道

在新媒体信息传播中，通过大量开发App（application的缩写，一种计算机应用程序），让新闻信息可在桌面互联网、移动互联网、智能手机、平板电脑等多种终端传播。搜狐新闻客户端专门为智能手机用户量身打造的“订阅平台＋实时新闻”应用，成为全国首个提供个性化阅读服务的新闻客户端。

如今的社会已进入碎片化时代，手机阅读正是迎合了这个碎片化时代的需求，发展出碎片化的产品新闻客户端。新闻客户端与其他新兴媒体一样，聚合了传统媒体和新媒体的优势，实现了文字符号、图片符号、音视频符号的融合，从视觉、听觉、触觉等方面的综合体验实现了“媒介即人的延伸”。

客户端对广播电视的发展起到了重要作用，一方面，新闻客户端可以帮助广播电视台与用户进行投票、用户调查之类的互动；另一方面，新闻客户端还能帮助电视台更直观地了解观众反应，有助于改进电视节目内容的运营。近年来，从中央级广电媒体到各省市地方广电台，纷纷顺应潮流推出了本媒体的新闻客户端，借此吸引年轻观众用户。央视财经频道于2012年8月24日推出手机新闻客户端，每日向订阅用户推送财经要闻、财经头条、重磅调查、轻松一刻、互动话题等栏目内容。同时，用户也可通过新闻客户端互动分享，引发二次传播，中央电视台财经频道也借此将其中的精彩评论反哺到相关节目中。

第三节 现代广播电视传播渠道的建构策略

现代广播电视全媒体传播渠道的建构，必须充分领悟互联网思维的内核，遵循全媒体的发展规律，打破媒介平台化的隔阂，用新媒体的手段发展视听新媒体。在这方面，上海文广SMG、湖南广电台芒果TV和湖北广电等机构的新媒体探索给了我们很多有益的借鉴。

一、视听新媒体业务的统一入口构建：上海SMG

上海SMG是我国领先的新媒体视听业务运营商、服务商，对其旗下的百视通公司（BesTV）研究具有典型意义。SMG的百视通公司（BesTV），于2015年6月3日变更为“上海东方明珠新媒体股份有限公司”。新公司成立之初便推出了“百视TV”的旗舰App产品，将之前SMG旗下的所有新媒体及入口，全部集合到一个入口，让SMG集团所有的内容，包括新闻、综艺、体育、财经、影视、少儿等节目，集中在这个App上呈现。其总体业务构架如图5－1所示，BesTV试行“基础服务＋增值业务”的运营模式（简称“A＋X”模式）。

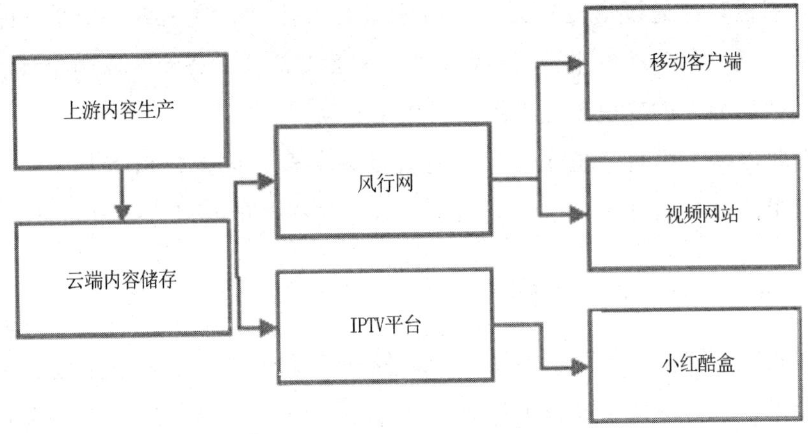

图 5—1 百视通新媒体业务框架图

2005 年 3 月，SMG 获得了国内第一张 IPTV 集成运营牌照，并以“BesTV 百视通”作为 IPTV 业务呼号。BesTV 通过与中国电信、新联通集团签订 IPTV 合作协议，在上海、黑龙江、福建、浙江、陕西等省市推行 IPTV 商务运营，2011 年百视通技术服务用户就已实现突破 1000 万户。

上海广播电视台台长王建军认为，2014 年是 SMG 的改革主题年，这些改革都是围绕 SMG“互联网转型，打造 SMG 的核心竞争力”来展开的。包括加强内容生产、拓展渠道、提升产品和服务，构建以互联网电视为切入点的互联网媒体生态系统，挖掘各种商业模式，强化广电业务系统的生态循环，实现流量变现。到 2015 年 4 月，百视通并购东方明珠完成，SMG 这艘千亿传媒航母又开始了新的航程。

二、一云多屏的传播平台搭建：湖北广电长江新媒体集团

如果将中国省级广电媒体第一方阵的 SMG 看成改革的排头兵，那么，处于中国省级电视媒体第二阵营的湖北广电媒体，顺应媒体发展的新趋势、新挑战，在媒体运营探索方面的经验更具有推广价值。该台于 2014 年 7 月成立湖北广电长江新媒体集团。在运营上，将原有的 IPTV、湖北网台、手机电视、城市电视、移动电视、中广传播等视听新媒体进行重组，实现了网络渠

道互联互通，并通过搭建一云多屏技术平台，让“长江云”（2015.11.23正式上线）这一移动端的平台级产品，“一次采集，多元分发”成为可能，这对我国其他层面上的广电渠道发展具有借鉴意义。

湖北广播电视台“长江云”系列新媒体平台，探索建构“全省一端”的新闻报道、政务服务和广电汇聚系统，努力提高广播电视传播力和影响力。

1. 搭建“长江云”平台

湖北广电“长江云”新媒体平台，发挥汇聚优势，汇聚了全国和湖北的新闻资讯，全力搭建全省政务微博、微信、App等终端，致力于实现政务信息一键获取，政务微博微信一键关注、政务App一键下载，建立全面覆盖的政务服务平台入口，使之成为服务群众的便民“掌中宝”。“云上系列”客户端覆盖全省，按照“一地一端”建设原则，到2018年9月，已高效完成湖北省市县三级119个“云上系列”移动政务客户端的建设交付，汇聚新媒体产品8112个，综合用户达8192万，实现长江云省市县三级全覆盖，并在新闻业务上叠加信息公开、民生政务等资源。

在“新闻”板块中，突出湖北本地新闻，覆盖国内其他行业地域的新闻，为用户提供全方位、多层次、宽领域的新闻资讯与信息服务。在“活动”栏目中，根据新闻线索的时间节点来设置相应的互动活动，调动用户的积极性和参与性，对“长江云”的品牌扩展和口碑效应起到了一定的辅助作用。“直播”栏目包括“湖北卫视”“湖北经视”等湖北电视频道，以及“湖北之声”“楚天交通广播”等湖北广播频率。“点播”栏目主要分为“湖北新闻”“荆楚各地”等子栏目，用户可以自主选择订阅频道。长江云依托移动采编体系和“云稿库”，打造成湖北省、市、县上百家媒体机构（含广电、报社、网站）编辑记者共用的“中央厨房”“云稿库”目前累计稿件已超过32万条。

在子栏目“政务”中，主要是汇聚了全省政务微博、微信、App等终端，方便用户关注，及时获取相关政务信息，并且和相关的职能部门互动沟通。“广电App”栏目包含了“湖北爱拍客”“笑啦”“摇摇乐”等湖北广电旗下开发的各种终端。

湖北广电“长江云”新媒体平台，着力发挥“服务”优势，成为全省媒体和党政机关官方移动产品的官方汇聚认证平台，创新政务服务模式：构建全省“政务大厅”，全省已有2220家各级政府部门入驻长江云，第一时间发布党务政务信息，履行信息公开义务，实现“一键问政”等接口，使长江云成为网民“口袋里的办事窗口”。省直部门各厅局开设的窗口设计了三级站点，不仅实现了图文信息发布，还可制作专题、链接服务站点，促进治理体系和治理能力现代化水平有效提升。“长江云”连通着政府和群众，打通了各个政务平台的壁垒，拉近了媒体和受众的距离，成了政府发布和普及政务信息的重要新媒体平台，也是民众获取政务信息的有效渠道。“长江云”还通过打造立体化的网络问政平台，使民间话语和官方话语形成了良好的互动与交流，促进了社会的良性发展。

2. 建构湖北第一视听门户——湖北网络广播电视台

2014年9月，湖北网台首页全新改版上线，充分利用广电音视频优势资源，打造形式多样、内容丰富的系列专属页面。并在导航栏中添加了10套电视频道和10套广播频率的点击入口，方便网友体验；新增单条视频列表区，对王牌栏目和重点新闻节目进行推介和排行；联手频道频率推出大型活动的网络直播。

3. 创新中国卫视第一摇——“微摇”

湖北广电与腾讯合作，借力天使基金，开展基于微信的移动终端新业务——微摇。2014年6月29日，“微信摇一摇”电视互动模式首次登陆湖北卫视，实现全国首发，开启了电视互动新革命，实现了传统媒体与新媒体融合的新路径。《人民日报》刊文评价此举是“互联网企业的创新之举，体现了传统广电网与移动互联网在市场力量推动下的合作新尝试”。

4. 探索湖北广电特色的渠道融合之路

推动传统媒体和新兴媒体融合发展作为国家媒体战略，是我国媒体当前乃至未来较长一段时间的重要任务。在这一方针指导下，湖北广播电视台因势而为、应势而动，按照现代传媒一体化发展的融合理念，以内容建设为核心、以机制创新为动力，积极探索湖北广电媒体融合发展之路。强化融合顶层设计，构建一体化发展新格局；主动融合新兴技术，抢占全媒体传播制高点；积极融合用户需求，提升权威内容传播优势；创新融合发展机制，用市场化手段破解难题；优化融合外部资源，纵向贯通省市县三级媒体，联合117家地方党报党台成立长江云平台运营合作体、横向联动央媒和海外媒体等建立密切的合作，在合作共赢中谋求发展。在运作层面，搭建一云多屏平台，在长江新媒体集团内部实现统一采编、多屏分发的全新业务流程。

第四节 现代广播电视传播渠道的融合机制

如何通过传统媒体和新兴媒体的交互发展，完善现代广播电视传播渠道的融合机制，可从以下几方面探索。

一、打通渠道、整合资源

打通传统广电与网络广播电视台渠道，目前大多只在媒体内部运作，尽管发展的速度还不快，但毕竟迈出了历史性的第一步。而在更广意义上的三网融合，则给传统广电插上飞跃的翅膀。如“三网融合”，不仅打通了三大网络的通道，实现渠道融合，更重要的是实现资源的共享，简化了传播业务有利于媒体创新，特别是大大提高了消费者的便利性。“三网融合”作为一种行业、专业间的整合，在广电领域从技术层面推进业务和内容的融合，逐渐模糊传统广电与网络广播电视台的界线。

2015年8月25日，国务院办公厅以国办发〔2015〕65号文，印发了关于《三网融合推广方案》的通知。通知要求加快全国全面推进信息网络基础设施互联互通和资源共享，特别是加强农村地区网络资源共建共享，努力缩小“数字鸿沟”[①]。这对现代广播电视传播体系中的渠道扩展与建构，具有很

① 国务院办公厅〔2015〕65号文关于《三网融合推广方案》的通知。

强的针对性和现实指导价值。

2016 年 3 月，为在实质上推进三网融合，国务院三网融合工作协调小组办公室又下发了当年的 1 号特急文《关于在全国范围全面推进三网融合工作深入开展的通知》，要求即时开展双向进入业务许可申请和审批工作，随即“国网”开展行动，获得经营增值电信业务的审批，这对于广播电视新媒体及相关互联网信息服务业务将带来极大的影响。

如果将三网融合看成对外无缝对接各类平台资源的话，那么，传统媒体推动媒体与媒体间的互动和联动，则是对内打通体系内各类媒体形态，实现全媒体传播渠道的融通共享，进而实现高效的分众化传播、精准化传播。广电媒体充分调动潜在的资源，整合现有的节目内容，拥抱新媒体，补齐自己在传播、覆盖、互动等方面的短板，开拓蓝海市场。湖南广电媒体发展之所以能在全国范围内产生巨大的影响，便是强化了媒体间的合作关系所致。如湖南交通广播的“爱心送考”系列活动受到了许多听众的支持和欢迎，而且还延续了“‘爱心专列’赴北京”的活动。这些都源于其联动整合了湖南卫视、潇湘晨报、红网等媒体资源，充分调动各媒介的传播功能，达到一定的传播合力，实现整合传播的效果。

此外，通过市场化运作，加快广电网络的全部整合，实现“一张网”的互联互通格局。为适应全国“一张网”的管理需要，中国广播电视网络有限公司（简称国网）于 2014 年 5 月 28 日正式挂牌成立，这是我国广播电视业发展史上的一件大事，标志着全国分散的有线电视网络体系有望进一步得到整合。

这种整合是在三网融合大背景之下提出的，是贯彻国务院颁布的《推进三网融合的总体方案》的有效行动，它将有效克服全国有线电视体系条块分割、多级管控的束缚，以三网融合的市场主体迎接 OTT、电信 IPTV 的重大冲击。按照王效杰的说法，国网的重点是加强网络、技术、业务、运营和管理的互联互通，实现骨干网和各地分配网在物理上相连接、各台节目和各行业内容跨域传送、统一结算跨域业务和产业链利益分成等。

根据国网的发展规划，各省广电有线网的整合开始加快行动。如湖北省广播电视信息网络股份有限公司推出“全省广电一张网”的整合新案。2015

年9月22日，湖北广电发布了非公开发行股票方案，计划募集资金不超过17亿元，拟用于NGB的双向宽带化改造项目、广播电视互联网云平台建设项目等。其中，下一代广电网（NGB）双向宽带化改造项目总投资20亿元，拟使用募集资金12亿元。公司通过上述项目的实施，将使所属区域用户的双向网覆盖率达到100%，公司将拥有全省1057万有线电视用户中的820万户，完成整合计划的77.58%。

目前，湖北广播电视台还与湖北电信企业合作，在湖北地区开展“幸福新农村”IPTV项目，积极探索惠民信息化服务的新路子。IPTV“幸福新农村”项目将高科技信息技术手段融入农村“三务（党务、村务、财务）公开”“便民服务”“党员远程教育”“综合治理”中。截至2015年4月，湖北省已为近6万户村民安装“幸福新农村IPTV”终端。村民打开“幸福新农村IPTV”电视画面，足不出户就可了解到最新的招聘信息、农技知识以及市场蔬菜行情等。通过“幸福新农村IPTV”平台，各行政村可以将通知公示、村情动态、惠农政策、“三务公开”、基层党建等信息直接送到农户家中。村民也可以用手机、电视机遥控器、计算机键盘将紧急求助信息发至本村联防系统。

二、接通入口、用户参与

在“互联网+”的背景下，大众与用户在选择信息方面已经有了不同于传统广电时代的一些新的渠道。过去，人们用遥控器进行选择，但现在每一个人都可以运用多种渠道，包括传统媒体与新兴媒体。人们享有充分的自由选择权，已经可以构筑自己的信息渠道，传统的传媒渠道失去了垄断地位，这就是渠道失灵的问题。

解决渠道失灵问题的方法之一，就是直接与现在的互联网公司进行战略合作。如中央电视台春晚用发红包抢红包的方式拿到了合作费用，并且活跃了春晚气氛。有学者认为，改善媒体的运作方法有两个方向：入口和平台。过去是没有入口和平台的概念，在遥控器上你就是我们的入口，遥控器上呈现出来的电视频道就是我们的平台。现今，首先就是要接通一个平台和入口，在流量方面能够得到互联网的协同支持。在这个过程中，我们所能做的关键，即进行传播产品的升级换代和使传播渠道的多样化。

三、再造流程、一体运营

“融合新闻”要求以组织重构与内容重整为基础，打破传统媒体与新媒体之间的边界。对于传统媒体来说，在数字化转型过程中，不仅要充分发挥内容生产的优势，还需要在业务层面有所突破。其中，最重大的突破便是以“组合终端载体”为信息发布平台、以互动与内容共创为主要特征。

在融媒体时代，由于实时反馈数据及其分析越来越容易实现，以致影响了传统的内容生产流程，节目制作由“静态”变成了“动态”。广电记者、编辑甚至可在节目播出过程中，根据即时相关数据分析，进而对节目内容做出“微调”乃至“转向”的决定。这种制播一体化的同步运作模式，将超越传统媒体与新媒体的界限，成为今后广播电视节目生产的常态。如央视的微博、微信、客户端“三箭齐发”战略，在重大突发事件报道等方面发挥了独特优势。三大新媒体平台品牌“央视新闻”通过先于电视屏幕发稿、全过程参与报道、多屏互动照应传播等，实现了新闻信息的多渠道传播。

事实上，要想创造一流媒体，真正融入现代广播电视体系，流程再造是最重要的成功原因。湖北广电自推出“长江云”App后，还组建了“飞虎队”，推进全媒体采编流程，争取实现传统媒体和新兴媒体在内容、渠道、平台等方面的深度融合。

在传统的电视媒体中往往通过建设各种“媒介”来垄断信息渠道，但这种情形在网络新媒体环境下有了很大改变。各种“搜索”“关注”“推送”等功能，打破了传统电视媒体封闭式的作业方式。因此，广播电视媒体应树立“现代传媒一体化”的思维，通过建立“两微一端”等多种视听新媒体渠道来广泛接触用户群，实行全媒体的渠道战略①。

信息接收渠道的多元化已成为当今社会的主要特征之一。要实现对新闻

① 沈浩卿：《电视危机论，靠谱不?》，“新闻传播学研”公众号，2015年10月31日。

生产各要素的有机整合，建立一个集约、高效的全媒体新闻中心便显得极为迫切。目前，我国已有不少广电媒体开始尝试搭建“中央厨房式”的全媒体新闻中心。一个强大的编辑、策划平台，一支专业的融媒记者团队，以及采编之间流畅的协调机制，集团内外公共数字平台的资源共享等要素，都是现代广电传播体系缺一不可的。

当前，我国正在全面推行“互联网＋”行动计划，而其成功的关键首先在于强化互联网思维。互联网思维最重要的特征便是用户思维。换句话说，在互联网时代，碎片化的信息爆炸，充斥着媒体。现代广电媒体不仅专注做传播内容，还要尝试以不同的角度来探求“互联网＋”的新盈利模式。央视新闻中心 2013 年 7 月 23 日联合央视网正式推出“央视新闻”客户端。该产品以其独家权威的内容、直观易用的功能获得用户的青睐。正如“央视新闻”三大移动互联网媒体平台的监制杨继红所说，中央电视台这一机构不是媒介，而是媒体。现在的央视，已不仅仅是通过电视机来传播，而是一个提供内容、服务用户的机构。

对于广电来说，“内容为王”才能实现“渠道为王”，优质的节目是品牌营销的载体。如今的广电营销越来越讲求“软”，实现电视节目与品牌完美融合，使得品牌精准到达目标用户，努力实现节目与品牌的“无缝对接”。江苏卫视在《最强大脑》节目中，围绕内容生产相关的广告销售，从而实现“最强大脑，最爱金典”的完美运营，让伊利金典牛奶的品牌格调和《最强大脑》节目属性合二为一。

同样，现代广播电视也应逐渐改变传统二次销售模式，延伸新型产业链和发布渠道，推出优势内容与服务相结合的互联网产品。未来，媒体如何平衡内容和服务，如何顺应用户的使用意愿和渠道选择来提供产品，便是广电媒体需要深入探索和不断试错的过程。

第六章 现代广播电视的手机传播平台拓展

在现代化进程中，广播电视的传媒融合一方面有效消解了新媒体的“颠覆”与“革命”，而另一方面在融合过程中由谁主导的问题又更加尖锐地摆在媒体面前。从未来媒体发展趋向和现代广电实践看，移动互联网将成为媒体融合和变革的主导力量。因此，“移动优先”被世界著名电视媒体纳入重大发展战略，而具有“全时在网、随时在线、即时消费”的手机电视传播平台的构建，无疑成为重要的选择。

手机电视的出现为广播电视行业和电信产业带来了新的发展空间，同时也为媒介产业的传播格局带来了新变化。本章主要基于手机电视传播的视角，从理论和实证上对现代广播电视的移动传播平台构建进行较为深入的研究。

第一节 手机电视的传媒特征

手机电视作为21世纪的新兴媒介，正处于不断发展的过程中，因此，分析手机电视的传播类型，理清手机电视的发展路线、手机电视的基本媒介功能和影响力表现，可以加深对手机电视传播力的理解。

一、手机电视的发展规模

手机电视最早产生于日本。随着手机性能的提高、移动数据业务的普及以及网络环境的改善，自2003年开始，美国、英国、日本、韩国等国的相关运营商纷纷推出手机电视业务。而我国移动运营商也从2005年开始，相继推出了手机电视业务，使手机电视业务成为移动数据业务的新增长点。

对于手机电视传播而言，主要通过传播内容对受众和社会产生影响，是其能否持续发展的重要因素。其传播影响力主要表现：一是相对于手机电视受众和群体社会而言的扩散力，这是手机电视传播影响力最直接也是最核心的表现形式，其扩散力的大小直接关系到手机电视传播影响力的广度和深度。二是相对于传播产业其他媒介或其他社交网络而言的渗透力，这是手机电视传播影响力的重要推力，其渗透力的大少决定了手机电视在受众和群体社会中传播的快慢。三是相对于传播效果的手机电视传播力，这是衡量手机电视传播服务质量及影响力的重要指标。以下分别从上述三个方面来分析手机电视传播影响力的表现。

1. 手机电视扩散力

手机电视的扩散力直接反映了手机电视的传播广度。其中，手机网民规模是手机电视扩散的基础。手机网民规模越大，手机电视可扩散的面积越广。

（1）年度报告中的手机网民覆盖率

据第41次《中国互联网络发展状况统计报告》显示，我国手机网民的规模呈不断扩大的趋势，截至2017年12月，我国手机网民规模达7.53亿，较2016年年底增加5734万人。网民中使用手机上网人群的占比由2016年的95.1%提升至97.5%，网民手机上网比例继续攀升。（如图6—1所示）

与台式电脑、笔记本电脑等上网设备相比，我国手机上网率最高。截至2017年12月，我国网民使用手机上网的比例达97.5%，较2016年年底提升了2.4个百分点；使用台式电脑、笔记本电脑上网的比例分别为53.0%、35.8%，较2016年年底均有所下降，其中使用台式电脑的比例变化尤为明显，下降7.1个百分点；网民使用电视上网的比例达28.2%，较2016年年底提升了3.2个百分点。（如图6—2所示）

（2）中国网民中的手机电视（网络视频）使用率

从用户规模调查数据看，中国手机电视用户的规模不断扩大。截至2017年，手机电视受众规模已超过5亿，与2016年年底相比增长了近5000万户。从表6—1可以看出，2011年至2017年，手机电视受众规模增长一直处于不

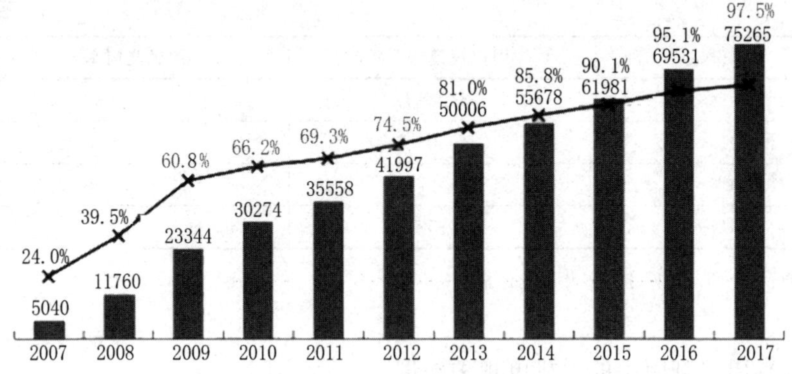

图 6－1 2007—2017 年我国手机网民规模和比重

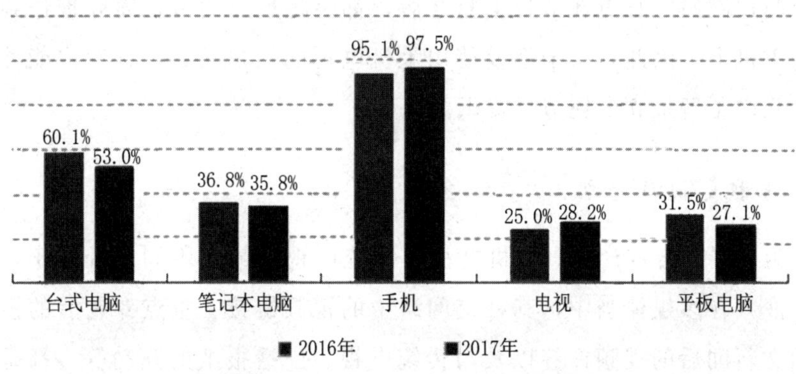

图 6－2 2017 年与 2016 年我国网民上网设备上网比率

断上升的趋势，7 年来，手机电视的受众规模增长了近 7 倍，手机电视的网民使用率增长了 3 倍多（见表 6－1）。

表 6－1 2011 年至 2017 年我国手机电视（网络视频）用户规模和网民使用率

年份	用户规模（万）	网民使用率（%）
2011	8001	22.5
2012	13425	32.0
2013	24669	49.3

续表

年份	用户规模（万）	网民使用率（%）
2014	31280	56.2
2015	40508	65.4
2016	49987	71.9
2017	54857	72.9

资料来源：《中国互联网络发展状况统计报告》。

（3）用户订阅中的手机电视关注度

根据用户提供的个人信息和喜好，手机电视可以由系统对新闻视频进行检索，给受众传送符合个性化需求的节目。在受众许可的情况下，各大视频或电视门户网站每日更新节目信息之后，都会将最新的节目简介推送到用户订阅的手机上。因此，对于喜爱使用手机电视的用户而言，订阅户能够在最短的时间内了解最新电视节目资讯。

2. 手机电视渗透力

作为三屏融合的产物，手机电视与传统电视的最大不同之处在于，它的传播是嵌入在多媒体当中，其社交网络中的视频链接、重点专题后的视频集锦、图文新闻后的视频标签以及与传统电视、广播报纸的互动等，都是手机电视渗透在其他网络中的重要路径[①]。这些也直观地表明，手机电视传播就是“嵌入式”的渗透过程。它的渗透力主要表现在两个方面，一是手机电视对各种手机应用、社交以及娱乐、商务等领域的嵌入力；二是手机电视与传统电视、报纸等媒体的融合力。

（1）手机电视的网络嵌入力

手机电视的网络嵌入力主要是指手机电视在社交网络中的渗透作用。手机电视可以通过门户网站、QQ、微博、微信、客户端应用（App）等渠道渗透到各种社交媒体中，通过视频标签、视频集锦、视频链接等形式在复杂的社交网络中被用户以成千上万的频次转发、分享。

① 吴刚：《手机电视的受众属性、收视特征和内容创新》，《中国广播电视学刊》2013年第4期。

(2) 手机电视的媒介融合力

新媒体并不是自发和独立产生的，它是传统媒体的发展和延伸。它的存在将会给传统广播电视带来很大冲击，但不可能完全替代。所以，在手机电视的成长过程中，手机电视将会与传统电视媒体不断协调融合，达到互促互进，优势互补，逐步展现出其鲜明的媒介融合力。

一是参与传统媒体的节目互动。传统电视具备权威性的品牌资源、丰富的内容资源和庞大的受众资源，但作为一种大众传媒却难以达到与受众之间的深度互动。手机电视可以作为受众与传统电视互动的一种方式渗透到传统电视的传播过程当中。受众利用短信参与节目讨论，或发送下载图片资料、视频给传统媒体，还可以用手机电视点播电视节目或者在线收看，或者进入BBS、聊天室、网上调查等参加电视节目的主题讨论。以江苏卫视《一站到底》答题闯关类电视节目为例，《一站到底》首次与中搜搜索公司合作，让“中搜”成为《一站到底》独家网上报名通道，并增加中搜场外答题环节，使观众可以通手机参与现场互动。同时，“中搜”在搜索中为《一站到底》打造了专属线上答题平台，观众可以在节目广告宣传时段用手机进行场外答题，从而弥补了观众不能到现场答题的遗憾，增加了该节目的收视率。这说明，手机电视作为传统电视的补充，完美的融合参与传统电视的传播之中，不仅加强了传统电视受众对手机电视的接触和了解，扩大了手机电视的受众范围，而且会进一步吸引受众对手机电视内容的关注。

二是参与传统媒体节目宣传。手机电视作为“碎片化”时间的主要传播媒介，短而小的电视节目宣传片在手机电视上播放起到很好的宣传效果。目前，一些电视热播剧、电影、真人秀节目和电视纪录片等都纷纷选择在手机电视上进行宣传造势，扩大影响力。

3. 手机电视的传播力

一般来说手机电视运营，应包括作为媒体机构专营的手机电视节目和移动通信商，及其他内容提供商运营的手机视频产品。以下在此意义上侧重从视频方面分析我国手机电视用户发展规模。

(1) 手机电视用户观看频次

艾媒咨询（iiMedia Reasearch）数据显示，中国手机视频用户观看视频的次数，在2013—2014年平均每天1～6次的占比达31.4%，居首位；其次，每周平均观看3～6次的用户占比达26.8%（见图6－3）。总体看来，用户使用手机观看视频的频率较高。随着影响用户选择手机观看视频的因素的逐渐减少，用户使用手机观看视频的次数将会进一步的提高。

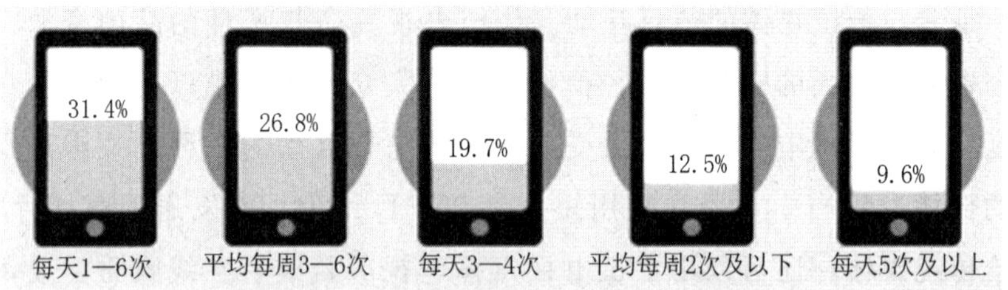

图6－3 2013—2014年用户使用手机观看视频频率

（2）手机电视用户观看方式

艾媒咨询数据显示，2013—2014年中国手机用户观看视频的网络，81.7%的用户选择在WiFi环境下观看视频，54.2%的用户选择下载后离线观看视频。使用数据网络观看在线视频的用户很少。分析认为，在WiFi环境下在线观看视频的用户可以真正体验到随时随地看任何视频的极佳体验，因而最为普遍。离线观看视频相对WiFi下观看多一道程序，且受流量限制，在观看视频内容时受到较大障碍，因此，在WiFi情况下看视频是大多数用户的第一选择。

而在另一项有关手机视频客户端用户常用功能分布数据表明，中国手机视频客户端用户经常使用在线和离线观看视频的功能，用户占比分别为59.5%和57.5%，而34.0%的视频用户会缓存视频到本地，29.8%会观看电视直播，使用其他视频功能的用户占比较少（见图6－4）。这说明，观看视频是客户端的核心功能，但移动互联网用户需求朝着多样化、个性化方向发展，未来使用分享视频、评论视频等功能的用户比例将有所提高。

（3）手机电视用户观看类型

艾媒咨询数据显示，2013—2014年中国视频用户经常观看的视频节目类型中，影视剧观看以高达70.5%的用户比例远高于其他视频类型；其次为观

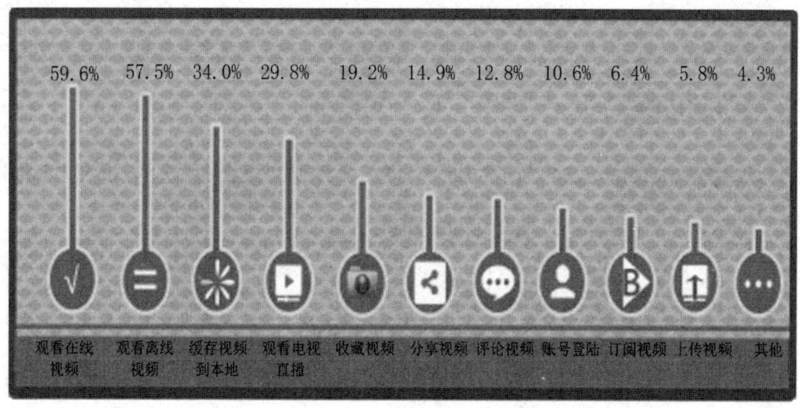

图 6－4 2013—2014 年手机视频客户端用户常用功能分布图

看综艺娱乐视频用户，占比也达到 48.6％（见图 6－5）。这说明，用户观看手机视频的主要目的依然是休闲娱乐，与在 PC 端上观看的视频类型差别不大。

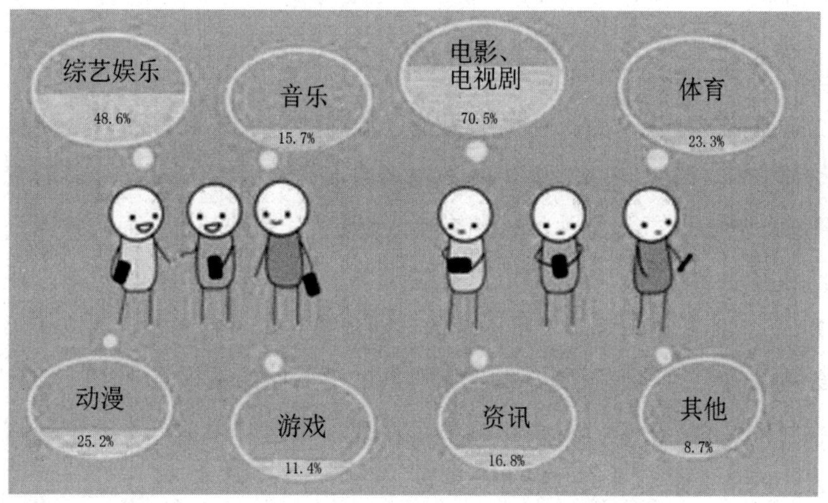

图 6－5 2013—2014 年手机用户经常观看视频的类型

二、手机电视的形态特征

以下从手机电视概念的界定研究切入，着重分析手机电视的传播形态，进而更加清晰地认识手机电视的传播特征。

1. 手机电视的基本定义

由于手机电视传播优势和技术特点等方面理解的差异，导致对手机电视概念界定的多样化。从目前研究来看，学术界主要从两个角度对其进行界定。

一是媒介进化观认为，手机电视是通过移动互联网传输视音频及图像、文字，并能在具有操作系统的智能手机上观看电视的业务[①]。手机电视的出现帮助人们摆脱了沙发的约束，将自身自由度得到极大释放，带给人们更新更多的视听体验和视听享受。这种观点强调了手机电视的传播媒介特征，但将手机电视仅仅作为网络的延伸，在一定程度上弱化了手机电视在未来媒介影响中的作用。

二是通信产业观认为，手机电视是以流媒体方式实现移动的全新业务或移动增值业务，并基于移动电信网络实现的，是在一对一或一对多的情况下传送图像、声音、数据文件的实时交互性业务[②]。它是基于地面广播网、卫星广播网和移动互联网，为手机用户提供视频推送、视频广播和视频点播的增值业务[③]。上述观点侧重于手机电视的移动通信技术进行界定，忽略了手机电视业务技术实现的其他通信方式，特别是由于不同的技术实现方式会导致不同的赢利模式和产业链，进而影响整个产业的走向，因此，不能单纯从技术实现方式的角度来对手机电视进行界定。

以上有关手机电视的界定，虽说有一定的差别，但基本上反映了手机电视的本质特征及其与现代技术的紧密联系。手机电视除了具有媒介属性外，

---

① 黄升民、周艳、马丽婕：《广电媒介产业经营》，复旦大学出版社2005年版，第1—4页。

② 赵子忠、王伟：《中国影视投融资的产业透视》，中国传媒大学出版社2006年版，第10—12页。

③ 黄河：《手机媒体商业模式研究》，中国传媒大学出版社2011年版，第70—77页。

还具备一种业务功能，呈现出以手机为视听接收终端，以移动网络为渠道传播视听信息内容的媒介形态。从业务的角度看，手机电视是用户在智能手机上实时观看，或下载、点播电视节目内容的一种业务。其内容包括传统电视上播放的节目、传媒公司制作的专门针对手机播放的电视节目，以及广大用户自己制作并上传的视频等。对于运营商来讲，他们为了利润最大化而努力推广手机电视业务，从而提升了手机电视的传播广度。从媒介的角度看，手机电视作为一种新的媒介形式，它通过其自身具备的扩散力、吸引力和渗透力来加深对受众和群体社会的影响，从而进一步提升了手机电视的传播影响。

2. 手机电视的传播方式

手机电视发展至今，共经历了三次大的转变，即从通信终端到移动媒体的转变、从手机报到手机视频的转变、从手机媒体到多功能移动终端的转变。

（1）从通信终端到移动媒体的转变

智能手机使用的初期，只是具备单一的语音通话功能。随着数字通信技术的快速发展以及互联网、计算机和数字技术的不断融合，移动手机发生了质的飞跃，成为集文字、声音、图片、影像、即时视音频交流等多种数据传输处理能力于一体的综合性移动媒体，引发了一场传媒产业的变革。

在 1G 和 2G 时代，手机传输技术从模拟信号逐步向数字信号发展，由于手机终端成本和手机话费成本较高，使得手机普及率不高，这时的手机功能除移动语音通讯之外，还能进行声音、文字等信息传播，实现了手机短信功能。这个阶段，手机虽不具备手机电视播放功能，但它为手机电视的产生和进一步发展奠定了受众基础。

GPRS 技术的到来使手机数据通信速率大为提高，并逐步走向智能化，使手机从单一文本信息传播跨越到具备文字、音像、图片等综合处理能力的多媒体信息传播。一些手机设备可以通过安装微型浏览器接入 Internet，帮助用户获取网上资源，这些资源涵盖新闻、交通、天气、体育等资讯，还能实现在线聊天、邮件收发、商旅预订等。这一阶段的手机虽不具备动态视频的功能，但已存在媒介的多种信息传播功能和特征，手机报、手机广播、手机杂志等内容开始出现并快速被人们接受，成为手机电视的雏形。

到了3G时代，特别是随着4G时代的到来，手机所提供的移动多媒体业务与服务具备更强的实时、多元、互动性，视频内容也更加清晰流畅且丰富多彩，手机电视以其鲜明的媒介属性而被称为“第五媒体”。随着蜂窝式移动网络的开发，中国移动和中国联通先后在我国广州、四川、苏州、北京等地逐步推出了手机电视业务，并开始与电信增值运营商（SP）和西门子、索爱等厂家合作，大力拓展市场。2005年3月，国内第一张IPTV牌照被上海文广新闻传媒集团获得，并开始逐步开发以手机为接收终端的“梦视界”传播业务。次年在多哈亚运会期间，央视又与中国移动等移动公司合作全面开启手机电视业务。除了传统的广电产业外，社会传媒机构也开始进驻手机电视领域，纷纷向手机用户提供WAP渠道的财经、新闻、娱乐等电视节目①。

2013年，国家工信部向三大移动通信商正式发放了第四代移动通信业务牌照，由此标志着我国4G时代的来临。在未来，手机的上网速度、信息传输速度将有更大幅度的提升。最关键的是，在4G技术的支持下，智能手机传输图像的质量可与高清电视媲美。届时手机电视将进入新一轮的资源整合，共同推动媒体整体影响力的提升。

（2）从手机报到手机视频的转变

手机传播的符号从文字到视音频，经历了数字传媒技术的重大变革。消费者最初接触到的手机电视形式是以文字、图片和声音为主的手机报。随着3G、4G技术的发展，手机电视作为一种新媒介的出现，以较为流畅的动态视频形式给人们带来了更生动的视觉享受和信息资讯。从手机报到手机视频的转变消除了传统电视和新媒体之间的鸿沟，实现了全媒体的融合。这一转变主要带来了两个方面的变化。一是给新闻注入了新内容。手机强大的新闻传播能力使手机用户不仅仅是新闻的消费者，也可以成为新闻的发布者、生产者。手机媒体打破了以传统新闻媒体作为主要传播者的约束，使得手机用户大众自身就能随时随地将身边发生的新闻在事件现场第一时间以图片、视频的形式发布传播。二是以手机端接受的短视频为主要形式，使传播内容更具丰富性和多样性，满足新闻传播的多样化需求。

① 王虎：《中国手机电视发展若干问题研究》，博士学位论文，华东师范大学，2008年。

(3) 从手机媒体到多功能移动传媒的转变

传统意义上的手机不再仅仅作为一种信息交换的媒介，而是成为更多功能的移动终端。一方面，多功能智能手机的发展进一步推动了手机电视的传播。一些现代智能手机集电视屏观看、摄像机采制、照相留影、移动硬盘存储、收音收听、计算及电子钱包、PDA 等多种应用功能为一体。它与传统电视相比更便于携带，与传统广播相比更生动，与传统 PC 相比更灵活。这些功能为手机电视的高频使用、广泛覆盖，以及成为商业客户端最好的平台之一奠定了坚实的基础。

另一方面，手机电视的媒介功能不断丰富。随着微博、微信、客户端应用，手机电视对各社交、娱乐以及商务等领域的渗透不断增强。特别是随着手机电视与传统广播、电视资源整合共享，手机电视作为多功能移动终端，将通过不断整合和开辟新的传播渠道来扩展手机电视的传播影响力。

传统广播电视随着手机网络平台的传媒结构变化而发生转型，尤其是在移动传媒时代，手机电视的快速发展成为最引人关注的媒介现象，其传输方式也发生了结构性转变。

蜂窝式移动网络传播。这种方式的传播以中国移动和中国联通公司为代表，主要通过移动通信技术，向手机点对点提供多媒体服务。这种方式实际上是利用流媒体技术，把手机电视作为一种数据业务推广运营，用户采用下载视频的方式观看。而相应的电视节目则根据用户的要求选择适合手机用户服务的内容提供商来组织。SMG 与中国移动在“手机电视”流媒体业务层面展开合作，双方启动了移动媒体娱乐平台，让用户在手机上直接收看 SMG 旗下东方龙移动信息公司集成的电视节目。

卫星及移动多媒体式传播。主要是利用数字广播电视技术，通过天地广播电视覆盖网向小型接收终端点对面提供广播电视节目。中广卫星移动广播有限公司已经采用这种方式，该公司经国家新闻出版广电总局批准于 2005 年 6 月成立，2009 年 6 月更名为“中广传播有限公司”，专门负责全国建网以及终端采集和推广，承担中国国家卫星移动多媒体广播 CMMB 项目的技术与运营。它主要利用地面或卫星广播电视网，面向手机、PAD、MP3、PC 端及在移动工具的小型接收终端，点对面地提供移动多媒体广播，满足手机电视等用户随时随地获取广播电视节目的需求。目前，已完成全国 337 个地级市和 855 个县级市的信号覆盖，城区覆盖率已达 90%以上，用户至少可同步收看 8 套广播电视节目。

随着各地智慧城市的建设与发展，手机电视已在技术上实现了广播网络和 WiFi 的结合。这样，手机电视信号不仅在 CMMB 终端上，还可在智能手机和 ipad 等终端上实现，从而进一步实现 CMMB 的回传与互动功能。

通信和广播协同式传播。即在智能手机终端中设置数字电视接收模块，便于直接接收数字电视信号。这种方式的最大优势是可以直接获得数字电视信号，实现“不在电视机前看电视，走到哪里看到哪里”的功能。

3. 手机电视的主要特点

作为 21 世纪最具综合性媒介特质且个性化较强的电子产品，手机电视的媒介传播特性十分明显。进一步了解手机电视的传播特点，有利于认识手机电视的比较优势，推进手机电视的传播影响。

（1）移动性。手机电视，以手持式终端为设备，传递丰富的视听内容，因其小巧且便于携带，被人们称为“口袋里的媒体”和“带着体温的媒体”。手机具有移动便携的先天优势，受众可以随时随地在具有一定网络条件的情况下观看手机电视节目。这是手机电视与传统电视和互联网电视的重要区别。《中国手机媒体研究报告》显示，比较手机电视、传统电视和互联网电视，手机电视的最大优势在于移动性，并且因此产生了传播速度上的优势，而且还可以在无台式接收机的环境里随时传播大量即时性的广播电视节目。

（2）互动性。作为传统电视的延伸，手机电视不仅继承了传统媒体自上而下的传播方式，而且实现了自下而上的传播方式，完成了互动传播，成为以双向互动为主导的移动媒介。也就是说，广大的手机电视用户不再仅仅是传播的接受者和被影响者，同时也是手机电视的再传播者。受众不但能够通过手机电视自由选择自己喜欢的节目，也能够自由地转播和推荐自己喜欢的电视节目。这种交互式的传播方式，不仅保证在 24 小时内提供海量在线信息，而且还在一定程度上模糊了上传者与接收者的界限，使用户一边欣赏电视节目，一边参与节目、发表个人意见。手机电视的这种交互性传播特点让用户成为手机电视传播的被影响者和再传播者，它让受众与媒体在互动的过程中保证了传播的真实度，减少了转播过程中的偏差。

（3）私密性。手机电视颠覆了传统的以客厅文化为中心的家庭收看模式，带有明显的私密性特征。私密性是相较于公众性而言的，两者之间的区别主要体现在媒体使用人员及其对该媒体使用的主导权两个方面。手机作为个人私用物品，其使用人员较为单一，即为手机的机主，且机主对手机电视享有绝对的使用主导权。也就是说，机主可以自由决定看还是不看，以及看什么、什么时候看等问题。除非机主愿意，其他人是无法知道或决定机主想在手机上收看的电视节目内容。因此，相较传统电视而言，手机电视的私密性，决定了其节目内容的个性化和差异化传播。

三、手机电视的传媒功能

手机电视媒介功能主要体现在基于信息的社交媒体应用和基于娱乐的网络视频应用两个方面。

1. 基于信息的社交媒体应用

由于手机电视的媒介特性等因素制约，其对每个单位内的视频节目长短有一定的容量极限，其在社交媒体中代表性的应用就是微视，即短视频分享社区，又被称为“看电视的朋友圈”。它是基于智能手机通讯录的跨终端跨平台的视频通话软件，其形态涵盖多种视频终端摄录或播放的视频短片。目前，腾讯、CCTV 等媒体均推出了微视频。以 CCTV 微视频为例，其提供 andriod 和 iphone 两种下载。在该平台上，用户可以边看电视边用语音参与直播互动，领取节目互动幸运奖品等。同时还可以将兴趣相投的人加为好友，建立以自己喜爱的电视节目为话题的社交网络，并在这个网络中分享电视信息、讨论电视节目内容以及一切以视频节目为主题的生活话题等。

此外，手机电视还通过微博、微信、客户端应用（App）等渠道渗透到各种社交媒体中，以更加直观、生动的形式展示信息内容，改变人们的日常生活习惯和行为。以优酷手机视频为例，该手机网站为用户提供电视剧、电影、动漫、音乐、新闻、娱乐等大量影视节目资讯，并支持微博、微信、朋友圈一键分享，让信息在客户观看电视的过程中还可以通过社交媒体得以进一步的传播。

2. 基于娱乐的网络视频应用

沃尔夫认为，娱乐是指使人快乐或让人消遣的有趣活动①。他认为，一旦娱乐与手机电视结合，将给人们带来更立体和即时化的娱乐享受。随着智能手机的普及和网络环境的优化，手机电视逐步成为一种“边走边乐”的新型媒介形式。在2014年“易观智库”发布的《中国移动互联网用户行为统计报告》中显示，娱乐应用一直是移动互联网用户选择的主流，其中，手机电视、手机博客等正在获得越来越多手机网民的青睐。除了各大电视台推出的手机客户端、网络视频手机客户端以及微视外，手机电视节目可以通过各种社交渠道发布节目内容、每日最新节目单及相关收费信息。

从内容上看，基于娱乐的网络视频包括手机电视剧和手机电影两个主要内容。手机电视剧主要有两种类型，一种是传统电视台所播发的电视剧；另一种是专门为手机制作的短剧。由于考虑到手机屏幕、手机容量、网络环境等限制，专门为手机制作的电视剧一般时间长度较短。2005年，我国国内首部用胶片制作的在手机上播放的电视剧《约定》，总投资达300万元，时长仅25分钟。同年，上海文广传媒集团拍摄的国内首部手机互动情景剧“白骨精外传”共365集，每集约5分钟。2006年1月，美国哥伦比亚广播公司(CBS)拍摄的专门在手机等移动视频终端播放的“邮递员”微型系列剧，每集时间仅60秒。

在手机电影方面，电影是手机电视受众最关注的内容之一。除了日常生活中我们在影院观看的电影外，专门为手机制作的电影也在不断发展并逐渐被人们所接受。2006年10月于西安举行的全国首届“手机电影年度盛典”，这次盛会颁布的“西安宣言”，标志着我国手机电影正式进入电影业，并拥有了新的自律规则和行业发展前景。“西安宣言”规定，凡以手机为载体制作播

① 沃尔夫：《娱乐经济》，光明日报出版社2001年版，第265页。

放，每部电影时长在十分钟以内的作品，都可以统称为手机电影。在“西安宣言”的推动下，我国手机电影《寂静一刻》《西瓜》《星光之旅》《新娘》等8部短剧成功推出，获得了手机网民的热烈反响。此外，传统的影视剧预告短片也不断被制作成手机视频，在最短的时间内向用户传达最新的影视信息，成为配合传统影视剧宣传的重要助手。

第二节 手机电视的传播模式

保罗·莱文森在《手机：挡不住的呼唤》一书中提出，人类具有说话和走路两种基本交流方式。直到手机的出现，才将这两种功能结合在一起，使人们可以一边说话、一边走路、一边发短信聊天。这种无限移动且双向交流的功能更使手机成为人际传播最有效的媒介[①]。手机电视以手机为载体，以其生动丰富的信息传递功能越来越深入地影响了人类对社会的感知和行为。那么，手机电视如何在传播的过程中施加对受众和社会的影响力？

一、手机电视的传播框架

传媒作为产业经济的核心是一种“影响力经济”，它本质上是作为资讯传播渠道对用户的社会认知、社会判断、社会决策、社会行为打上特定形态的“渠道烙印”。这种“烙印”基于物质技术的传媒社会能动性，它通过对资讯的选择、处理、解读及整合分析等，在传播资讯过程中显示出自身的社会能动性烙印，并由此产生对人们社会认知、判断和社会行为的影响。[②] 对于手机电视而言，由于其交互性传播的特征，受众在接受具有传媒社会能动性烙印的传媒资讯之后，又通过手机二次传播具有自身烙印的资讯，如此层层深入，不断加深手机传媒对社会层面的影响。因此，手机电视的传播影响机制主要

---

① [美] 保罗·莱文森：《手机：挡不住的呼唤》，何道宽译，中国人民大学出版社2004年版，第13页。

② 喻国明：《传媒影响力》，南方日报出版社2003年版，第1—10页。

分为两个阶段，一是手机电视自身作为一种传播渠道在传播资讯时对受众的认知和行为产生影响。二是受众通过对资讯的处理和再传播，进而对群体社会的认知和行为产生影响（如图6－6所示）。

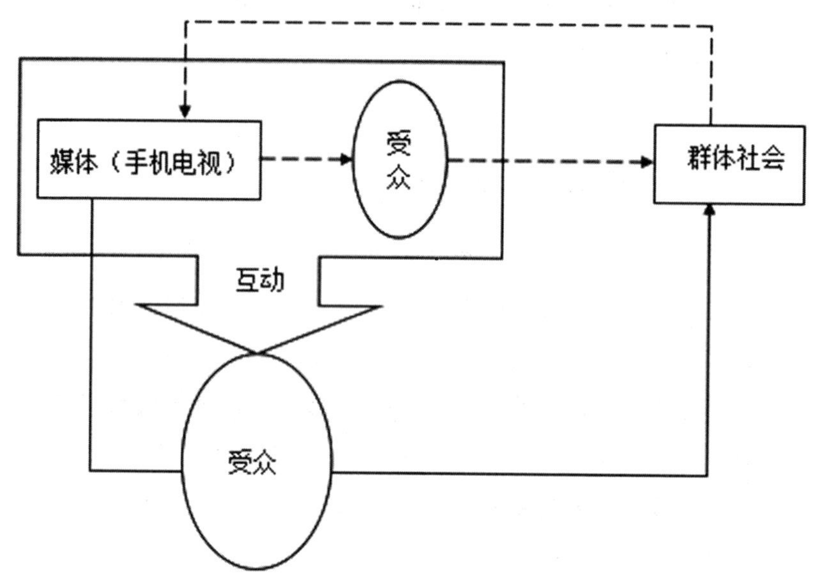

图6－6 手机电视传播框架图

图6－6中虚线部分显示，群体社会以手机电视为媒介，向受众传达事件信息，并通过媒介的吸引效应、追随效应或依赖效应影响受众，继而引发受众的思想、行为活动等一系列变化，对群体社会产生影响。图中实线部分即对受众的二次影响阶段。受众在处理、消化和整合传播资讯时，积极发挥自身的主动性，通过与手机电视互动和转发，使事件的影响扩大。通过“羊群效应”和“乘数效应”，加深了手机电视传播对群体社会影响的深度与广度。以手机电视寻子事件为例，手机视频传播寻子信息后，对受众的情感和行为产生一定的影响，使得各社区和家庭提高了安全警惕，并开始主动关注寻子的相关进展。然后，受众群体不断转播和在线讨论该电视视频，一些不关注此类事件的群体也因周边人群或网络评论等因素的影响而开始关注此类事件，从而引发“羊群效应”，进一步扩大该事件的影响力。部分收集到相关信息的受众开始与寻子家人及时进行信息互动，最终得以成功找到孩子。随后，该

事件又引发部分受众群体自发建立寻子网站，通过手机上传失联孩子的视频和照片，帮助更多失子家庭寻找自己的孩子，从而发挥了“乘数效应”，进一步扩大了手机电视传播的影响。

二、手机电视的影响过程

如图 6－7 所示，手机电视传播对受众的影响力包括三个阶段。第一，认知阶段。在手机电视具有一定知名度的前提下，通过吸引效应引导受众注意并接触该媒体，继而使受众对该手机电视的内容和形象产生一定的认知，但这种较浅显层次的吸引力对受众的影响力较小。第二，满意阶段。即在受众有了一定认知的前提下，手机电视的内容和形式得到受众的进一步肯定，从而对手机电视产生持续关注。受众对手机电视的满意感催生了受众的追随效应，使得受众开始主动去关注手机电视的节目内容，且参与手机电视互动的积极性明显增加，开始根据自己的经验和过去已有的认知对信息做出自己的判断。第三，忠诚阶段。在受众对手机电视持续满意和持续追随的基础上，使受众产生了一定程度的情感和行为依赖（忠诚度），并在受众心中塑造出极富个性的美好联想。在忠诚阶段，手机电视所表达的思想和观念将直接影响受众对社会的认知和评价。

1. 认知阶段的吸引效应

手机电视如果没有受众的接触是不会产生任何影响力的。因此，如何吸引受众的注意力是手机电视产生传播影响力的前提和基础。认知阶段产生吸引效应的关键，在于手机电视内容和形式的最优化操作。因为只有内容和形式的“最优化”才能在众多社会传媒中最大限度地吸引社会注意力资源，从而提高自身的市场竞争力。从总体上看，实现“最优化”的路径主要有两个。

一是以规模来获取市场份额，从而提高受众吸引力。然而，这种规模化的路径是一把“双刃剑”。它一方面可以通过规模效应减小自身生产成本，提高市场份额。另一方面，规模化的投入将带来极大的经营风险。

二是以内容的特色为路径，走差异化发展的道路。特色化内容是手机电

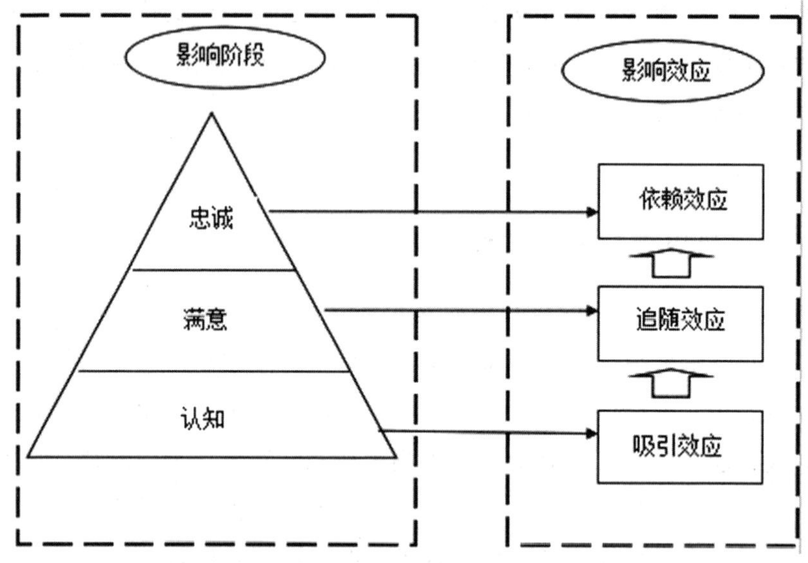

图 6—7 手机电视传播影响路径图

视影响分众传媒的必然选择。传媒产业归根到底还是内容产业，是传媒创造核心竞争力的关键，特别是对于手机电视而言，应先做强，然后才能做大①。

衡量手机电视在认知阶段的吸引效应大小的指标，主要包括手机电视的受众规模、观看手机电视的时长和对手机电视的认知度等。其中，手机电视的认知度是指使用者对手机电视的优缺点的认识，包括对手机电视的便捷度、内容丰富度、创新度、效果等内容的整体印象。认知度越高、受众数量越多，且观看手机电视的时间越长，表明手机电视的吸引效果越强。反之，手机电视的吸引效果较低。

2. 满意阶段的追随效应

手机电视的满意度，是指观众收看手机电视的实际感受与其期望相比较的程度，在一定程度上反映了手机电视满足观众需求的成效。然而，这种满意度的发生并不是一次就能形成的，只有让受众对手机电视保持持续不断的接触，并开始逐渐主动去关注和追随手机电视节目内容，才能达到受众所感

① 喻国明：《传媒影响力》，南方日报出版社 2003 年版，第 3—7 页。

知的满意度，最终使手机电视传媒的影响力因时间的延续而不断增长。

在满意阶段，追随效应的决定因素包括节目内容理念、品质、与受众互动、视听效果、服务水平等方面的满意度（如图6－8所示）。其中，节目内容的理念满意度，是指手机电视制作和播出理念是否符合受众自身理念的满意状态，其内容主要包括节目宗旨、制作风格和思想等。节目内容的品质满意度，是指节目内容在深度和广度上是否符合受众的需求并传递了受众所需的信息，节目内容的理念和品质满意度是追随效应产生的关键因素。与受众互动满意度，是指手机电视节目在行动过程中与受众之间的沟通程度，包括手机电视媒体参与的社会活动、受众参与手机电视节目活动等。视听效果满意度，是指手机电视的声音、画面给受众带来的满足状态，它包括手机电视传播中的声音系统满意度、画面清晰满意度、色彩满意度等。服务满意度，是指手机电视所提供的媒体服务给受众带来的满足状态，它包括服务人员的态度、节目播出前后的热线服务等。

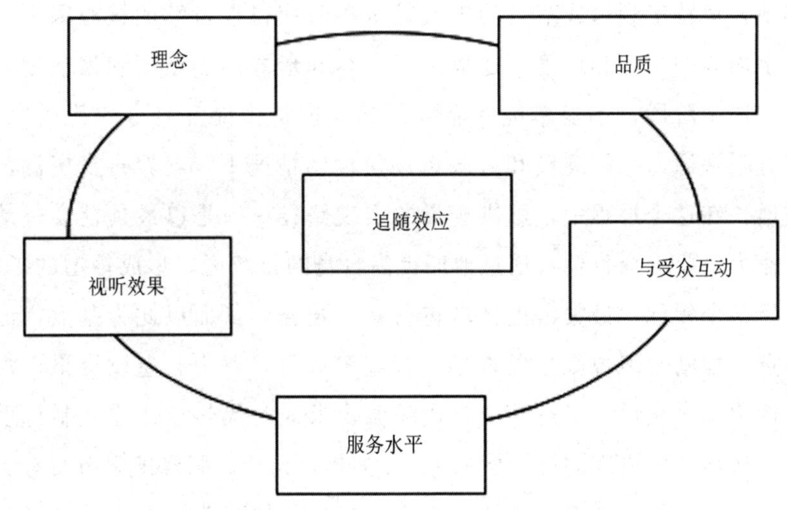

图6－8 追随效应决定因素示意图

满意阶段与认知阶段的主要区别在于，认知阶段表现为受众被动的接触手机电视，而满意阶段表现为受众主动去了解并关注手机电视节目。因此，衡量手机电视在满意阶段追随效应大小的重要行为指标，是受众对手机电视的关注是否具有一定的主动性。具体表现为，受众对手机电视的接触频率；搜索手机电视节目的方式，即是否直接登录手机电视客户端而非搜索引擎去观看视频；对手机电视的关注度，即是否关注手机电视推送的相关热点资讯或娱乐节目等；手机电视受众收视行为的目的性等。

3. 忠诚阶段的依赖效应

随着受众满意度的持续，让受众形成特定的“频道联想”[①]，从而使手机电视的传播影响力因时间的延续而价值“丰厚”起来。受众在这个过程中开始多次表现出对手机电视这种收视方式或对手机电视的某个频道、某个节目内容的偏向性行为反应。随着受众对手机电视的认同感越来越强烈，用户便逐渐对手机电视所传达的思想、观念和基本资讯来源产生偏好，最终发展成手机电视的忠实受众，对手机电视产生了情感和行为上的依赖效应。受众对媒体的依赖感越强，就越容易接受媒体所传递出来的信息，甚至包括广告信息。其中，对特定频道或节目的忠诚是依赖效应得以持续的核心因素。它不仅取决于内容的深度和广度，还取决于内容和形式的创新度和聚焦度。也就是说，在这个阶段，不能单纯依靠数量和规模扩张提升自身的传播影响力，而是在有限资源、有限规模和有限市场份额的情况下，集聚自身资源，使影响力倍增。在这个过程中，可供选择的实现路径：一是以最具社会行动能力的人群作为主要受众目标，通过他们提高自身的权威度，形成倍增的影响力。二是选择某个领域中最关键的区域进行集中覆盖，从而以此为基点，占据领域制高点。如湖南卫视就是以青年人为收视族群，着力打造以资讯、娱乐为主的个性化综合频道。三是顺应时代潮流要求或时代热点话题来制订手机电视内容，从而产生更大的社会影响力[②]，如焦点访谈、财经郎眼节目等。

衡量受众对手机电视依赖效应大小的指标主要分为两类：一是受众对手机电视的行为黏性。具体表现为对手机电视收视时间的稳定性、心理依赖程度、品牌的忠诚度等。二是受众对手机电视的情感忠诚度，具体表现为对手

① 频道联想，指手机电视受众接触到节目或频道后所产生的联想，这些联想一般能够组合出一些意义，形成节目或频道的形象。

② 喻国明：《传媒影响力》，南方日报出版社2003年版，第20—21页。

机电视的选择偏好、权威度等。

基于以上三个阶段与影响效应的研究，结合手机腾讯视频的实践分析，可加深对手机电视传播影响过程的理解。腾讯借助其品牌下的手机 QQ 中原有的受众基础以及受众对腾讯 QQLive 网站的认知度，同时通过手机推送精品视频、将腾讯新闻植入视频和线下推广等方式，手机腾讯视频逐渐引导受众关注并不断接触该媒体，使受众对其界面、内容和品牌形象产生了一定的认知。在这一过程中，为增加受众的满意度，腾讯视频还推出“全新原创产品”战略，即以独自原创内容为核心，并围绕这一核心展开自制网剧、微电影、原创节目、短片大赛/扶持计划等四大活动，促使腾讯视频在手机视频客户端用户中的满意度不断上升。随着受众满意度的上升，受众的品牌使用习惯得到了良好的培养，部分用户开始主动关注腾讯视频的特定内容和节目，追随效应已逐步显现。如腾讯视频原创社会纪实人物访谈节目《某某某》，该节目一上线就受到了其他媒体和广大受众的关注，并多次逆向登录北京卫视、上海东方卫视、深圳卫视、河南卫视等多家知名电视台。

三、手机电视的关联效应

手机电视对受众的二次关联影响效应主要在两个方面：一是羊群效应，即个人由于手机电视受众的“群体压力”而主动接收手机电视的影响，进而改变个人行为。二是乘数效应，即手机电视先通过影响一部分社会群体，进而通过这一部分群体的外界关联性，再进一步影响更多的社会群体。

1. 羊群效应

从心理学的角度看，社会群体中多数人的行为将导致群体之中个体行为的改变。受众群体中多数人的收视习惯或意见将引发“群体压力”，从而改变单个用户的收视习惯或意见，使单个用户的收视习惯或意见与受众群体趋于一致。例如，多数人都在收看手机电视的某个热播节目，某人发现周围人都在谈论该节目，为了使自己有更多的话语认同权，并了解周围人所谈论的节目，他必须打开手机电视进行观看，从而，新的收视行为便产生了。此外，如果单个用户的收视节目不被周边群体所认同，他便会考虑放弃原有的收视习惯，从而原有的收视行为便消失了。由此可见，手机电视的影响力可以通过媒介对单个个体的用户产生作用，也可以通过媒介对群体的作用而影响个人。

2. 乘数效应

一般情况下，手机电视节目一旦引起了受众群体内心的共鸣和思想的释放，便可以唤起特定领域的特定受众人群的领袖意识。这部分领袖群体在与手机电视用户互动的过程中，把信息向下一级受众群体传播，从而以一传十，十传百的速度引发“乘数效应”。

羊群效应和乘数效应的大小与受众群体的基本素质相关。这些素质主要由“决策力”“舆论力”和“消费力”三个指标构成。其中，决策力，指受众拥有对所在组织的话语权。受众所拥有的职业，以及其在从业领域中的社会地位和社会资源的大小决定了受众在群体中的影响力，其决策力越大，对社会群体的影响力越高。舆论力，是指受众的舆论导向力，与学历或知识的多少有关。文化水平越高的受众对媒体的评价越能形成社会主流意见，其舆论话语权较大，对社会群体影响力越深。消费力，指受众在社会中的购买力。一般来讲，消费力越高、购买力越强的受众，其可能实现的传播效果就越明显，并且对社会传播影响力就越大。

第三节 手机电视的发展策略

我国手机电视从 2005 年推出以来，至今已有十年历史了。十年来，从其市场占有规模看，已成为名副其实的移动“媒体”，尤其是在基于社会关系的“圈内”已产生了不可忽视的影响力。但在世界和中国传媒整体生态中衡量，其话语权和传媒影响力则处于“弱关联”中。为此，推进手机电视传播发展，将成为新兴媒体进程中的重要研究。

一、建构手机电视新型主流媒体

手机电视从其构成类型看，总体分为两大主体，即网络大媒主导的视频发布主体和以我国广电媒体主导的手机电视传媒系统。从国家层面看，“中广传播有限（总）公司”及各省、市分公司和支公司，构成了全国一体的手机电视传媒机构。两大主体均为新媒体主体，与传统主流媒体分庭抗礼，未构成合力。因此，从现代传媒发展的趋势看，应在媒体融合的大趋势下，建构手机电视新型主流媒体。

一是构建基于手机电视为中心的现代传播体系，从组织架构到节目运营流程，探索全新的模式。并积极有效整合新旧媒体的传播渠道，以内容为核心竞争力，完善新型传媒市场的准入和退出机制，鼓励各类市场主体公平竞争，促进信息资源在区域间的自由流动。

二是要遵循新闻传播规律和媒体发展规律。目前，手机电视的节目内容仍是以传统的电视、广播内容为主，这些虽然在手机电视发展的初期对提高手机电视的普及率起到了重要作用，但由于它们并非按照手机电视特有的传播规律来制订和产出，缺乏与手机电视受众的互动交流，从而难以达到有效发挥传播影响力的功能。只有强化互联网思维，在遵循互联网传播规律的前提下，以大众需求为核心，推动手机电视与传统媒体融合发展，才能真正提升手机电视的传播影响力。

三是推进先进技术的研发与应用，进一步改善手机电视的发展环境。实践证明，先进技术的研发与应用是智能手机发展和网络环境优化传播的重要保障，它直接影响手机电视的传播吸引力。目前，手机电视的技术研发涉及计算机软硬件、通信工程、视音频技术等多个领域，以及网络传输、流媒体、智能传播等方面的研究，都是目前传媒科技发展的前沿研究。为推动手机电视相关技术的发展，应加大对研发的投入力度，鼓励手机电视企业与高校和研发机构合作，构建学校企业合作的平台，推动手机电视技术的进一步发展。

二、加强手机电视的运营整合

从某种意义上说，手机电视即是传统媒体的延伸。因此，加强新旧媒体的资源整合，可以借助传统电视的资源优势，稳固发展基础。同时，也能够借助移动互联网的优势，从即时性、突发事件的反应速度、互动性和便捷性等方面弥补传统媒体的不足，使手机电视通过整合兼具新旧媒体的优势。

首先是基于媒介接触点的整合①。它能有效提升手机电视节目的收视率，全方位的设计接触点，可以覆盖手机电视媒体所需的每一个细分群体，从而满足广大受众群体的潜在需求。通过与传统媒体接触点的整合，用户可以在多个时段，多个地点，多个情景下接触到媒体信息，从而显著提升受众接触手机电视的频次。

其次是基于内容上的整合。手机电视作为新兴媒体，其节目资源严重不足，而这一不足又正好是传统电视的优势所在。因此，手机电视充分整合产业价值链外部资源，围绕资源获取的互补性和资源配置的最优化进行扩张，将整合过来的资源和手机电视已有的业务融合，从而促进手机电视比较优势的发挥，加深手机电视传播的影响力。

再次是基于渠道的整合。手机电视的发展初期可以与传统电视合作，充分利用其丰富的节目资源来扩大手机电视的吸引力。但传统电视节目毕竟不是专门为手机电视制作的，其内容多数不适合在手机上播放。因此，进一步拓宽手机电视的合作渠道是手机电视未来发展的重要内容，包括与民营节目供应商合作。民营节目供应商制作的节目多数是基于市场和受众的角度来进行节目制作，应该更贴近手机电视用户，对普通用户具有更大的吸引力。此外，还可与广大用户合作，采取“众包”方式制作节目，或尝试通过互利互赢的合法途径吸引优秀的播客作品，进一步丰富手机电视的节目内容和形式。

最后是基于资本的整合。在推进手机电视媒体发展的进程中，应首先推进国有制传媒企业的改革，鼓励金融资本、社会资本和文化资源进入手机电

① 媒介的接触点，是指可以将任何相关信息传递给受众或潜在受众的过程与情景。

视传媒领域。要加快推进公司制和股份制的改造，推动传媒企业跨所有制、跨行业、跨地区兼并重组，促进传媒产业的规模化和集约化发展。并鼓励不同要素资源的整合，建立多层次的传媒市场，实现最优化的生产要素资源配置，提高手机电视的专业化水平。

三、推进手机电视的内容创新

实现内容和形式的创新是受众个性化需求的必然要求，也是手机电视持久发展的必经之路。解决手机电视内容和形式创新的关键在于从受众需求出发，寻找手机电视与受众消费的契合点，打造节目内容，建立手机电视的独特品牌。

推进频道专业化。调查表明，一半以上的年轻消费者认为便捷性是手机电视区别于传统电视的关键，但其作为服务提供商所呈现的信息结构方式却不太符合大众消费者的需求。只有适应“碎片化”时代的分众化传播趋势，打造手机电视专业频道，才是社会结构层级化需求的必然选择。以专业化频道为中心，向不同的用户提供专业信息服务的分众化信息组织结构，是未来手机电视优化结构的方向。目前，真正实现频道专业化的中广传播集团有限公司自成立以来，致力于中国移动多媒体广播电视（CMMB）文化产业发展，促进了传统媒体向新媒体的拓展与创新，在其推出的多个频道中，除完整转播 CCTV－1、CCTV－5、CCTV－新闻等专业化频道外，还自办有“睛彩天下”等频道，已在全国 337 个城市落地，覆盖用户近 8 亿，在手机电视领域实现了全国同步直播。

打造适合手机播放的节目内容。与传统电视相比，手机电视显示屏较小，但移动性和到达的及时性较强，因此，手机电视应以短小精悍的节目形式为主，重点在重大事件的播报、财经资讯、手机电视短剧等领域发挥自身优势。其中，重大新闻事件的播报是手机电视短时间内迅速扩大收视群体的重要契机。以 2008 年北京奥运会为例，8 月 8 日开幕式当天，涌入中国移动手机电视奥运专区的用户人数达到 20 万。至 8 月 19 日，通过手机电视观看奥运视频的用户量达100万人次，节目点击次数近700万次，累计播放时长达30万小时[①]。此外，互动性是手机电视相较于传统媒体的又一重要优势，因此，推出互动性较强且具有个性化的节目有利于充分发挥手机电视的比较优势，使用户能够更加方便地收看到自己喜欢的节目。

扩大手机电视的传播影响力。媒介传播力，是指传播媒体充分利用各种手段，实现有效传播的能力。从外在层次上看，传播力包括传媒人员素质、媒体规模、传播的速度、信息量、覆盖率及其社会效果等内容，其中媒介传播力的主要表现是传播效果[②]。手机媒体的传播作为人与人之间信息交互传播的过程，它改变了用户被动接受的状态，使其成为一个独立的传播者，向点对点或点对多进行传播，或向上一级内容生产领域进军。在这个过程中，实现了以用户为中心的传播服务。

手机电视的传播影响力表现为扩散力和渗透力。其中，手机电视的覆盖力与手机电视的推送力是手机电视扩散力的主要表征，其大小直接决定了手机电视扩散的力度。手机电视对各种手机应用、社交以及娱乐、商务等领域的嵌入力和与传统电视、报纸等媒体的融合力是手机电视渗透力的主要表现。

---

① 杨成、肖倩：《手机媒体：渐入佳境》，《传媒》2008年版第12期。

② 刘建明：《当代新闻学原理》，清华大学出版社2003年版，第37页。

第七章　现代广播电视的微媒体平台建设

随着智能手机的普及和移动应用程序的丰富，移动互联网以其终端的便携性、交互性等特点逐渐进入人们的日常生活和社会活动。同时，由移动互联网技术推动建设的新媒体平台也极大地改变了传媒格局，广播电视媒体开始实施融合传播的“微”媒转型，致力打造融合语境下的新型主流媒体，极大地拓展了传统广播电视的传播平台和渠道。以中央级广播电视媒体为代表，自央视 2012 年精心打造“央视新闻”重点项目以来，形成了微博、微信、移动客户端三位一体的传播格局。从“央视新闻”官方微博、微信公众号，再到“央视新闻”移动 App，成为广电媒体转型微媒体的路标。

第一节　微媒体平台构建的多重背景

电视媒体与移动社会化媒体的融合已是大势所趋。有关研究表明，在国际传媒市场，与电视相关的社会公共讨论内容中，有 95%来自 Twitter。这表明：社交媒体话题及互动，应该纳入电视节目的设计起点和标准配置。在我国，央视-索福瑞与新浪微博自 2014 年 1 月开始推出微博收视指数，为电视媒体的社交化营销传播提供分析标准，以体现电视媒体在社会化媒体上传播的价值及社会影响力。

一、世界传播秩序的重提

1. 国际传播新秩序的重新提出

美国著名政治学家萨缪尔·亨廷顿曾在《文明的冲突与世界秩序的重建》一文中预言，政治、经济并不是主导各国协同和斗争的方面，而文明才是冲突来源。当来自西方发达国家的经济实力和科技技术掌握着全球的话语权时，它们的文化正通过西方价值观的工具剥夺发展中国家的文化传统，从而导致世界文化多样性的丧失。虽然很多人意识到了这一点，并寄希望于新媒体的兴起，打破现有传播秩序的不平衡，建立新的世界信息传播秩序，但信息传播的主要流向仍然未得到根本改变。

在全球化传播语境下，中国也在努力提高媒体在世界传播中的地位，加强全球话语权的建设。2011 年 6 月 1 日，美国《华尔街日报》刊载了新华社社长李从军的《构建国际舆论新秩序》一文。他提出要在传媒领域进行一次价值理念的变革，遵循四项原则处理世界传媒关系，即必须更加公平（Fairness），更多共赢（AII-win），更大包容（Inclusion），更强责任（Responsibility），并强调力量的制约与均衡原理同样适用于传媒发展。他认为："从根本上说，重建国际舆论场规则和秩序的核心在于，适应国际关系民主化趋势。在传播多元化与表达多样性的基础上，修补人类沟通之桥的断裂，建造一座通向未来的信息之桥。"[①] 如果说，传统媒体世界不平衡的格局难以改变，而新兴媒体的崛起则给构建国际舆论新秩序创造了有利条件和环境。

2. 社会化媒体的迅速崛起

移动互联网时代，人们使用社交 App 的概率大幅提高，社会化媒体的应用除了通过 PC 终端进入外，还可以通过移动互联网接入。现在移动端接入量已成倍上涨，也就是说，用移动端进行社会化传播成为发展趋势。社会化媒

① 李从军：《构建国际舆论新秩序》，《中国记者》2011 年第 7 期。

体从最初的“社交网”“关系网”，到如今广泛应用于新闻业，逐步实践了微博等打造“新闻媒体”的愿望。

2008年起，美国各媒体公司纷纷加速其网站的社交化，美联社、BBC从职能设置上正式任命了自己的社会化媒体主编，此岗位的主要任务是通过社会化媒体发现新闻线索、获得实时资源，同时通过运营这些平台来扩大媒体自身的影响。

用户生成的内容（UGC）是近年来各国使用社交化媒体的一种信息运作方式。美国媒体在2005年报道卡特里娜飓风灾难时，便开辟了“公民记者”专栏，使之从公众那里获取了许多珍贵的独家新闻素材。这种有许多网民参与新闻互动的平台，在一系列重大突发事件报道中发挥了重要作用，如日本大地震、泰国政变、弗吉尼亚理工大学校园枪击案等[①]。

英国学者尼克·纽曼（Nic Newman）以G20峰会和伊朗竞选抗议为案例进行研究，提出来自各地的公民新闻记者将自己所看到的信息上传到视频分享网站，让大家看到不一样的事件还原[②]。现在BBC、澳大利亚广播公司等都适应新媒体形势的发展需要，制订了社交化媒体的使用指南。

我国关于广电媒体与社会化媒体关系的研究，主要是关注两者间的互动。中国传媒大学高晓虹教授认为，电视与新媒体可以相互借力，达到共赢[③]。殷乐提到在移动互联网时代，电视媒体应推进叙事维度和功能再建构，深化以地理位置为基础的社区化服务，发掘多终端的全时段价值，发展以情感经济为基础的用户服务[④]。而在国内成体系化运用社交媒体传播的电视媒体便是“央视新闻”。作为央视推出的一个重要品牌，“央视新闻”应用社会化媒体开始其新媒体品牌的微转型之路。[⑤]

虽然国内很多媒体机构开通了微博、微信公众号，也在研发移动新闻客

① 陈昌凤、石英杰：《平台化与社会化：欧美媒体的新潮流》，《新闻爱好者》2008年第15期。

② Nic Newman，“The rise of social media and its impact on mainstream journalism”，*Reuters Institute for the Study of Journalism*，2009.9.

③ 高晓虹、李智：《试析传播格局下电视与新媒体的相互借力与共赢》，《国际新闻界》2013年第2期。

④ 殷乐：《重新连接：移动互联网时代的电视媒体转型路径思考》，《电视研究》2014年第12期。

⑤ 张柱：《新媒体环境下央视新闻的微转型路径》，《中国广播电视学刊》2013年第11期。

户端，可打着“全媒体转型”口号而实现成功转型的媒体并不多。作为中国广电主流媒体的中央电视台，依托优势资源拓展社会化媒体得到了迅速发展，用户总规模突破两亿，为我国传统媒体与新媒体的融合发展提供了经验借鉴。本章将运用内容分析法和案例分析法，对“央视新闻”三大新媒体平台做较为深入地探讨。

3. 移动互联网时代的新媒体渗透

新媒体的发展，从互联网到移动互联网时代，在我国不过二十来年的历程。据中国互联网络信息中心（CNNIC）发布的第43次《中国互联网络发展状况统计报告》显示，截至2018年12月，我国手机网民规模达8.17亿。十年来，在2008年1.18亿用户的基础上新增手机网民6.99亿；网民中使用手机上网的比例由2008年年底的39.5%提升至2018年年底的98.6%，手机上网已成为网民最常用的上网渠道之一。

在移动互联网时代，最受关注的新媒体平台便是社交化媒体。所谓社交化媒体，指的是基于用户关系的信息分享与交换活动平台。它有两层含义：其一是基于网络社会化产生的技术与社会共同进化的产物；其二是体现了媒体与人际关系。社会化媒体目前主要有六种基本形式：博客、维基、播客、论坛、社交网络和内容社区[①]。当移动互联网平台成了人们碎片化时间阅读的“必需品”时，社会化媒体的手机应用便如雨后春笋般涌现，社会化媒体的内涵也就变得愈加丰富，比如博客的移动版——微博、基于社会熟人关系架构的微信以及新兴电子商务、移动新闻客户端等。与传统新闻门户网站不同，移动新闻客户端可以通过识别用户登入的移动终端或手机号为其编码注册。账号的建立便于用户根据兴趣选择推送内容，发表评论和参与互动。如果用户愿意，还可以关联自己的社交账号，对新闻进行评论并分享到自己的朋友圈。这样一种更加个性化的传播使得人们在新闻客户端上建立了新型社会的关系。

① 陈先红、张明新：《公共传播研究蓝皮书——中国社会化媒体发展报告2013卷》，华中科技大学出版社2013年版，第179—180页。

在全球化传播秩序重构的大背景下，党的十八届三中全会要求扩大对外文化交流，加强国际传播能力和对外话语体系建设。作为传统第一媒体的电视，在对外传播中担负着提高我国影响力的重要责任，要充分运用新技术新应用创新媒体传播方式，占领信息传播制高点。2015 年 3 月 10 日，全国政协十二届三次会议上，中国新闻文化促进会会长李东东通过对 2014 年中央到地方各类媒体的调研，提出了四大建议，包括解决内容资源版权保护问题、改革滞后体制机制、创新媒体管理思路方式和构建媒体健康发展良性生态圈。这些建议都说明，发展新兴媒体，推进媒体融合，已不再是业界业务层面的工作议题，而是关乎国家文化产业和信息传播制高点的把控问题。

移动互联网使得整个世界的信息流通跨越了时间和空间的界限，我国传媒完全可以借此将触角延伸至世界各地，并尽可能地贴近中国发展实际，强化我国在国际舆论中的声音。社会化媒体的双向互动，还能使我国传媒更好地贴近国外受众对中国信息的需求，了解他们的思维习惯和方式，来更好地熟悉国际新闻传播规律，凸显国际影响力。

二、我国微媒发展状况

随着新技术的发展，传统电视新闻作为人们消息来源的霸主地位被动摇。移动社会化媒体更是改变了传统的传播格局。只要有智能终端，人们便可以随时随地接收图文、音视频等信息。种种迹象表明，移动社会化媒体已成为人们获取信息使用频率较高的一个入口。

另外，随着微博的兴起，打着“熟人关系”旗号的微信逐渐进入人们的视野。基于手机这一平台，微信将移动互联网交流方式嵌入手机通讯录的交往圈子中，引发了熟人圈的新公共性。相比于微博，微信以其“熟人”基础将信息的可信度大大提高。微信有别于微博，其订阅的模式、推送的方式都有助于高质量内容的生产和用户量价值的提高。

据腾讯 2015 年第二季度财报①，到 2015 年 6 月 30 日，微信用户量突破 6

① 2015 年微信用户数据报告：《微信新里程碑 用户量突破 6 亿》。

亿，而2014年年底才只有5亿，同比大涨37%。每一个季度以稳定增长5000万用户的节奏，势不可挡。

微信作为一个充满创新功能的手机应用，已覆盖智能手机90%以上的用户，成为人们生活中不可缺少的伴侣或日常使用工具。由于微信新闻传播活动是结合点对面和点对点的人际传播，其传播方式大致可分为公共平台推送、朋友圈分享和好友相互传播三大类。

微信对社交的影响力，从2015年的相关数据得知，每天打开微信超过30次的用户达到25%，每天打开微信超过10次的用户达到55.2%。

微信活跃用户近5.5亿，有近一半的App使用者首选微信，86.1%的用户称通过微信增加了与朋友互动的频率。

随着移动互联网的发展，社交应用也进入新的阶段。国内的社交应用市场主要分为两大类：一是各类信息汇聚的综合社交类应用，如典型应用QQ空间、微博等，网民对这两项的使用率分别为65.1%、33.5%①；另一类则是相对细分、专业、小众的垂直类社交应用，如视频社交等。

当4G移动通信系统逐渐成熟，能够完成语音、数据、图像、多媒体等多种业务的高效传输后，自主开发的移动客户端就成为众多传统媒体应用的热点。新闻客户端的相关研究也从2012年开始，到2013—2014年逐渐升温。起初主要集中于门户类新闻客户端，如从重视用户体验度的人性化设计、新闻资讯高度聚合、阅读的便捷与交互流畅、传播的速度和深度等方面发掘新闻客户端的优势。随着新闻客户端种类的增加，创业型的“今日头条”类移动资讯客户端，新型主流媒体开办的上海报业“澎湃新闻”客户端等也非常受欢迎。

传统主流媒体都在努力把握移动新媒体的特性，探索新型媒体传播规律，加快社交电视等新媒体的运用与开发，为构建现代广电传媒体系不断创新发展。在广电媒体领域，借助新媒体技术探寻“社交电视”等新兴媒体形态，并在移动社交网络的推动下，促进现代广播电视传播体系向个性化、互动化、分享化发展。

---

① 第37次《中国互联网络发展状况统计报告》，2016年1月。

"社交电视"，是电视媒体与社交媒体间的无缝对接，它将电视也变为社交媒体的重要终端；它使得用户在"看"电视的同时还可以"用"电视进行相关的社交化行为。社交电视作为一种新媒体形式，为用户提供了一种全新观看和参与电视的方式①。当前中国的社交电视，大致有App应用、开发社交互动、一屏两用、PC视频客户端等四种模式②。从这些模式来看，广电媒体的转变更需要充分利用移动多屏平台的互动整合与品牌的打造。

移动互联网的发展根本在于用户需求的驱动。随着手机从功能机变为移动终端，操作界面流畅度加强，智能手机普及率提升，用户对资讯、视频等应用服务的需求得以释放，用户的新闻信息来源也呈现多元化。面对如此多样的移动终端新闻媒体，传统新闻媒体都尝试着在App客户端进行产品建构，努力在入口争夺战中有所作为。但这样一种新兴移动社会化传播并不只是平台的转移，它还构建了新的社会空间和产业链。目前，各媒体所做的努力都是在借助原有的品牌效应不断试错。

综观媒介发展史，传统媒体与新媒体之间并不是你死我活、线性演进的关系，"竞争与合作"才是媒体发展的大趋势。新兴媒体需要传统媒体的深度和公信力，而传统媒体也需要新兴媒体的互动和渠道。在此背景下，移动社交媒体的传播也成为我国广播电视界关注的焦点。电视媒体若能充分发挥"社会化、本地化、移动化"的优势，利用新媒体平台的主动"推送"，形成电视新闻的即时送达和品牌的口碑效应，定能为融合新型主流媒体的转型实现"软着陆"。

三、传媒用户角色的转换

移动互联网时代带来的信息内爆，使得新闻资讯不再是稀缺的"商品"，大量同质化、碎片化的信息充斥在网络空间中。电视观众的眼球慢慢下降，注意力被各种各样的新媒体渠道分散。在这种情况下，移动新媒体以用户为

① 郭小平：《社交电视：传统电视的社会化生存及其网络分析》，《现代传播》2013年第3期。

② 王浩程、张守信、盖鹏：《中国社交电视发展模式分析》，《中国记者》2013年第2期。

中心，以提供免费服务为渗透，以增值服务为盈利点的新型营销模式更为大众所接受，用户和媒体都实现了双赢。“央视新闻”的发展，即是基于用户思维下的电视视频的延伸与拓展，将电视观众（受众）转化成用户的颠覆性思维。这表明，央视节目制作将从“以内容为中心”转换为“以用户为中心”，从单纯的电视播出频道转变为一个与用户互动的平台，在多屏、多终端中随时随地与用户互动起来。

综观传播学的发展历程，就是一部传播效果研究史，传媒对受众的影响从20世纪初至20世纪30年代末的“枪弹论”，从40年代和60年代的“有限效果论”到包括“议程设置”“使用与满足”的适度效果理论，再到框架理论、第三人效果理论等新的强大效果论的出现，受众（用户）从被动接受到“受众中心论”，在媒体传播信息中的地位已变得越来越重要了。在移动社会化媒体传播平台上，信息的传播更多地是以个人社会关系网络为渠道的，因此，“意见领袖”在社会化媒体中扮演着强势内容源、信号流向调节阀、意见气候营造者等角色，移动化媒体使用者已变为传播与使用者双重角色。移动化媒体作为信息与意见的提供者，在一定程度上影响着社会化媒体中的议程设置能力及信息流向。于是，传统大众传播机构中的“把关人”不见了，意见领袖和用户自己的社会关系圈子，成了自我定制的信息源，信息个性化的增强也带来了影响力的提高。

对传统广播电视媒体来说，在微博、微信、微视频和客户端等社交平台上建立起好口碑，可以弥补电视新闻中无法体现的信息，与用户建立一种平等交流的关系，将有利于公信力的提高，也便于媒体捕捉用户的所思所需，保持用户将节目内容作为获取信息渠道的依赖度。

第二节 微媒体生产的结构转变

拥抱新兴媒体，探索全媒体融合的转型，成为当代广播电视媒体生存与发展的重大问题。以央视新媒体为例，在这种语境下，央视的新媒体发展并不只是平台的转移，它的变革关系到媒体经营管理理念创新，涵盖体制改革，特别是新闻生产方式的变革。

事实上，在央视的发展历程中进行了一系列的体制与机制变革，从 1978 年《新闻联播》运作机制的实施，到以后的“制片人制的确立”“新闻立台”理念的坚守，以及“频道专业化、栏目个性化、节目精品化”的战略构想，从“中心制”向“频道制”扁平化管理的转变等，减少了传统体制系统的内耗，调动了员工的积极性，这些都为央视新媒体生产方式的转变奠定了基础。

从发展角度看，数字化与计算机网络等技术的崛起，使新闻信息传播的渠道变得更加广泛和丰富，极大地改变了传统金字塔型的单向传播模式，形成新的媒体格局。中央级主流媒体纷纷试水新媒体领域，央视也顺势而为，形成三步走的新媒体战略——从微博发力，再到微信，最终向移动客户端发展。而其从 2012 年起步的“央视新闻”跨媒体产品成为央视多媒体产品集群的核心之一。

应用类产品“央视新闻”绝不等同于传统意义上的中央电视台播放的电视新闻（如《新闻联播》）的总称，而是特指基于社会化媒体的音视频新闻信息传播。2012 年 11 月，“央视新闻”开通官方新浪微博认证账号，40 天后，粉丝便已过百万①。次年 4 月 1 日，“央视新闻”官方微信公众号正式上线，7 月 23 日又正式推出“央视新闻”移动客户端，“央视新闻”已成为传统电视主流媒体与新媒体用户融合互动的重要平台。为探求央视在新闻资讯领域的微转型路径，本书以“央视新闻”三大新媒体平台为研究对象，分析近年来“央视新闻”微博、微信和移动客户端的建设及其传播效果，为现代广电媒体的发展提供参考。

“央视新闻”这一微媒体产品发展经历了三个阶段，即平行运作的 1.0 版、交叉运作的 2.0 版、融合运作的 3.0 版。

一、微媒体平行运作

“央视新闻”的微媒体平行运作是微媒体发展的 1.0 版，它是顺应

① 梁建增：《@央视新闻：台网融合的新媒体先锋》，《新闻与写作》2013 年第 8 期。

Web1.0 时代发展起来的第一代产品。这一版本主要以技术创新为主导模式，由信息技术变革和使用推动网站的建立和发展，巨大的点击流量是它的盈利点。事实上，在这一时期，还没有“央视新闻”这一具体的品牌概念，仅依托着央视新闻频道进行台网实践。

1996 年，央视建立了国内较早提供中文信息的服务网站——央视国际。2000 年央视成立网络发展事业部后，网站在发展建设上有了很大的飞跃。据统计，几经改版后，央视国际网每天页面更新总量为 5000 页，在线视频直播的固定新闻类节目 100 分钟，点播音视频节目 120—200 分钟。网站静态页面平均日访问量在 2001 年 2 月就已达到 447323 人次，相比于 1999 年 5 月提升了 13.3 倍①。

从当时的网站排版和具体内容来看，主要是电视节目文字版的呈现（如图 7—1 所示）。虽然有“在线主持”栏目和“订阅电视节目表”等互动项目，也有对重大事件及大型宣传活动（如“澳门回归”、奥运会、春晚）等在线直播，但从当时的技术与管理角度来看，网站的建设还不成熟，仍然是传统电视的辅助产品，两类媒体最多只是平行运作而已。

2006 年，中央电视台直属的“央视国际网络有限公司”挂牌成立，经过全新改版的“央视国际网”正式开始运营。此次改版新增了海量信息汇总、《央视论坛》、主持人博客网、视频搜索引擎、电视网络联动和网络增值服务等六大特色，并以中央电视台为依托，形成集新闻、信息、娱乐和服务为一体的综合性网站，成为央视新媒体发展史上的一个里程碑。

随后，2010 年 7 月 1 日央视网与 CNTV 实现业务合并，成立中国网络电视台，搭建“一个中心”即央视内容集成研发中心，“五个平台”即网络电视（网络视频）、手机电视、IPTV、互联网电视和移动电视平台，以此为央视新媒体的融合开创新平台、新渠道，实现台网捆绑联动。

二、微媒体交叉运作

微媒体的交叉运作标志着“央视新闻”产品发展到了 Web2.0 时代，从

① 李岩：《央视国际网情况分析》，《电视字幕·特技与动画》2001 年第 7 期。

单纯通过网络浏览器浏览 html 网页模式[①]转向了内容更丰富、联系性更强和工具性更强的用户交互新模式。“央视新闻”产品 2.0 版随之孕育而生。借助于 P2P 的对等连接技术、Blog 技术等，“央视新闻”2.0 版以联结用户为核心，进入一个以软件为基础的更加开放、更加交互的产品建设阶段。这一阶段实现了央视新闻频道与“央视新闻”三大平台的交互运作。

2011 年 9 月 30 日央视发布了“央视新闻”客户端 1.0（试用版），这是最早以“央视新闻”命名的产品。当时受到移动互联网及智能手机等客观条件的限制，使用率、推广率并不高[②]。此后，“央视新闻”于 2012 年 2 月注册腾讯微博认证账号，11 月注册新浪认证账号；2013 年 4 月 1 日上线微信公众号；5 月作为首个使用搜狐新闻客户端的“流媒体”电视媒体账号涉足移动客户端，7 月 23 日新闻中心联合央视网正式推出“央视新闻”移动客户端。从图 7—1 的时间轴中可以看出“央视新闻”对新媒体平台的加速发展，以其自主研发的新闻客户端运营暂告一段落。

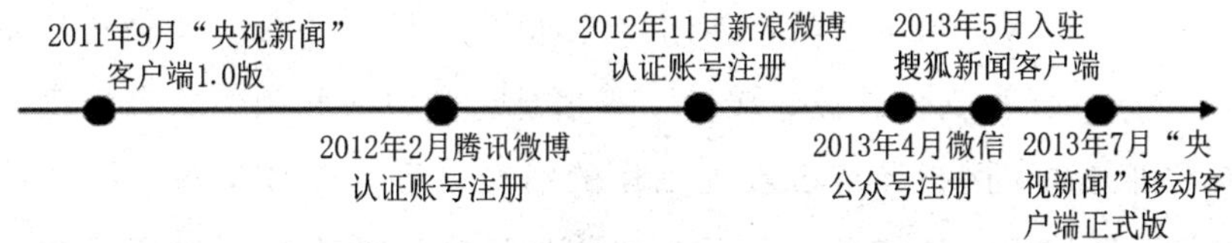

图 7—1 “央视新闻”产品发展时间表

以 2013 年 4 月 20 日四川雅安地震突发事件报道为例，可以看到这一阶段的“央视新闻”运作，主要是作为电视新闻的补充和与观众的互动平台。当天上午 8 点零 2 分，四川雅安市发生了 7.0 级地震。7 分钟后，“央视新闻”官方微博便发出了有关四川雅安突发地震的首条微博消息（如图 7—2 所示）。

随后，“央视新闻”微信公众号于 8 时 16 分钟，向所有用户推送了突发地震的消息，这在微信媒体账号中是最快的[③]。据统计，在当天的“央视新

① HTML 的英文全称是 Hyper Text MarkUp Language，中文叫作“超文本标记语言”。

② 邹晨雅：《传统媒体新闻传播在移动终端中的应用与发展——微信公共账号和新闻客户端的对比研究》，《新闻世界》2014 年第 8 期。

③ 蔡雯、翁之颢：《微信公众平台：新闻传播变革的又一个机遇——以“央视新闻”微信公众账号为例》，《新闻记者》2013 年第 7 期。

图 7—2 “央视新闻”新浪微博 2013－4－20 首发四川雅安地震消息

闻”新浪微博中总共发送信息 110 条，其中关于雅安地震的信息有 104 条。在将微博内容与微信公众号的推送信息进行比较后发现，微信上的推送时间与电视新闻及微博上所发布的事件结点息息相关，三者的内容也是相互渗透。微信于 10 时 22 分发出图文征集微信——“请大家微信告诉我们现场情况”，10 时 45 分“央视新闻”新浪微博便发布了征集到的线索：由成都的微信用户提供了当时的成雅高速情况，如图 7—3 所示。12 时 6 分，微博也开始征集“现场、寻人、保平安、救援、援助”等信息。在微博和微信联合报道李克强总理乘专机前往灾区指导抗震救灾工作的消息之后，二者又都共同主推寻亲平台，打通数据，共享信息，真正为深陷地震灾区的人们提供资讯支持。此外，央视新闻频道于 20 日晚间将微信公众号的二维码附在节目中，观众可扫码实现直播观看，并获得地震新闻报道的即时推送。

图 7—3 “央视新闻”新浪微博 2013－4－20 发布微信用户提供的消息

由此可见，“央视新闻”微博有关受灾人数的实时更新和央视新闻频道相关新闻的视频嵌入及链接，以及央视微信的定时整合资讯发布和线索来源，都与中央电视台新闻的发布平台交织运营。

三、微媒体融合运作

从传统纸媒时代到电脑时代，再到现代移动手机时代，Web3.0的即时移动性带来了“央视新闻”产品的3.0版。即时移动网络改变了“央视新闻”产品1.0版和2.0版的运营模式，导致生产和传播格局的根本变革。在这一时期，中央电视台不是单纯的传统电视媒介，而是融合“两微一端”的新兴媒体，是一个提供内容、服务用户的机构，是生产和发布新闻的有机组成部分。

2013年9月，央视新闻中心正式成立网络新闻编辑部，由网络传播中心派驻人员进入新闻中心工作。该部门共200余人，其中负责官方微博、微信的团队有十几人[①]。这一次，央视决定实现电视与新媒体真正的无缝对接。由新闻中心和网络传播中心对派驻人员进行双向考核。派驻人员参与新闻中心日常会议，共同策划重大报道，完成微博、微信和客户端日常内容的制作和发布。如此直接将负责网络传播的人员接入新闻生产的前端，确保了新媒体和网络新闻的首发权，真正打通了传统电视台与新媒体平台运作的路径。这一举措将新媒体信息发布与策划纳入采编过程之中，使得移动社会化传播成为新闻制作的重要组成部分，形成联动合力。

“央视新闻”充分调动原有内容资源优势，坚持原有公信力品牌，及时利用新的媒介来拓宽传播渠道。从央视新媒体的发展经历来看，中央电视台总编辑罗明总结了传统媒体转向新型主流媒体建构的三个阶段。第一阶段，央视建设新兴媒体，“你是你，我是我”；第二阶段，央视与新兴媒体互动，“你中有我，我中有你”；第三阶段，央视与新兴媒体的融合，“你就是我，我就是你”[②]。目前，“央视新闻”产品3.0版还在建设之中。因为从用户参与的角

① 胡里：《借势新媒体 央视新闻“全媒”传播初显成效》，http：//www.zongyiweekly.com/new/info.asp? id=2753。

② 罗明：《抓住机遇，推动台网融合发展》，《现代电视技术》2014年第10期。

度来说，还未真正完全实现融合发展，受众的参与度不高，互动性不强，没有深入新闻生产的层面是目前最大的问题。

媒体融合带来了 UGC 和 PGC 制作，人人都是记者，人人都可以采访、拍摄、编辑。随着新媒体运作的逐渐成熟，广播电视应将其平台放开，鼓励用户积极参与其中，针对个性定制用户感兴趣的节目，并通过移动定位确认眼前最重要最接地气的新闻，或通过 UGC 和 PGC 实现平台的实时新闻事件分享和线索提供，以真正实现融合发展（见图 7—4）。

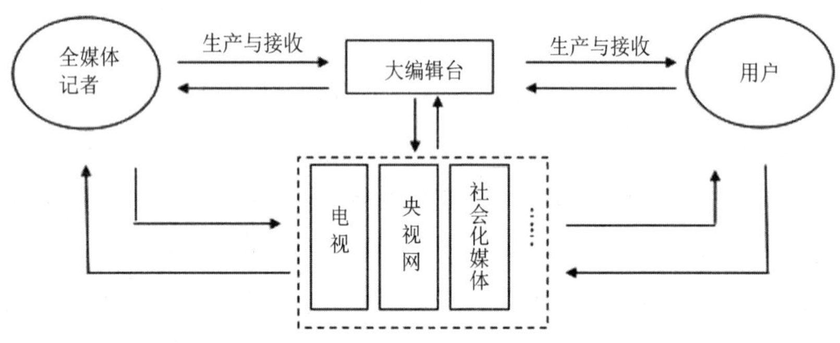

图 7—4 “央视新闻”融合发展的理想状态示意图

2016 年 2 月 25 日，央视新闻客户端、央视网再次改版上线。央视新闻客户端升级到“第六代”，凸显出四大优势：突出视频优势，推出系列微视频产品；突出“电视＋”优势，登陆智能电视及机顶盒，形成“大屏带小屏”的覆盖优势；突出平台优势，聚合央视 101 个国内外记者站点的报道资源，同时，与国务院应急办、外交部、公安部等部门强化后台资讯同步合作；突出互动优势，为用户精准推送周边突发资讯，打通用户与客户端的互动高速信息通路。

此后，与央视新闻客户端同步改版上线的央视网，着力打造首页首屏工程，以工程集群式推出网络新闻名栏；升级互动平台，助力实现台网融合从全媒体、融媒体到智媒体的跨越，打造下一代门户网站。并以“央视看点”和“央视悦动”为特色，提供涵盖“直播＋节目＋频道＋主持人”内容的基础产品。

当前，“央视新闻”作为一个多媒体产品，其首要任务是在移动新媒体平台创造出有价值和影响力的品牌，保证央视的权威性。未来，应向大编辑部发展，实现全媒体记者与用户之间交互生产与接收信息，实现电视、网络、社会化媒体全信息流通的传播方式和渠道。

第三节 微媒体传播的平台建设

移动互联网时代，传统媒体与移动新媒体的融合可通过“两微一端”这三大社会化媒体实现。央视在这方面尝试打造多媒体产品集群，全面覆盖内容、平台和终端三个领域，构建完整的产品链条。在应用上，打造包括“央视新闻”“央视影音”等跨媒体核心产品；内容上推出“央视微视”“网络春晚”等；平台上组建“采编播总平台”“用户、视频数据库”等一体化的支撑，为其媒体的转型焕发活力。

如图 7—5 所示，社会化媒体平台与传统媒体和其他新媒体平台一起构成媒体融合平台，向前端延伸，可接受来自平面媒体和广电媒体内容；向后端延伸，则可通过多样化的渠道向多终端的用户传播信息。

虽然社会化媒体平台的传播只是电视机构转型的一部分，但也是至关重要的发展措施。我们知道，三网融合进程的加速，互联网电视或视频网站的发展，主要是突破电视原有的单向传播形式，加入个性定制和互动交流的特性。这与移动社会化媒体的特征不谋而合。若是忽视电视媒体在移动社会化媒体上的传播和努力，将阻碍未来“社交电视”的实现。媒体融合思想，追求的是一体化，也就是不再区分社交媒体、电视媒体、手机媒体等媒体形态，而是模糊了传媒的界限。本节主要以“央视新闻”微博、微信和移动客户端为研究对象，系统分析其在传媒新闻生产、内容呈现和受众影响力方面的现状，加深了解微博、微信、移动客户端这三大平台在加速广播电视转型进程中，推动资源共享、优势互补、差异化运营的作用。

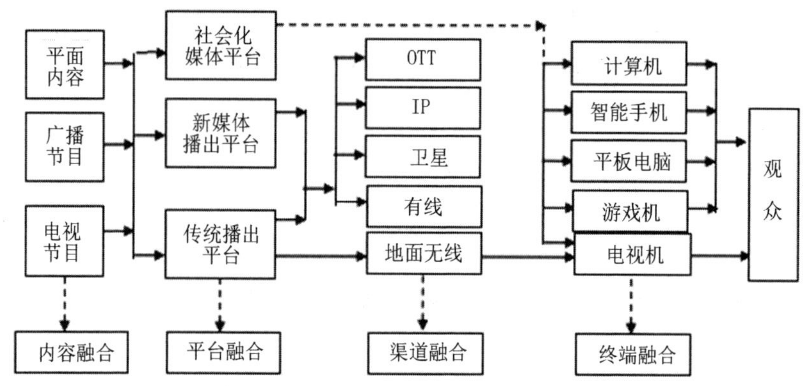

图 7—5 媒体融合传播模式简图①

一、微博认证公众号建设

微博是一个具有多层次、多中心、多方向特征的话语空间。在微博这一场域中，进行沟通的个体之间相似程度越高，传播效果会越明显。微博中这样集结起来的小圈子使得传统媒体权力结构中的力量关系发生了微妙的变化，它推动话语权向平民化转移。然而正如詹姆斯·凯伦（Curran James）所说："新媒体会导致新的权力中心出现，从而在现存的主导型维权结构内部引发日趋激化的紧张状态②"。如果社交媒体微博呈现的碎片化和爆炸式的信息供给超过了个体独立处理信息能力时，"再中心化"便再一次发生了。人们可能会依托这些新的"权力中心"进行信息筛选、事实判断。经过认证的传统媒体官方账号便可以利用自己原有的公信力进行协同传播，一方面弥补原有传播中互动的不足，另一方面还可作为线索获取的渠道。

"央视新闻"于 2012 年 2 月注册了腾讯微博账号，如图 7—6 所示。但由于腾讯微博的运营主要是基于 QQ 用户，活跃度总体不高。当移动互联网时代强调移动搜索为入口时，移动搜索指数越高，从某种程度上表示人们对其

① 李宇：《融合时代的电视业：概念与模式》，《电视研究》2015 年第 1 期。

② ［英］詹姆斯·卡伦：《媒体与权力》，史安斌、董关鹏译，清华大学出版社 2006 年版，第 74 页。

需求越大，使用频率越高。从百度移动搜索指数可以看出，新浪微博的需求量比腾讯微博的要大。“@央视新闻”当然不会错过新浪微博这样有利的平台。

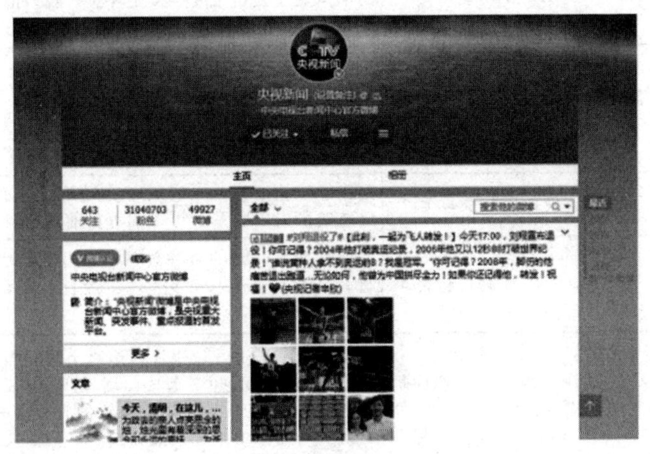

图 7－6 “央视新闻”腾讯微博认证账号

“@央视新闻”在新浪微博正式上线的时间比腾讯微博晚了大半年，但 40 天内粉丝便已过百万。截至 2015 年 3 月 17 日粉丝数已超过 3000 万。在新浪媒体微博影响力排行榜上，“@央视新闻”一直稳居前三位。它的主页由微博、文章、相册、微关系等部分构成。

从“@央视新闻”微博开通至今，已实现多次突发新闻的快讯发布。如 2014 年 11 月 26 日 8 时 20 分转自新华社的“阜新矿难”；22 时 43 分的“甘肃客车事故”；12 月 28 日 11 时 28 分据路透社援引印尼媒体消息报道的“亚航客机失联”；14 时 55 分据外电报道的“意大利渡轮起火”等。一般来说，“@央视新闻”微博会以“央视快讯”为栏目，在微博开头加以“# ×××#”确立话题，加上消息来源及简短消息发布，见表 7－1。随后，央视内部采编系统的记者若能及时到达现场，还会跟进后续报道和现场图片甚至画面传播。

表 7—1 2014 年 11 月—2015 年 1 月随机抽取“央视新闻”新浪微博的“央视快讯”

发布时间	事件/话题	首发内容
2014 年 11 月 26 日 8 时 20 分	#阜新矿难#	据新华社，辽宁阜新矿业（集团）有限责任公司集团下的恒大煤业公司于凌晨发生煤尘燃烧事故，造成 24 名矿工死亡、52 人受伤。
2014 年 11 月 26 日 22 时 43 分	#甘肃客车事故#	一辆乌鲁木齐开往兰州的大客车于 26 日 21 时途径连霍高速甘肃嘉峪关至酒泉段时，翻下路基，目前伤亡不明，消防等部门已赶往现场救援。据介绍，大客车发生事故时实载 50 人，客车当场部分解体。（新华社）
2014 年 12 月 28 日 11 时 28 分	#亚航客机失联#	据路透社报道称，一架从印度尼西亚泗水飞往新加坡的亚航航班失去联系，更多细节目前还不清楚。
2014 年 12 月 28 日 14 时 55 分	#意大利渡轮起火#	据外电报道，28 日在一艘从希腊开往意大利途中的渡轮起火，船上载有 400 多人，救援直升机和船只正赶往事发现场。
2015 年 1 月 29 日 8 时 12 分	#江西一大学楼面坍塌#	@中国独家报道：位于江西南昌市的江西科技师范大学，29 日凌晨 1 时发生一起楼面坍塌事故，目前已造成 1 人死亡 16 人受伤。发生坍塌事故的为大学一栋在建楼，伤亡人员均为工地施工人员，伤者已被送往医院救治。
2015 年 1 月 29 日 18 时 6 分	#马航局正式宣布：MH370 失事#	马来西亚民航局 29 日宣布，马航 MH370 航班失事，并推定机上所有 239 名乘客和机组人员已遇难。吉隆坡-北京的马航 MH370 客机于 2014 年 3 月 8 日失联，机上载有 239 人，包括 154 名中国乘客。

从表 7—1 可以看出，“@央视新闻”微博首发快讯一般都是采用文字的形式，说明消息来源后呈现导语体新闻写作方式。在传统新闻写作中，导语是消息的开头部分，是整条消息的核心环节，是最重要、最新鲜及最具吸引力的事实。“@央视新闻”将导语作为整条微博的主体这一写作特点迎合了微博的碎片式传播方式。

“@央视新闻”的多媒体优势是基于微博的链接功能，可以集文字、图片、视频、音乐、网页链接、在线访谈等于一身进行新闻传播。除了转发央视新闻频道的节目，“@央视新闻”也慢慢形成了自己独有的栏目。如“微感动”，以老百姓视角图文并茂地展示普通人的日常生活，传播正能量；“那年今日”回忆历史上的今天，从历史的发展中探索未来；“微阅读”“微音乐”“微公益”等也都活跃在“@央视新闻”中。

二、微信认证公众号建设

微信是在朋友圈交谈的基础上，把类似微博一样的表达方式插入其中，将“陌生人”引入熟人交往圈子。在微信式交谈中，蕴含着口语、书写与图片等多种形态。加布里埃尔·塔尔德（Gabriel Tarde）曾说过，新闻“始于交谈，通过闲聊和通信而得到延伸”，但有了纸媒后，交谈就受到了约束——“报纸使人们的交谈在内容上统一”①。微信应用本身释放了人们交谈的方式，公众号则又一次拉回到大众新闻传播模式，只是这一次不是点对面，而是点对点的方式。

2013年4月1日“央视新闻”正式推出微信认证公众号，用户通过扫描二维码或微信内搜索即可关注。在央视新闻频道的微信公众账号上线第一天，订户数就超过22万，收到用户回复信息超过12万条。目前，“央视新闻”微信公众号的订阅户已经超过230万，成为我国最具影响力的微信公众号之一。根据上海看榜信息科技有限公司提供的新媒体排行榜，2014年“央视新闻”公众号位居中国微信100强之首。一年来共推送964次，发布3693篇信息，总阅读量高达12 378万次，平均每篇阅读量33 517人次。此外，还获得点赞数34万，见表7—2。

表7—2 2014年“央视新闻”微信公众号运营情况

推送次数	发布信息数	总阅读量	平均每篇阅读量	总点赞数
964次	3693篇	12378万次	33517次	34万

“央视新闻”的微信公众号之所以能取得如此之大的传播力，主要在于其平台的权威性。在政治、经济这些新闻门槛较高、时效性较强的内容方面，其信息传播的生命力较强。

优质资源栏目化、及时发布、便捷链接等是“央视新闻”微信账号的优

① ［法］加布里埃尔·塔尔德著、［美］特里·N. 克拉克编：《传播与社会影响》，何道宽译，中国人民大学出版社2005年版，第238页、第246页、第241页。

势。在不同时期，其用户操作页面会随着内容发生变化。如在春节期间，菜单栏由“今日关注”“一年又一年”“看电视”组成；全国“两会”期间由“今日关注”“聚焦两会”组成；日常状态由“今日关注”“@央视新闻”或“看电视”组成。

从图 7－7 菜单栏可以看出，“今日关注”的功能是满足用户点击获取新闻资讯的热门信息栏目。随着“央视新闻”不同的策划方案，微信公众号的功能也会随之转变。在 2015 年春运期间，央视新闻频道策划了“一年又一年”新闻栏目。其中，“央视新闻”微信公众号发起了“过年＋用户观点”的互动飞屏；羊年春晚即将来临时，还推送小信息“带你去春晚后台逛逛”来呈现节目后台。在 2015 年 3 月全国“两会”期间，“央视新闻”公众号还发起了《两会解码 群策群力》的互动活动，并将电视盛宴与微信“摇一摇”功能无缝对接，实现双屏互动。“摇一摇电视”从某种程度上体现了社交电视的发展趋势，也推动了电视新闻与微信的互动。

图 7－7　“央视新闻”微信公众号不同时期专题菜单栏

日常微信的信息一般一天推送三次，每次四条信息，筛选和汇总每一时间段的重要新闻。如遇到重大突发事件，往往单独发快讯消息，以提高微信推送信息的时效性。第一条为“头条”，以通栏题图叠加标题而成，醒目突出，引人关注。余下多条均以文字标题＋图片形式推出。标题有一定的格式，一般都是“×××/××××××××”的形式。前两个字就把主要信息内容定性和归类，如“获奖/《鸟人》成87届奥斯卡最大赢家 电影说了啥?”“反腐/中纪委：‘老虎’花招多 有人隐藏很深”。如此一种对话和趣味口吻的标题，往往能够引起人们的阅读兴趣，增加阅读量和点赞数。在“前两字”中，几乎每天都会出现的是“一图”“速议”和“评论”三个常规栏目，也正是这三个栏目，保证了微信推送信息中的新闻性。

三、移动媒体客户端建设

所谓移动客户端，主要是指安装在能够通过无线技术上网接入互联网的终端设备上的软件应用。根据终端设备的不同，可以分为手机、平板、穿戴式设备；根据系统的不同，可以分为IOS系统、Android系统等。借助移动客户端，用户可以实现现实空间与媒体空间的融合、私人领域与公共领域的契合、个人需求与技术价值的融合。

2013年5月1日，“央视新闻”先在“搜狐新闻”客户端上推出了自己的新闻发布账号，当天订阅用户达到29万，创造了“搜狐新闻”客户端单日增加订阅用户数最高纪录。7月23日，央视新闻中心联合央视网正式推出“央视新闻”客户端，如图7－8。该产品以其独家权威的内容、直观易用的功能获得用户青睐。短短三个多月时间内，下载用户已超过700万。如此快速的发展势头，更加坚定了央视恪守“一云多屏，全球传播”的核心理念以及重点打造权威产品的发展战略。

“央视新闻”客户端一直坚持“独家、权威、深度、辨伪”的内容定位，突出视频特色。遍布全球的新媒体记者24小时供稿，让每一位关注该产品的用户均有快人一步获取资讯的优越感。为了增强客户端内容的深度和精度，相关栏目有时会特邀资深评论员发表相关时事评论，还会策划专题页面，以更好地融合新闻事件与网络热点。清晰的类目分组、贴心的“听电视”功能、即时信息的时间链整理是其最具特色的魅力。

一般情况下，“央视新闻”移动客户端界面分为三大块：“央视新闻”移动客户端界面的页眉、主体和底部。

“央视新闻”移动客户端界面的页眉，是新闻信息的分类，分别为要闻、

图 7—8　“央视新闻”移动客户端

（左图：“搜狐新闻”客户端平台　右图：央视新闻自主研发的客户端平台）

时政、军事、体育、财经、社会、图解新闻、话题投票。新闻信息来源既有央视新闻频道原创，也有来自政府网、央广网、中国网等其他媒体。图解新闻为“央视新闻”特有的栏目，一般每日都会推出《解读一图》的图文信息整合，有时还会与官方微博认证账号、微信公众号形成联动传播。话题投票则是结合当下的新闻时事进行的微调查。如春晚期间发起《春晚节目您最爱看哪个?》的投票，两会期间发起《2015 全国两会，您最关心什么?》等。以两会“央视新闻”网络调查为例，它不仅仅基于移动客户端平台，还包括微信、微博及央视网等相关界面。仅上线半天，共有109 628名观众参与投票，并在央视新闻频道《两会直播间》中播报了结果，表示会实时关注和更新投票情况，如图 7—9 所示。

“央视新闻”移动客户端界面主体，由通栏图题头条（有时会直接转播电视直播），加图题分栏的消息构成，有时会出现专题页面或转载中新网的专题图集。如果用户感兴趣，点击即可进入详细新闻文本。若是央视新闻频道原创，还会附上视频及图文。

“央视新闻”移动客户端界面底部，是“央视新闻”客户端的主要功能菜

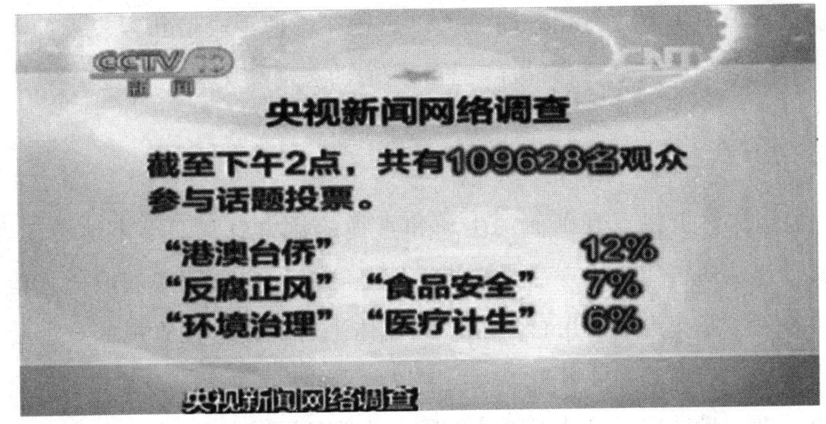

图 7—9 “央视新闻”网络调查反哺央视新闻频道《两会直播间》

单，分为“新闻”“时间链”“电视”和“听电视”。“时间链”按照不同新闻事件发生的时间节点排列，信息量极大。“电视”标签则具有直播央视新闻频道和点播央视各新闻栏目的功能。“听电视”是出于用户体验的考虑，将电视新闻省去画面，透过声音播报快速传达新闻信息，弥补了电视新闻的空间性限制，节约了流量又达到信息传播的生动性。

四、“两微一端”平台功能

通过以上分析可以发现，“央视新闻”的微博、微信和客户端一同作为进军移动互联网的渠道，在功能上有一定的相似性。

1. 新闻线索的征集平台

从移动互联网媒体平台的媒介特征来看，它们都是一个融合文字、图像、音频、视频等多种元素的信息平台。接入方式的便捷、交流信息的低成本、传播范围的广泛性，使得它们成为具有多种信息来源，海量信息容量的集中地。当突发事件发生时，电视媒体常常难以获得即时的图像资料。有了移动社会化媒体，便可以通过搜索或征集目击者在现场记录下的图片、视频、回忆的文字，将零散的“碎片”拼贴在一起，呈现出更为丰富、立体、真实的事件。当需要对民意进行调查时，可以通过在微博、微信和客户端的相关专题页面，统计网民的点赞或留言，了解他们的态度和所需。

2. 视频信息的直播平台

一直以来，电视以其画面的生动和直播的活力将观众牢牢地锁在客厅。但当移动终端的智能化实现后，它将人们从通过固定空间来获取电视信息的客厅中解放出来。人们利用移动互联网媒体平台，使电视收视的自由度和灵活性得到极大的提升，并颠覆了人们顺时收看的惯性。随着4G技术应用的普及，更是进一步推进了移动视频的发展。数据显示，截至2014年1月，使用3块以上屏幕收视的视频用户比例是69%。这说明，多屏、跨屏收视已成为网民日常生活的习惯①。2015年央视春晚的多屏总收视率更是达到49.61%，累计覆盖电视观众9.03亿人②。多屏直播给了用户多种选择收看电视节目，使得春晚的直播半径迅速扩大，用户可以在任何地点观看电视直播。“央视新闻”三大平台对电视新闻的二次创作，使移动互联网在为“央视新闻”提高用户渗透率、构建一体化的传播中发挥了重要作用。如每年的全国“两会”报道成功实现了微博、微信和移动客户端碎片式“V观”的直播报道。

3. 舆论引导的互动平台

众所周知，新兴媒体是一个综合媒体符号集散之地，既可以推动正能量的传播，又充斥着谣言与情绪化的煽动信息。作为主流媒体的“央视新闻”建立起微博、微信和移动客户端，义不容辞地担负起引导舆论，传递社会主义核心价值观的社会责任。利用央视的权威性和资源独家性有利于消除谣言在网络传播中产生的误导，避免不必要的伤害。

在移动社会化媒体的冲击下，公共媒体的传统议程设置效果开始减弱，取而代之的是“议程融合论”。也就是说，现在个体的议程设置不再完全受传

① CTR：《2014年中国家庭多屏设备使用调查报告》，见 http：//www.199it.com/archives/206313.html。

② 徐立军：《2015央视春晚多屏总收视率49.61%》，见 http：//1118.cctv.com/2015/03/03/ARTI1425354206559704.shtml，2015年3月3日。

统大众传播机构的左右，而是加入了社群议程设置的影响。个体可以通过互联网上传和分享个体议程设置，进入社群。在移动互联网平台上，“议程”经过反复讨论、修正，最后形成社群议程设置或社群间的共鸣。当众多媒体介入后，将会扩展到多媒介的议程设置，进而成为公众目标，促成议程在社会层面上的解决。但是，这样一种演进，对谣言的病毒式传播来说非常可怕。因此，在微博、微信中，当“央视新闻”也成为应用平台的用户时，从某种程度上可以给用户一种平等互动的感受，使其成为某种社群的一分子。这样一来，舆论的引导可以从一开始就达到信息公开和监督的作用。

从“央视微博”三大新媒体平台所发布的内容来看，除了一些时政性较强的新闻报道和评论，生活服务类资讯大多都是以传递正能量为主。比如“微感动”是其微博里每日的固定话题，里面有以央视记者署名发布的普通老百姓的故事，其内容将电视长篇特写和画面碎片化为截图与短短 140 字的介绍，首发出符合社会主义核心价值观的百姓故事，以感性的语言表达引导着微博用户的思考。

4. 品牌延展的传播平台

良好的品牌，有助于提高媒体的形象，快速取得用户的认同和信任感，以更好地抓住用户的心。在传统媒体转型过程中，产业链品牌延伸是一个非常重要的策略，为此，在运营移动社会化媒体的过程中，更应该注重品牌的建设，达到一体化的效果。

“央视新闻”三大新媒体平台都以同样的名字、图标来命名，就是为了让用户能够更好地记住和识别它的品牌价值。三个平台之间可以相互链接和连通，都可以作为参与央视新闻节目的互动平台，呈现立体化的品牌建设，丰富了“央视新闻”的内涵。在“央视新闻”自制的图片或整合的消息里，“央视新闻”也会标记与新闻频道风格相仿的独有图标，扩大品牌识别度。通过新媒体平台上用户的口碑，将有利于央视建立新媒体品牌效益，树立新兴媒体圈里的传播公信力，占领新兴媒体的话语权。

移动社会化媒体时代，广播电视媒体已不再成为新闻的第一落点，移动化状态下的手机电视等终端的应用已成为一种更为普遍、快捷的新闻来源，重塑着电视新闻的定义。这就要求主流电视新闻从传播渠道上、内容生产上、平台呈现上和传播影响力上进行改变。

央视作为主流电视媒体的高层平台，正进行着多媒体产品的集成探索。“央视新闻”是央视产品集群探索的案例之一，运行以来，已成为移动社交化媒体平台关注的热点。可以说，“央视新闻”为我国广播电视微媒体的应用与拓展，探索了新的经验。但这不意味着“央视新闻”在移动社会化媒体平台的完美转型。

现代广播电视微媒体发展及其平台的建构，应破除固守传统电视新闻的思维。一方面要守住传统品牌，另一方面则要敢于突破，二者如何权衡，需要整个媒体机构的共同努力。此外，如何充分利用微媒体庞大的粉丝团、关注度、感兴趣的话题等个性化数据分析，如何结合移动终端所呈现的一些地理信息来提供相对应的新闻服务，也是“央视新闻”等微媒体平台需要进一步思考的问题。有学者说，移动终端带来的地理变革将是难以想象的，未来的个性化定制有可能会从兴趣逐渐转为地源性。

在移动社会化媒体时代，广播电视新闻已不再纯粹依托电视画面和声音媒介，而是转化为视听新媒体而形成新的产业链。虽然媒体技术总是在不断进步，每个时代都会有相应的新兴媒体出现，但核心内容的竞争力是永恒的，只有紧紧抓住话语权才能提升广播电视在国际传播上的地位，为构建现代广播电视体系贡献力量。

第八章 现代广播电视的台网融合推进

互联网的快速发展，对传统广电行业造成极大的挑战，同时也提供了发展的机遇。广电媒体从政策、体制、技术、运营等方面进行改革创新，重整产业链，建立起新的生态模式，传统媒体与新媒体加速融合，网络广播电视台等纷纷上线。与此同时，中国广播电视也加快了建设全国有线电视互联互通平台的步伐，特别是三网融合的普及推广作为国家的新战略自 2015 年开始实施，这一切都有效地推进了传统广电媒体与网络广播电视台的融合进程。

第一节 台网融合推进的发展阶段

《美国新闻媒体报告（2015）》评析：面对着互联网的技术壁垒和渠道壁垒，很多媒体都在实现数字化转型。因为互联网上无处不在的信息聚合，免费的资源共享等充分发展的“全信息社会”，让我们思考传媒业的核心竞争力在哪里。报告认为，除了高品质的内容仍然是吸引用户的核心之外，继续在网络布局，吸引数字受众，快速准确的新闻信息，更有深度的社会连接，营造更好的社群感，提供增值服务等方面将成为媒体努力的方向。

事实上，我国自 2009 年开始，中央三台相继获准建立“中国网络电视台”（2009）、“央广广播电视网络台”（2010）和“中国国际广播电视网络台”（2011）。自此，开启了我国传统广电媒体通过数字技术构建统一的视听新媒体平台，推动不同渠道和不同平台间的深度融合。

一、台网融合推进的媒体背景

1. 网络视频迅速发展

截至2018年6月，中国网络视频用户规模为6.09亿，较2017年增加3014万，占网民总体的761%，[①] 呈持续增长之势。

面对网络视频新技术的发展，传统广播电视积极应对，加快发展网络视频新媒体业务，全国已有28家省级以上广电播出机构获批开办了网络广播电视台。网络广播电视是传统广播电视媒体适应互联网的发展，建构新型主流媒体的一种新形态，在应对新媒体冲击，拓展广播电视渠道，提升主流媒体的传播力和影响力方面发挥了一定作用。网络广播电视台作为网络广播电视媒介的载体，是以宽带互联网、移动通信网络为节目传播载体的电台、电视台[②]。网络广播电视台的构成，主要由信源采集、内容生产、内容发布、增值服务、传输分发网络、业务运营管理、安全管理、监控辅助等子系统构成。网络广播电视台内部网络根据应用系统、业务流程、数据流向和播出安全相关度进行网络结构设计。网络结构有清晰的层次，以便于进行网络逻辑隔离、访问控制、结构调整和应急处理，不同网络边界之间设置网络访问控制。通过上述界定我们明确，其节目传播载体为宽带互联网、移动通信网络；构成系统涵盖内容生产与传播、增值服务与分发、业务运营与监管。其中核心内容生产系统主要是“网络视频新闻”。

“网络视频新闻”从文化研究的意义上看，实际上已经解构了“传统新闻”的定义与传播框架，成为传统媒体应对网络竞争的一个主要策略。

在国外，从英国开始由各家纸媒率先推进“报纸＋视频＋网站”的融合媒体发展，广播、电视台等也紧随其后，进行类似的变革。在美国，《华盛顿

① 陈琳、董潇潇、彭锦、赵京文：《网络视听行业呈现十大新特征》，“广电独家”公众号，见国家广电智库。

② 国家广播电视总局2014年发布的《广播电视安全播出管理规定》网络广播电视台实施细则（暂行）第二条。

邮报》也开始转型资讯短视频战略，成为美国报业视频报道转型的先行者，并从内容、形式到平台搭建显示出三大变化：一是配合新闻提供大量短视频，丰富并延伸报道内容；二是随时随地迎合用户需求；三是凸显原创＋整合的平台属性，搭建属于《华盛顿邮报》的视频平台，包括利用Facebook和YouTube这样的社交媒体或视频网站。

在国内，智能手机、平板电脑和3G/4G网络的普及也促进了移动视频爆发式增长，推动着视频新闻由网络向移动形态的再次转型发展。这表明，手机成为继报纸、广播、电视、互联网之后的第五媒体，将图片、文字、音频、视频融于一体，并能进行即时互动。手机既是新闻的接收端，也是新闻信息的发布端。正因为如此，移动视频新闻内容成为各方主体竞相开发的新产品。

2. 网络“记者”逐渐普及

数字媒体技术的进步，尤其是随着智能手机的广泛运用，让“人人都是记者”成为现实。美国纽约大学新闻学系教授杰罗森（Jay Rosen）认为，应致力于提高公众在获得新闻信息的同时兼具行动的能力，而不只是让民众被动地去阅读这些问题，如今这一倡议已成为现实。在国内外重大突发事件中，普通民众利用手机、摄像机参与拍摄传播的视频新闻成为还原新闻现场、揭示事实真相、表达多元主体不同声音的重要载体。

2005年7月7日，当英国伦敦还沉浸在前夜申奥成功的欢庆喜悦之中时，伦敦地铁利物浦街和阿尔盖特站之间发生爆炸，随后，又有多起事件发生。当时由于八国峰会正在苏格兰举行，世界各大新闻机构的报道注意力几乎都转向苏格兰。因此，伦敦地铁大爆炸对新闻媒体来说是一次“突然袭击”，而这正好给普通公民提供了在突发新闻现场报道发布的机会。伦敦地铁爆炸案的很多一手资料都来自置身现场的人用手机拍摄发回的照片和视频，以及伦敦市区的视频监控系统。这些资料上传至网站后，被各大媒体采用，通过不同的方式编辑播出，也成功地协助英国警方侦破了此案。

在我国，2008年5月12日14时28分，中国四川汶川发生里氏8级大地震，许多相关信息和资讯都是身在地震现场的人们，通过手机拍摄照片、视频上传网站，不断还原了地震现场的各种状况。据统计，传递第一手地震现场的视频超过3000条。这些看起来碎片化，甚至影像模糊的视频内容，却被很多主流电视媒体采用，成为记录地震现场信息的重要资料。震后一个月，新浪博客推出了《汶川地震纪实》节目，这是一部在网民提供的视频素材的基础上制作而成的视频新闻专题。在此后发生的多起重大灾难报道中，都有大量由现场民众拍摄的关于事故现场、救援、现场人们反应的视频等内容上传至网络，并在各大门户网站、视频分享网站和微博空间传播。网络“记者”的迅速普及，推动着网络视频的迅速发展，对传统广播电视媒体垄断的话语权了解构。而对于平民话语权进行的释放，则有利于受众主体意识的满足和平等开放气氛的形成，从而促进社会和谐发展。随着媒介融合的进程，包括网络视频新闻在内的跨媒介“融合新闻”成为传统广电媒体台网融合变革的方向，传统广电面对网络新媒体的发展，拓展网络广播电视台建设，也成为主流广电转型的重要选择。

二、台网融合推进的基本阶段

1. 传统媒体的视频转型

台网联动与融合的先行者，最早可推至2004年2月4日正式上线的Facebook，该社交网络服务网站上线的同时推出了Facebook视频（Facebook Video Sharing）服务。开通这一服务的用户，可以上传DV视频、手机视频等视频短片，这是全世界较早尝试用户视频分享的网站。而2005年2月上线的YouTube则是目前世界上最大的视频分享网站，用户可以下载、观看及分享影片或短片。

在我国，视频分享网站自2005年后纷纷涌现，与世界发达国家几乎同步。2005年4月15日正式上线的土豆网，2006年6月成立的优酷网，7月17日正式上线的酷6网等都是我国较大型的视频分享网站。这些网站主要基于用户生产内容模式（UGC），用户可以上传、观看、分享与下载视频短片，而这些“微视频”既可以是原创的，也可以是传统电视台制作播放的。

从2007年开始，我国传统主流媒体尤其是纸媒转型开始介入视频领域，当年，南方都市报率先设置了视频记者岗位，鼓励报业记者采访音视频新闻。随后，《新京报》和《京华时报》跟进探索设置专业化视频记者岗位。次年7月，《烟台日报》上线运营国内首家全媒体采编系统，报纸记者开始向全媒体记者转型。2009年，南报集团提出构建“南都全媒体集群”，同年1月，宁波日报全媒体新闻部成立，这些都标志着我国报业从单一业态向“报网合一”的新媒体转型。

2008年，普利策新闻奖承认网络地位，所设的部分奖项向纯网媒记者开放。普利策奖委员会执行官西格·基斯勒（Sig Gissler）表示，此举是普利策奖历史使命的逻辑性延伸，“我们仍然对媒体的变革保持着密切关注，并适当对普利策奖的评选进行调整”。2012年度的普利策新闻奖中，《赫芬顿邮报》成为获奖的首家新闻博客网站。尽管以上获奖的作品并非网络视频新闻，但是也预示着网络新闻作品正越来越多地引起业界和学界的重视。

2. 台网融合的全面推开

自1994年我国接入互联网之后，众多新闻媒体开始关注并介入网络。在我国媒体发展进程中，网络媒体最初是依附于传统媒体的。1996年10月广东电视台建立自己的网站，开国内电视媒体网站的先河，当年12月，中央电视台也成立央视门户网站，随即报业、新闻社等媒体开始上网，这标志着中国新闻媒体网络化进程全面开启。

第一阶段是传统广电媒体翻版阶段。对于大多数广电媒体来说，早期都采取将广播电视内容直接搬上网络的做法，内容与母台没有区别。上网之初的重点在于介绍一些知名栏目、精彩的节目。1998年，凤凰卫视成立凤凰网，网站主要上载凤凰卫视的新闻节目。在这个阶段，无论是报纸还是广播电视的网站，都没有充分发挥网络传播的优势，网页设计都比较单调。

第二个阶段是主流媒体申办网络广播电视台阶段。从21世纪初开始，传统媒体开始有针对性地按照网络传播的特点设计形式和内容。2004年，北京电视台推出网络电视台“北京网”，同年，中央电视台也开通了网络电视服务，湖南卫视成立了金鹰网。随后，越来越多的广电媒体开办自己的网络广播电视台。

网络广播电视台的前身是各级媒体网站，2009 年 12 月 28 日，中国网络电视台（简称 CNTV）开播。CNTV 依托央视的优势资源，汇集了网络电视、IPTV、手机电视、移动传媒等各种媒体终端，打造了多语种频道，并部署了覆盖北美、欧洲、东南亚、中东和非洲等近百个国家及地区的全球镜像站点。

2010 年 1 月 1 日，新华社主办的中国新华新闻电视网（简写为 CNC）开播，并上星向亚太地区和欧洲部分地区播出。同年 8 月，中国国际广播电视网络台（简称 CIBN）开播，并获得了由国家新闻出版广电总局颁发的互联网电视集成业务牌照和内容服务牌照，这是我国第三家国家级网络广播电视台。

与此同时，各省广播电视台也加入网络广播电视台的建设之中。安徽网络广播电视台作为我国首家省级网络广播电视台正式启动。继而，黑龙江、湖北等省也获批成立省级网络广播电视台。

第三个阶段是综合发展阶段。这一阶段，传统广电媒体开始用新媒体的思维和制作方式设计运营网台。融合多媒体符号形式进行新闻报道。另外，网台也开始独立运营，除提供新闻业务外，还开发了商务、娱乐、服务、社区等新的服务项目。自上海文广集团旗下的上海电视台于 2005 年 5 月获得国家首张 IPTV、手机电视全业务牌照后，电视与新媒体的融合由过去电视台与网站的融合发展到电视台与网络、IPTV、手机电视、互联网电视、移动电视等多种新媒体形态交错融合的发展阶段。[①] 目前我国广播电视媒体基本都建有自己的网台。

2013 年，传统媒体融入网络开始进入以 ipad、iphone 为代表的移动智能终端，以凤凰网、CNTV、上海文广、湖南卫视为代表的主流电视媒体都已相继入驻 ipad、iphone 等移动新媒体的终端平台，又开始了由传统互联网向移动互联网转型发展的时代。

第二节 台网融合建构的主要形态

我国《互联网新闻信息服务管理规定（2005）》将传播新闻网站分为两

① 石长顺：《融合新闻学导论》，北京大学出版社 2013 年版，第 42 页。

类：新闻网站和商业网站。前者指由新闻媒体主导设立的刊载新闻信息、提供时政类通信信息的互联网新闻单位；后者指非新闻机构设立的商业门户网站。依此，本书将从网台建构的主体划分，探寻传统广播电视台、报社和通讯社及商业门户网站的网台一体化建设情况。

一、传统广电网台的一体化建构

1. 广播媒体的网台一体化

(1) 基于平台建构的广播媒体网台

广播网台，以2010年9月开播的“央广广播电视网络台”（简称CNBN）为代表，标志我国国家级网络广播（电视）台诞生。随后国家应急广播中心于2013年12月3日揭牌，拟搭建我国第一个“战时应急、平时服务、人人互助”的全媒体应急社区。2014年6月25日，央广新媒体子公司——央广视讯传媒股份有限公司创立，成为国内重要的IPTV和手机电视集成播控运营商。这一系列广播媒体网台的建构，成为视听新媒体的主要形态之一。

央广广播电视台以央广新媒体为龙头，拥有三大支柱子公司（央广视讯、央广之声和银河互联网电视、四大平台（央广网、央广手机台、央广广播电视网络台和央广银河TV)、三大终端（手机端、电脑端和电视端)，同步开展互联网信息服务。同时，中央人民广播电台通过建设“中国广播云平台”媒体融合项目，整合全国60家地方台的233套频率，运用全媒体采编系统，初步实现了台与台之间的互联，壮大该体系的核心内容生产优势。

随后，2011年1月18日，中国国际广播电视网络台（CIBN）成立，标志着中国国际广播电台也从单一媒体向综合媒体转变、从传统媒体向现代媒体转变、从本土媒体向跨国媒体转变，成为全业务媒体形态和新媒体国际传播平台。

(2) 基于App的手机客户端融合广播

数字媒介技术的发展，使省级广播电台都将广播与新媒体的融合作为发展的方向，开设有本台的新闻客户端，并通过微博、微信等平台，吸引受众积极互动传播。在这一形势促动下，北京电台推出的手机客户端“听听FM”，同时在UGC和社交媒体方面实现广播和新媒体的无缝连接。

上海东方广播中心推出新媒体重点项目“阿基米德”App，以其明确的社交广播运营模式，迅速赢得了市场。据统计，到2015年7月底，“阿基米德”仅在上海活跃用户就接近200万。

此外，江苏广播新媒体部2014年确立了“借船出海”和“移动先行”两个策略。已经完成“微信矩阵＋微博矩阵”“江苏广播网＋手机微啵网”——“两微两端”的打造。珠江网络传媒在“广播＋”思路指引下，拓展新媒体平台，综合运营管理“荔枝台·广播在线”（RGD）、官方微博微信、广东电台App手机客户端、淘宝电商平台，同时推进广东电台新媒体项目对外合作，拓展新媒体业务市场空间。

2. 电视媒体的网台一体化

（1）建构网络视听多元节目分发体系

电视媒体的网台建设，以“中国网络电视台”（CNTV）的开播（2009年12月28日）为标志，象征着网络电视作为一种新兴媒体正式诞生。目前，已有30多家中央和省级网络广播电视台成立，其中城市联合网络电视台（CUTV）模式也在积极探索地市级广电播出机构共建，现已有22家。

中国网络电视台集合了“UGC（用户生成内容）”＋“SNS（社交网络）”功能的播客台“爱西柚”，能让用户直播、点播和7天回放的网络电视搜视台“爱布谷”，以及网络电视新闻台、体育台、综艺台等同时上线。其目标定位为建设我国规模最大的网络视频节目数据库和全球化、多语种、多终端的网络视听节目分发体系，努力建设成为中国最权威、世界有影响、受众喜闻乐见的国际一流网络传媒企业。

中国网络电视台通过对传统电视节目资源进行再生产、再加工，着力打造网络原创品牌节目，为互联网用户提供网络视频互动式的体验。中国网络电视台开通的新闻台、经济台、电影台、纪录片台、爱西柚和爱布谷等频道经过几年的发展已经初具规模。除了可以直播、点播中央电视台24个频道的视频节目外，还可以直播、点播全国36个省级卫视频道、76套城市频道、7

套民族语言频道、708家网络视听联盟（包括MTV中文频道视频官网，中国网络电视台珠澳台，央广广播电视网络台，地方省市网络电视台，政府部门、商业金融机构、媒体网站、教育科研、协会组织等）的视频节目。

中国网络电视台新闻频道，以视听与互动为核心，24小时面向全球不间断地分发提供多语种、多终端新闻信息，以最快捷、最权威、最全面、最丰富的视听新闻与互动服务为特色，精心打造系列核心栏目《24小时播不停》《我在现场》《民声在线》等。其中《新闻名栏》汇聚CCTV100个新闻知名栏目和50个地方卫视新闻知名栏目，成为中国最大的网络视频新闻数据库。在特色频道建设方面，爱西柚台，主要定位于视频分享与互动，其视频新闻频道的节目可以按播放次数、收藏最多、评论最多、“顶”的最多的不同方式进行显示。

（2）打造覆盖全球的地方网络广电媒体

2010年7月中旬，安徽网络广播电视台正式启动，掀开了省级网络广播电视台建设的序幕。仅在2014年，就有多家省级网络广播电视台先后相继成立，其中，北京网络广播电视台（BRTN）于1月8日在全球上线开播。该台与北京电视台各个电视频道联合成立运营主体，以宽带互联网、移动通信网等为传播载体，并同步上线“BTV大媒体”移动客户端App，为用户提供三屏互动服务的全新内容体验和生活信息。

广东网络广播电视台荔枝网也于同年10月16日，发布了三款移动产品：“荔枝搜视”“荔枝热点App”“羊城出行易App”。“荔枝搜视”为用户提供即搜即有、即点即看的海量视频新闻点播；“荔枝热点App”主打“新闻热点、记者看点、分享说点”的移动端新闻资讯产品；“羊城出行易App”与交通主管部门和羊城交通台合作，建构智能交通信息终端。

二、新兴媒体网台的合作化建构

1. 境外视频网台的建构

据凤凰新媒体官网报道，其创建于1998年，是全球领先的跨平台网络新媒体公司，它整合旗下门户凤凰网、手机凤凰网及移动客户端、凤凰视频三大平台，为全球华人提供台、网无缝衔接的新媒体内容服务。

截至2018年9月26日，凤凰网日均浏览界面6.87亿次，日均覆盖用户数（UV）约4687万，月度覆盖用户数近4.2亿，移动端累计月度覆盖用户数3亿。

凤凰新媒体的副总编辑黄晓燕女士认为："未来各视频网站之间的竞争首先是内容上的竞争，进而就是模式上的竞争。在视频领域，优质的内容才是最重要的门槛，也是一个最重要的决定成败的关键。"①

凤凰新媒体突破了作为凤凰卫视官方网站的性质，首创中国跨平台跨媒体的联动传播模式，成为一个市场化的综合性门户网站，并开放了凤凰卫视的一部分内容进行免费点播。凤凰网视频节目除凤凰卫视中文台和咨询台以外，还增加了上海等11个地方频道，包括第一财经、上视综合新闻等，视频业务突破了单一凤凰卫视节目的色彩。自2008年始，凤凰开始购买中视传媒公司、央视、湖北卫视、山东卫视等节目。凤凰网视频的格局变成了专业机构制作的精品视频内容的点播平台，每天的视频浏览量稳定在1800万到2500万左右。

凤凰网视频的定位是成为新媒体内容制作、整合、跨平台传播的领军者。凤凰网视频以"组合传播"为策略，内容业务涵盖点播、直播和原创制作三大类。不论是凤凰卫视的内容还凤凰网视频自制的内容，都力图成为独家内容，且报道角度更加国际化。

2. 报社、通讯社网台的建构

互联网的快速发展和新兴媒体的迅速崛起，触动着传统媒体的逐步转型。从报业开始，渐渐蔓延至传统广播电视，乃至新媒体的转型升级。综观这些新旧媒体的转型，特别是纸媒和新媒体，都有一个共同特征，就是适应当代受众的需求，向视频转型，历次中国互联网报告可用历年上涨的大量数据证明这一现象。国内的广播电台、报社和通讯社等，都毫无例外地发展视频

① 赵子忠、赵敬主编：《对话：中国网络电视》，中国传媒大学出版社2011年版，第91页。

报道。

（1）建构聚合型视频平台：新华新闻电视网

创办于2009年12月31日的新华网络电视，是新华社CNC旗下的跨平台网络新媒体，其定位语是“以全球视角及时、准确、权威地报道国内外时政新闻、经济文化等领域的重要新闻资讯”。

CNC目前已建成“四台”业务格局：新华手机电视台（2009-09上线）、新华网络电视中文台（2010-02上线）、新华网络电视英语台（2010-12）、CNC直属卫星台（亚太、北美、非洲、英欧和泛欧卫星台，2011-07）。

事实上，新华社早在2008年12月30日就开通了视频新闻专线，它标志着新华社的业务从以文字图片为主的“两翼齐飞”报道格局向文字、图片、音视频“三位一体”的多媒体报道格局迈进。CNC作为新华社电视新媒体、CNC网络互动媒体，定位于新闻类视频平台，以播出发布全球新闻视频为内容特色，并基于视频流媒体及云端内容服务技术，面向国内外高端受众，承载新华社CNC全部生产内容进行线上播出，成为对主流媒体新闻报道视频化的发布平台，并以博客、微博等形式提供互动空间。

CNC新华网络电视依托新华社、新华网强大的优质资源，打造原创节目矩阵，推出《新华微视频》《新华炫视》《新华图视》等具有新华基因的视频节目。同时，通过与和光同心影视公司、航天数字传媒、优酷、爱奇艺、风行网、百度视频、新浪视频等合作，聚合这些平台和影视机构的视频资源，丰富新华视频的内容。并与中国教育电视台开展台网联动，提升新华视频节目的传播力。

CNC开设了直播、新闻、财经、文娱、体育、图片、纪录片、CNC-WORLD等多个频道。在新闻频道中，有《焦点头条》《24小时新闻》《国际新闻》《国内新闻》《精品栏目》《财经新闻》《创意视频》等栏目。新华电视全天24小时实时播发，突发性事件随时插播。电视通稿继承了文字、图片通稿特色，兼容文字、图片、音视频报道形态，突出多媒体报道手段，发挥全球记者网优势。目前，新华社已经在香港开通了中国新华新闻电视网，先期推出两个电视频道，覆盖亚太地区各国和欧洲部分地区。

（2）加速媒体融合的转型：“人民电视”

人民日报转型拓展视频业务，早在1998年就与人民网推出了视频点播。1999年12月澳门回归之时，人民网派出网络媒体记者，从澳门回归报道的现场发回视频新闻报道，由此成为人民网视频业务的起步。

2007年，人民网与上海文广的“东方宽频”进行合作，成立了“人民宽频”。2008年，胡锦涛同志视察人民日报社，希望人民网作为主流媒体加快新媒体的建设。在2009年，人民网与全国30家省级卫视联手打造了《全国新闻联播》，第一时间为各地网友提供来自家乡的最新视频新闻。

2010年3月26日，“人民电视”（PTV）正式上线，标志着中央机关报“触电”，刷新媒体竞争格局。在所有的国家级媒体中，人民电视是国内第一家由报纸媒体主办的网络电视媒体，目前开办有新闻、访谈、纪录片、影视、娱乐、生活和播客频道。人民电视采取制播分离的路径，通过自制节目与对外合作的方式弥补视频资源的不足。

人民电视从自身的资源优势出发，坚持“权威性、公信力、大众化”的特色，打造权威的视频新闻内容。2010年，人民电视在《全国新闻联播》的基础上进行深度挖掘、重新整合，推出了以各省、自治区、直辖市领导人活动、讲话、任免为主要内容的《地方领导视频报道集》，联合江苏、山西、河南、贵州等省级消防总队，推出视频专栏《第一现场》。人民电视还为所有的中央部委建立了新闻平台，部委发布的所有消息、新闻、会议，都能在人民电视里找到。

人民电视加速向全媒体转型发展，于2013年7月1日推出创新工程，用户通过扫描人民日报版面上的二维码，即可用手机观看相关视频内容。人民电视的原创视频节目，大约占全部内容的三分之一，包含《十分感动》《微历史》《PTV新闻》《一说到底》《舆情TOP10》《新闻串烧》《人民会客厅》等栏目。

《十分感动》栏目的定位是用感动传递正能量，荣获“中国网络视听优秀栏目奖”。该栏目将镜头对准平凡生活中的平凡人物，从小人物的身上发现人性的真善美。每条节目时长6～8分钟，如节目“盲人企业家的智能手机梦”“五分钟婚礼圆三十五年新娘梦”“波士顿爆炸案截肢人重新站起”等，都是从微观视角切入，发现、凝聚、传播社会中的正能量。

《PTV新闻》包含《社会万象》《红色岁月》《舆情会商室》《小六砖头铺》四个子栏目。《舆情会商室》“会商天下舆情，解读民意呼声”。播出节目包括“绵阳塌桥：别用闪电推责考验公众智商”“南京小姐妹饿死是全社会的失职”“‘三把火’没有官员被问责”“良知碎一地，别让‘标题党’左右我们的判断”等，节目选题紧扣社会热点问题，由主持人邀请嘉宾进行深度解读，分析舆情，以理性观点取胜。

人民电视依托《人民日报》、人民网优秀的采编资源，进行互动，设置了人民日报国内分社、国外分社视频新闻专栏。人民电视的记者，以其对新闻的敏感、对新闻事件的深入挖掘和剖析，使视频新闻节目依然具有“人民系”的特点。同时，大力推进报网互动、报网融合，请人民日报社记者主持人民网的视频新闻节目，担当新闻评论员，也成为人民电视的一大优势。

三、商业门户网台的多样化建构

1.“互联网＋音频广播”——移动音频台

“互联网＋音频广播”产生了新的媒介形态——移动音频广播，在近几年呈飞速发展态势。根据速途研究院公布的2015年第一季度移动电台用户数据[①]显示，目前国内移动电台市场用户规模拥有约2.6亿，渗透率达到47%。其中，蜻蜓FM位列第一，累计下载量16 713万次；考拉FM电台下载量为13 606万次，排名第二；喜马拉雅FM听书排在第三位，下载量为12 290万次；国外的品牌Tune in Radio则以下载量6240万次排在第四位。下面对部分著名移动电台市场定位进行分析。

蜻蜓FM定位：来自全世界的电台。于2011年9月份正式上线，以生产专业创造内容（PGC）模式内容起家，目前已拥有2亿用户，日活跃用户达1000万，同时聚合了全球3000家中文电台、全国1000家高校电台、1000名

① 崔忠芳：《网络音频如何大抢广播市场》，广电独家公众号，见http：//www.jzwcom.com/jzw/0f/10639.html：2015年7月19日。

合作明星、10 000名电台主播等。移动电台采用的模式主要为UGC、PGC和PUGC三种，主要基于互联网的电台聚合服务应用，让用户可以方便地收听和点播各个城市的广播，并帮助电台搭建互联网收听的直播流，保证直播流稳定播出。

蜻蜓FM以PGC模式起家，把推动PUGC板块的发展作为主攻战略方向。由于蜻蜓FM是移动电台里版权最完善的公司，这就规避了其版权风险。该台与一些名家都确定了合作关系，权责利益清晰，保证了市场规范行为，这才使其具有持久生命力。在未来发展的框架下，蜻蜓FM又与小米公司合作，向小米手机提供内容，从而使1亿MIUI用户获得了新的听觉体验。蜻蜓FM的用户也提升了一个量级，用户达到2亿，真正实现了双赢。

考拉FM定位：出行伴侣。考拉FM于2013年上线。在内容方面，考拉FM既不是UGC也不照搬传统电台的节目，其主要特色是采取PGC模式，即成立节目制作团队与版权商合作，同时邀请外部音频团队入驻，并瞄准车内这一最核心的广播应用场景，与20多个品牌汽车达成了合作。随着汽车载体的智能化发展，车载系统将会成为强大的入口。据报道，考拉FM背后的公司车语传媒收购了一款LBS导航应用，将基于汽车用户位置信息的传播，向其即时推送周边的交通路况及更多丰富的生活资讯。

喜马拉雅FM定位：人人都来当主播。喜马拉雅FM于2012年上线。节目形式有新闻资讯、电视电台节目、音乐、英语、财经股票、儿童故事等，并推出了专门的喜马拉雅听书应用。喜马拉雅专注于建立UGC原创音频内容的制造和分享平台，即人人可以做主播。在内容方面支持自建内容，都可以在移动端完成录制、剪辑、配乐、发布等操作。喜马拉雅倾向于为用户提供碎片时间，包括上下班路上、健身过程中、睡觉前等收听服务。与其他同类FM产品相比，喜马拉雅在做的是综合型的声音自媒体平台，品类相对较全，在强化了社交属性后，它很像是一个围绕播主和听众而设的“微博式电台”，将播主与粉丝听众的互动作为主线。喜马拉雅的PUGC模式与其他平台有所不同，它从“专家创造内容”和“专业创造内容”两个维度提供服务，建立起一整套集孵化、挖掘和商业化于一体的新型生态传播体系。

荔枝FM定位：独树一帜的“粉丝经济”。荔枝FM是一款2013年成立的轻电台应用，节目以情感类居多，故事类占比很大，相对其他应用而言荔枝FM更强调“文艺”。荔枝FM的理念是“每个人都有一个电台，满足用户的主播梦想”。它的内容几乎都是普通用户录制上传的，接近内容消费端（基本是纯UGC模式）。荔枝FM设想从录音工具切入、签约潜力主播，开放社区、强化主播和听众的互动，最终将商业模式落点在“粉丝经济”，对接销售并进一步过渡到社区类电商。

2. 品牌商业门户视频网的平台建构

商业门户网站在传播新闻信息的活动中承担了两种角色：一是转载新闻时的新闻传播机构；二是在刊载原创娱乐、体育、科技等新闻时的商业娱乐民间组织角色。商业网站既传播非时政类新闻又无采访权的制度悖论，使得它兼具专业新闻机构和民营新闻机构的双重性质。

（1）商业门户视频网站平台。以搜狐、新浪、腾讯和网易四大商业门户网站（见表8－1）为例，他们的运营理念是“利用网络来看电视”，网站编辑承担内容的整合与传播，将全国各地电视台播出的电视新闻节目进行“视频碎片”处理，然后再分门别类地将其置入该网站的专业频道和专栏中。

表8－1 我国四大商业门户网站视频新闻生产传播情况

网站	视频新闻频道	主要栏目	视频新闻来源
新浪	新浪视频新闻频道	新闻第一手、全球看亮点、现场不说谎、港台新闻角、囧人囧事、（体育、娱乐、财经、科技）新闻	合作电视台 拍客 网站原创
腾讯	腾讯视频新闻频道	国内国际新闻、社会新闻、奇趣视频、热点排行、新闻专题	合作媒体 拍客 网友分享
搜狐	搜狐视频新闻频道	国内新闻、国际新闻、军事新闻、财经新闻、科技新闻、生活视角、新闻最现场、深度报道、策划长镜头	合作媒体 网站自制 拍客 网友分享
网易	网易视频资讯频道	新闻资讯、网络热点、娱乐八卦、时尚大片、精品栏目	合作媒体 网站自制 拍客 网友分享

门户网站除了新闻或资讯频道的新闻外，还有一些视频新闻散见于娱乐、综艺节目中。此外，随着播客的发展，来自民间草根的音视频生产制作队伍迅速崛起并逐渐产生了一定的社会影响。门户网站因势利导，给个人播客空间的UGC（用户原创内容）提供上传播出公共平台。

（2）专业视频网站平台举例。（见表8—2）

表8—2　中外专业视频网站

视频分享网站				
美国	· YouTube · Google视频	· Joost	· Vimeo	· Hulu
法国	· Dallmotion			
日本	· Zoome	· FC2影音		
中国	· 土豆网 · 六间房 · 爱奇艺	· 优酷网 · 迅雷看看 · 乐视网	· 56网 · 激动网	· 酷6网 · 第一视频
韩国	· 潘多拉TV			
视频弹幕网站	· NICONICO动画	· 向日葵	· AcFun	· bilibili

表8—2显示的我国视频分享网站中，优酷、土豆网、爱奇艺、酷6网、乐视网都是专业视频网站，视频内容由影视剧、娱乐、资讯类节目构成。

以下是我国主要视频分享网站的视频新闻分类及来源情况。（见表8—3）

表8—3　我国主要视频分享网站视频新闻分类及来源情况

视频网站	视频网站服务	视频新闻频道	视频新闻栏目	视频新闻来源
优酷网	中国第一视频网站：视频播放、视频发布、视频搜索、视频分享	资讯频道	绝对热点、我在现场、战略观察、监控纪实、生活热闻、深度、网事连连看、热播节目	电视新闻转载、网站自制、拍客原创、网友分享

续表

视频网站	视频网站服务	视频新闻频道	视频新闻栏目	视频新闻来源
爱奇艺	国内首家专注于提供免费、高清网络视频服务的大型专业网站	无专门的新闻或资讯频道	新闻类视频主要被归类于“生活”频道	电视新闻转载、网站自制、拍客原创、网友分享
酷6网	国内最大的视频分享网站，也是中国最大的视频媒体平台，免费提供视频播客、视频分享、视频搜索	资讯频道	要闻、拍客、民生资讯、环球轶事、社会百态、科技体育娱乐类资讯电视新闻转载、网站自制、拍客原创、网友分享	
第一视频	以新闻评论为核心内容的微视频门户，涵盖财经、体育、娱乐、社会等全方位的内容频道	新闻频道	国内热点、国际聚焦、军事纵横、新闻视评、直播港澳台、民情民生、即时新闻、人物、深度等	合作媒体 网站自制

第一视频网，以民营垂直视频新闻网站发展为主要特色。其主要业务覆盖互联网、移动终端，2006年在香港主板上市，成为中国第一家上市的视频企业。2012年9月第一视频旗下的中国手游娱乐集团又在美国纳斯达克上市，从而成为拥有两家上市公司的新媒体产业集团。

第一视频网作为中国首家微视频新闻门户网站，以新闻评论和自制原创节目为亮点，全面覆盖国际、国内、中央、地方等多层级资讯，多维度展现社会、财经、体育、娱乐、时尚等新闻内容。其理念是有思想能被看到的“深度”；独立思考而不盲目的“态度”；非常见，而道不同的“锐度”；大而有据的“尺度”；参与即是创造的“黏度”；围观就是力量的“热度”；大视野知天下的“广度”，以媒体责任暖视界的“温度”，努力打造成为中国最有“度”的媒体平台。

第一视频网，集视频新闻、视频直播、在线影视、博客等各种视频资讯及视频社区的综合性服务为一体，24 小时为全球用户提供视频新闻信息。该网整合策划自制节目，努力打造王牌栏目，相继推出《新闻第一眼》《全民大吐槽》《兵论天下》《大牌来袭》《新闻大字曝》《V1 星光邦》《娱乐风向标》《汽车实验室》等多档自制节目。

第一视频新闻网的最大特色是，首创“五维深度新闻营销”模式，即每天通过一个事件、一个人物、一个专题、一个评论和一个排行新闻的整合营销方式，构建与用户沟通、互动、信任、融合的关系，使企业传播获得强烈的感染力、穿透力和持续力。

此外，视频网站优酷网，倡导分享，践行融合。“优酷”理念犹如其名，以“优”秀的服务品质，让用户享受“酷”体验。“优酷”秉承“快者为王”的产品宗旨，注重用户体验，让网民以最快、最方便地浏览、上传、搜索、分享丰富多彩的微视频内容。近年来，优酷网又践行“三网融合”的理念，将其视频产品覆盖电视、互联网、智能手机三大终端，以积极提倡“世界都在看”的全新网络生活方式，影响着视频行业格局及全媒时代的大格局。

第三节 台网融合运行的结构模式

现代广播电视媒体的转型与融媒体建构发展，催生出多样化形态的视听新媒体产业模式。本书通过分析筛选，汇集了一批用于描述或解释现代视听新媒体产业的模式，并运用图像描述和文字叙述的方式，对各种模式的特定目的及产业链的各个环节关系网络进行清晰的勾勒。在“基于转型的媒体融合模式、基于用户的内容运营模式和基于创新的互动合作模式”的框架下，整理出几种主要的媒体产业整合运行模式。它们都从不同程度上揭示出模式的借鉴价值并预示着视听新媒体产业发展的新路径。

一、基于产业链的台网融合模式[①]

诞生于21世纪初的媒介融合现象，经过十多年的发展逐渐成为全球信息产业主流趋势。如今，“媒体融合”作为国际传媒大整合之下的新作业模式，将传媒业有效地结合起来，资源共享，衍生出不同形式的信息产品，然后通过不同平台传播给受众。

1. 网台融合的平台建设模式

媒体融合中最为关键的基础建设是平台融合模式创新。从本质上看，视听新媒体产业的发展，是基于互联网思维对传统广电的改造及视听新媒体渠道的融合。新旧媒体在与互联网基因的碰撞裂变、深度融合过程中，实现体制机制、生产流程、产品形态、传播方式等系统创新和整体转型，形成三大平台的战略融合（见图8—1），包括建构全媒体信息处理平台、用户行为数据处理平台、全媒体运营平台。

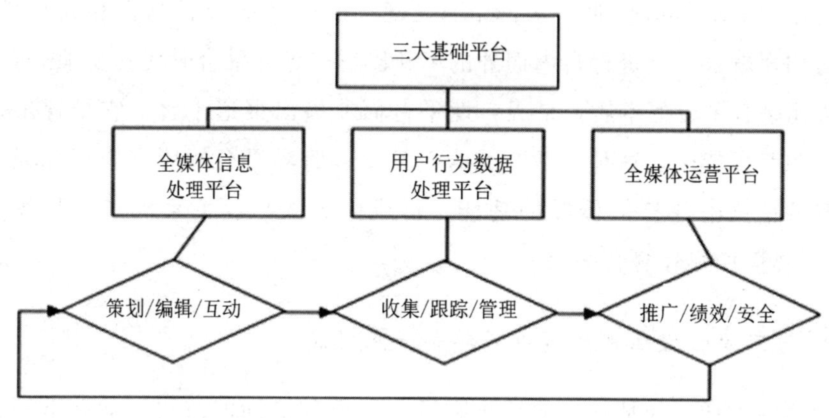

图8—1 三大基础平台建构图

新媒体环境下，融合之路的关键是开放、聚合、社交、跨界。无论是建

① 石长顺、梁媛媛：《现代视听新媒体产业模式创新研究》，《现代传播》2016年第2期。

立开放式 Web2.0 平台以增强社交属性，或是通过信息的个性化定制来提高用户黏性，在未来的“超级编辑室”当中，传播平台技术和运行的支撑与媒体内容资源具有同等重要的地位。从这个意义上说，数据技术部门也是媒体融合平台架构的核心和基础，它横跨所有部门，在各个部门间交叉协作，起到无法替代的作用。而内容与平台的双向整合，也以此为基础，实现网台用户、渠道、技术等多方面的资源聚合，以及跨业态经营的快速转型和跨越式发展。如 BBC 的 iPlayer 新媒体平台，用户能用 iPlayer 通过任何终端检索与观看 BBC 的节目，实现节目内容通过电视网、互联网等多种渠道，在电视、手机、平板、电脑等四屏终端上的全覆盖和互动，从技术上打破了不同媒介之间的界限。此外，BBC 通过开发新一代搜索引擎，对所有节目内容的元数据进行更好地组织，实现音视频资料的快速检索。每条资料页面中均提供了便于内容分享的社交网站接口。

在媒体融合时代，以内容生产、聚合传播、场景社交为一体的“同步”模式，将成为视听新媒体产业的常态。媒介融合不仅在技术层面消除不同媒介形态的区隔，而且在不同属性的媒体之间建立起相互渗透、协调合作的关系，将用户需求与信息业务紧密结合，建立跨平台的节目制作和共享机制，并通过构建融合平台进行自内而外的革新以适应媒介融合时代的要求。

媒体融合平台的本质，是服务性平台而非播出渠道平台，它呈现出显著的社交和跨界特征。这种开放、聚合、社交、跨界平台的所有应用都通过提供贴身的信息服务打造传媒的功能，形成内容入口、关系入口、服务入口“三位一体”的媒体融合平台。

2. 台网视听媒体产业链垂直整合生态模式

产业链垂直整合是对产业链进行纵向调整和协同的过程。随着下一代互联网、下一代广播电视网等新技术广泛应用，与视听行业密切相关的彩电企业、互联网企业、电信企业都将通过整合资源向视听整机领域渗透，从而实现产业链上下游协同发展，实现制造与运营融合、终端与内容融合、网络与业务融合。该模式的特点是以“制造＋内容＋服务”为创新发展方向。

乐视公司曾经对市场和行业产生极大影响力，正是在于其以视频为入口的超级电视的成功，进而成为客厅战场的有力竞争者。乐视在硬件端完成了乐视垂直产业链的合拢工作，使得乐视网所拥有的视频版权优势、乐视影业和乐视体育所提供的内容，能够通过手机、汽车和未来的电视转化为实际的产品，从而实现版权内容的价值变现。这种商业模式构成了一个闭合的生态系统（见图 8—2），由“平台＋内容＋终端＋应用”构成，相互协同运转。

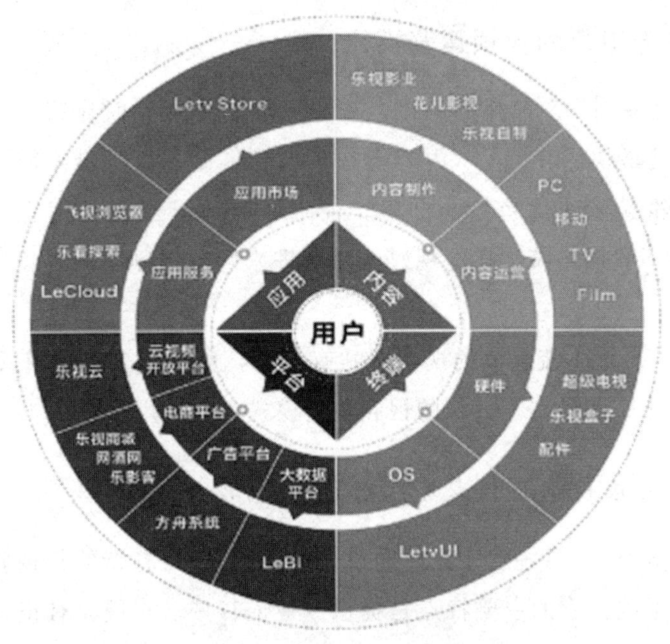

图 8—2 视听媒体产业链垂直整合生态系统模式①

湖北广播电视台探索的“垄上模式”，成为另一种产业链垂直整合模式，即利用一个对农传播和服务的综合电视频道——垄上频道，采取“频道＋渠道”“线上＋线下”的方式进行整合化的产业运作。线上通过内容播出，打造节目品牌链；线下通过大三农（农村、农民、农业）和小三农（农药、化肥、种子）的渠道整合，构建农业信息咨询服务、农资销售、绿色农产品销售、农村金融保险等多项业务，打造传媒参与现代农业服务的产业链。2013 年，成立仅一年的垄上传媒集团除了依托垄上频道线上广告经营收入 6500 万元

① 资料来源：《每日经济新闻》2014 年 3 月 27 日。

外，更值得关注的是线下产业经营超过4.2亿元。这种模式主要依托的是传统广电的权威性，并借助其他传播渠道，特别是地面频道在二三线城市和农村市场上的影响力，瞄准某一市场需求点，进行垂直深挖，以专业化谋求价值变现。

二、基于用户的视频运营模式

随着“互联网+”时代的到来，视频已成为互联网时代第一大应用。在这个视频发展最快的年代，“内容为王”仍然是促进视听媒体行业发展的共识。同时，随着移动化趋势的凸显，视听新媒体已经无处不在。因此，自2009年以来，我国传统广播电视媒体纷纷进入网络视频领域，建构新型主流媒体。

在美国，传统主流媒体的视频网站有三类，分别代表三种模式：UGC视频网站、HULU模式、Netflix的视频租赁模式（向用户收费）。

1. 视频网站HULU模式与芒果TV独播模式

2008年3月12日，默多克新闻集团与NBC合力打造的新视频网站Hulu.com正式上线，它的主要特点是提供专业、权威、正统、有正式授权的高质量专业视频，它标志着独具特色的HULU模式诞生（见图8—3）。

针对全球视频网站都面临“烧钱”经营的问题，HULU却创造了该行业的盈利神话：创办后第一年即实现盈利，2009年收入为1亿美元，2010年创收达2.63亿美元，2011年实现营收4.2亿美元，2012年盈利6.95亿美元。HULU模式的主要特征是丰富来源的正版内容；感受极致的用户体验；独立运营的权利。HULU模式飞速的发展，使得美国、日本、英国等发达国家的业界都掀起了HULU模式热。我国湖南广电旗下新媒体“芒果TV”，正是依此打造“中国式HULU”，并以“自制节目版权不分销”为支点，成就了有别于其他互联网视频平台的核心竞争力。同时利用稀缺的互联网电视牌照资源，在电视、手机、PC等领域整合资源，让内容贯穿在各个重要硬件入口，进一步形成闭合的“芒果生态圈”。自开播以来，芒果TV依托湖南广电的优

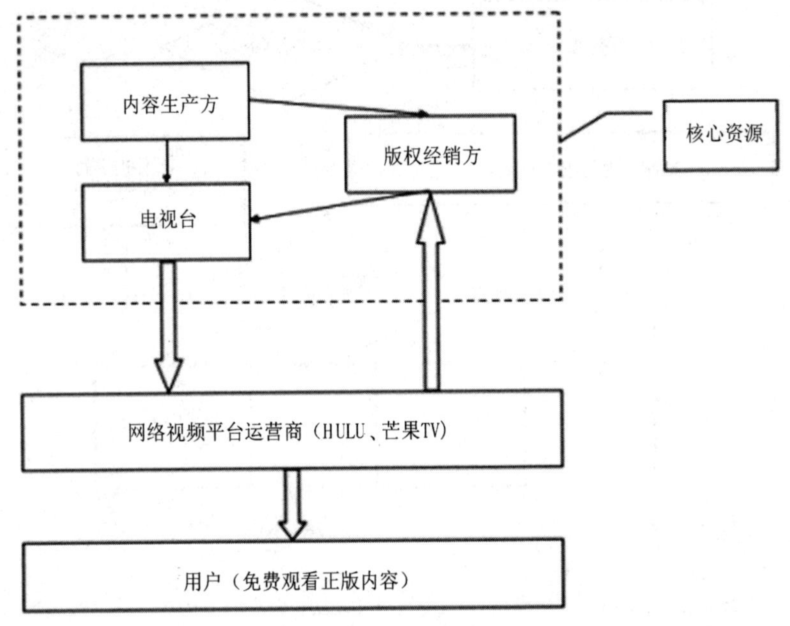

图 8－3 依托产业链上游的 HULU 模式

势资源，深挖黄金内容在网络平台的独特价值，以芒果 TV 网络“独播”来实现电视台在互联网时代的逆袭。

2. SMG 互联网电视（OTT）模式

上海文广集团（简称“SMG”）的互联网电视（OTT）模式与芒果 TV 不同，后者注重“独播”模式，而 SMG 则相反，成为面向“走出去”的互联网电视运营模式，试图更全面地包罗整合产业链上下游，尤其是对下游的延伸。合并重组之后的 SMG 子公司——新百视通公司，按照 OTT 智能电视的规律，抓住 B2B（企业对企业）、B2C（企业对消费者）两类业务（见图 8－4），成为服务数百万级 OTT 用户的广电播出机构与新媒体运营商。

SMG 擅长资本运作进行资源优势互补。旗下百视通作为互联网电视集成业务的七家牌照商之一，能够实现对企业客户业务的价值变现。在对个人客户端，通过入股兆驰股份，将生产终端、发售产品，用户营销的成本外包出去，让百视通能够集中精力把内容和 OTT 平台运营好。再通过与阿里巴巴、

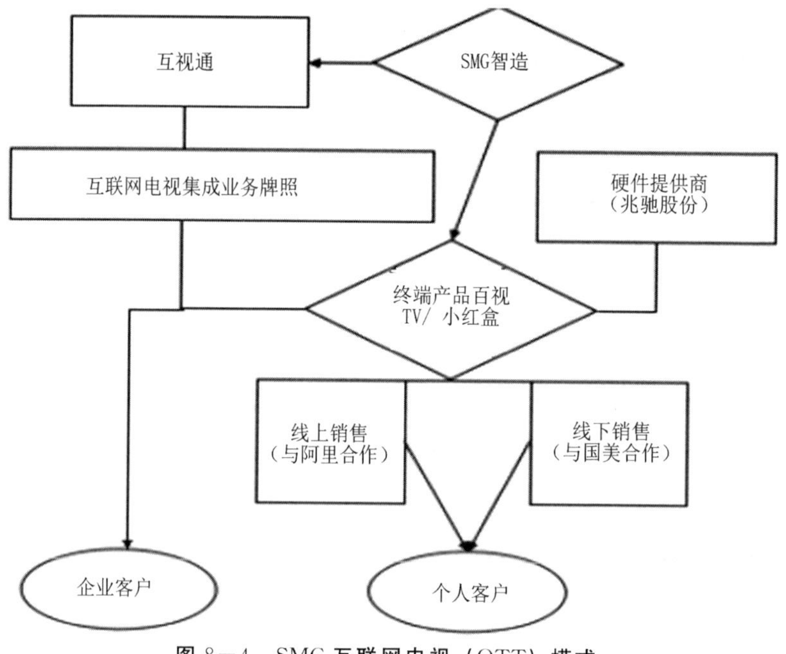

图 8－4　SMG 互联网电视（OTT）模式

国美等企业合作，打通线上＋线下的销售渠道，实现对个人客户业务的商业布局。

此外，2015 年 SMG 在深化 OTT 战略布局中，还推出整合内容与渠道两大入口的“SMG 智造”。在内容上重点深耕 SMG 强势内容 IP 化、IP 产品产业化，成立专门面向互联网传播的内容生产团队，共同开发适应移动互联网时代要求的节目；在渠道入口融合上，把原有分散的移动互联网入口（IPTV、手机电视、有线数字电视、机顶盒与智能终端、网络视频等）统一到“百视 TV”的品牌上，实现“一次生产，多屏分发”。通过百视通等把持多屏入口端，占据互联网电视入口大门，培养规模化的互联网电视用户群体，形成用户流量变现，实现商业模式彻底转型。

三、基于创新的互动协同模式

互动，是媒体从线性传播向互动传播转变的标志，是新兴媒体的典型结构特征。互动的最终目的是取长补短、发挥各家优势，从而达到创新创优的目的。

1. 跨屏互动模式

《中国电视媒体跨屏互动融合创新大趋势报告（2015）》指出，跨屏互动，即通过新一代移动互联网技术建立起来的屏与屏之间的链接和交互，已成为中国电视媒体的一种新趋向。它弥补了电视单向传播的短板，使得电视具有可交互的双向传播功能。移动端用户可以通过扫一扫，摇一摇等应用直接参与电视节目，使跨屏传播、跨屏收看视频节目逐渐成为主流。同时，用户可直接互动、分享、触达其产品，达到一种置身于场景之中的多维体验。

它通过集成第三方微信、微博 App 入口连接平台完成电视跨屏互动，实现连接演播室、连接电视观众、连接节目互动、连接商业扩展的常态化移动互联网电视伴随服务。（见图 8－5）

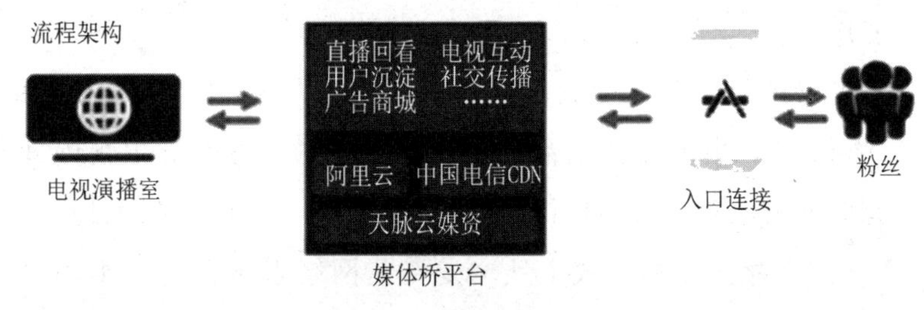

图 8－5 跨屏互动模式

资料来源：《中国电视媒体跨屏互动融合创新大趋势报告（2015）》。

跨屏互动的入口连接，可利用多种路径：一是利用已有的移动互联网平台；二是基于微信入口的接入模式，以春晚微信摇电视为代表；三是利用或自建 App，如芒果 TV 自建平台、自主运营；四是利用第三方服务商的基础架构快速融合，使电视一举跨入移动互联网领域，实现质的飞跃。

媒体跨屏互动模式让电视核心资源和互动广告得到了增值，电视观众有效沉淀为用户和粉丝，使 TV＋、P2O 等模式扩展了电视的新空间。尤其是电视与手机用户互动，形成了大屏观看、小屏互动，边看、边分享的新收看模式。

2. 台网联动模式

台网联动模式虽然与跨屏互动都是互动模式，但后者强调不同媒介间的互动，前者侧重于媒体内或媒体间的联动。

台网联动，首先是促进传统媒体生产方式变革，实现采编流程再造。如央视由新闻中心和央视网共同组建了网络新闻部，双方坚持“一体化策划、一体化制作、一体化呈现”，探索出一条“目标共同、利益共同、体制打通”的台网融合联动的新路径，逐步实现信息共享、稿件互用和人员交流。在巴西世界杯（2014）期间，由于“央视新闻”微博、微信、App等新媒体的互动参与，提升了观众对世界杯的关注度，形成了新媒体反哺电视收视率的良好局面。同时，央视新媒体融合战略的发展也引起了客户的关注。当年海尔夺得“央视新闻”App唯一广告资源——“开机启动图”，成为央视新闻客户端第一个客户。

其次是实现双平台合作播出，促使节目制作尽量满足两个平台的需求。2015年7月16日，由爱奇艺出品的《我去上学啦》在东方卫视晚间黄金时段开播，首期电视收视率在34个城市达到0.99，当晚同时段排第一。随后的午夜12点，爱奇艺版本正式上线。爱奇艺网络点击量也在半小时内达到1350万①。随着更多带有互联网基因的节目在电视上播出，更多的媒体将会选择台网联动模式，这成为媒体互动共生的新模式。

四、基于运营的组构融通模式

传统媒体业务以单一媒介形态为基础，各媒介形成了自己独特的采编流程。而台网一体化的流程再造则要打破这种限制和流程，在全方位技术运用和至少两种形态媒体基础上整合信息传播，建立新流程。

台网一体化的业务流程，强调以流程的连续性取代某个部门或者某个活动的观点，从而打破台网职能部门本位主义的思考方式，对业务流程不断再

① 《互联网自制的网台进化论》，“广电独家”公众号，2015年7月18日。

造，鼓励职能部门相互合作，共同追求整个流程的绩效，从而实现组织的简单化和高效化。

在台网一体化的背景下，内容生产不再局限于单个媒体，而是相互合作，不同媒体可以在同一个操作系统工作，电视、网络等媒体的采编队伍融合为一个整体，在一个综合信息平台上生产出全时空、全媒体的信息，再通过个性化编辑后传播到不同的媒体终端。

媒介技术的迅速发展，引发了信息生产和传播方式的巨大变化。电视媒体与网络媒体的融合，也只有通过流程再造，才能使信息传播更有效率，更好地满足用户需求。而影响流程再造的主要因素表现在以下几个方面。①

一是组织结构再造。新闻生产流程的改变势必要求媒体组织架构做相应的改变。传统媒体组织结构与新媒体之间呈“两张皮”现象，“各自为政”影响整体传播力。现代广电运营体系必须打破部门间的樊篱，使整个集团公司运行平台化，这样有利于资源的流通、共享。如新华社在报道实践中，由总编室牵头，各部门一体化协同策划、制作、发布，通过“拆墙”“并灶”等机制创新，加快资源整合，实现各要素间的深度融合，以及各种媒介间的相互转换。

湖南广电集团以芒果生态圈为核心，打造由大视频、娱乐、创意、人才等综合构成的全媒体集团，其重点是把芒果传媒建构成一个拥有强大实力的新型媒体集团。目前，其构建的“平台＋内容＋终端＋应用”的一云多屏全终端视频服务平台已现雏形（见图 8－6）。

随着广播电视台、网一体化生产流程的改变，许多运行岗位的职能和要求也相应发生了变化，尤其是复合型融媒体记者和融媒体编辑。但从现时情况看，传统媒体中的采编人员，角色定位与技能单一，而适应全媒体生产传播体系的复合型人才极为缺乏，这是制约传媒转型的一个主要影响因素。因此，流程再造首先必须进行人才队伍结构的再造，适应全媒体报道岗位所需要的全媒型人才。美国《华盛顿邮报》为确保视频业务全程参与新闻报道，将视频记者和编辑安排在同一新闻编辑室办公，以便视频编辑能全方位参与

① 光明日报：《“采编流程再造”的怎么看和怎么做》，中国记协公众号，2015 年 7 月 31 日。

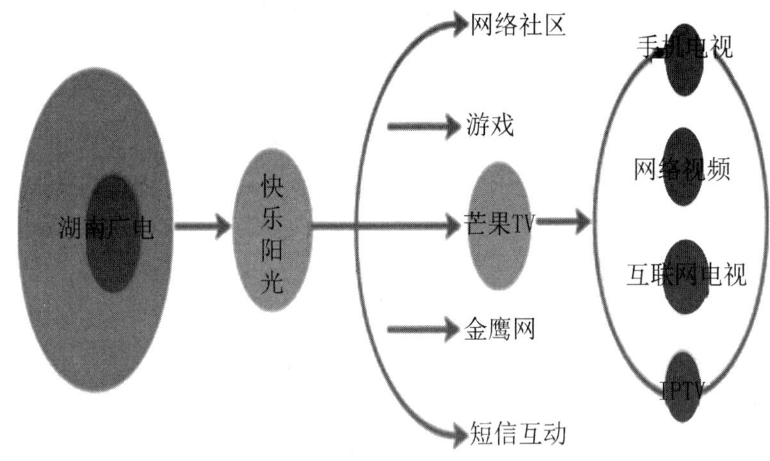

图 8－6　芒果 TV 新媒体架构图

每日新闻报道中。这种尝试为我国网台一体化提供了借鉴。

二是技术支撑再造。全媒体状态下的媒体运行，为支撑 24 小时不间断地发布信息，需要提供全媒体采编系统的技术引擎。SMG 基于互联网公司的融合改革，通过百视通力图打造中国互联网电视媒体生态圈，如图 8－7 所示，该集团已设立互联网电视、网络视频、云平台与大数据等五个事业群。这样，SMG 原有业务涉及的生态体系所有资源，便通过整合重组后，发挥出各个层面的生态优势效应。

三是“中央厨房”运行。媒体运行中的“一次采集，多种生成，多元传播”，被称为“中央厨房”式的工作方式和流程。以人民日报为例，在信息采集阶段，传媒集团可以协同作业、资源共享，从而最大化地利用新闻素材资源。在融合编辑阶段，根据不同媒体的特点和需求制作成多种叙事产品，即由融合编辑中心“厨房”制成“新闻半成品”，分发到不同的媒体再加工。“中央厨房”式的运营职能主要是加强整合协调，并提供一个协同作业和资源共享的平台。

而中央电视台新闻中心和央视网在融合语境下，共同组建了网络新闻部，探索出台网融合新思路。新闻中心的采访资源、通稿资源都可用于视听新媒体，使央视新闻在新媒体舆论场的影响力扩大，提升了各播出部门的编播效

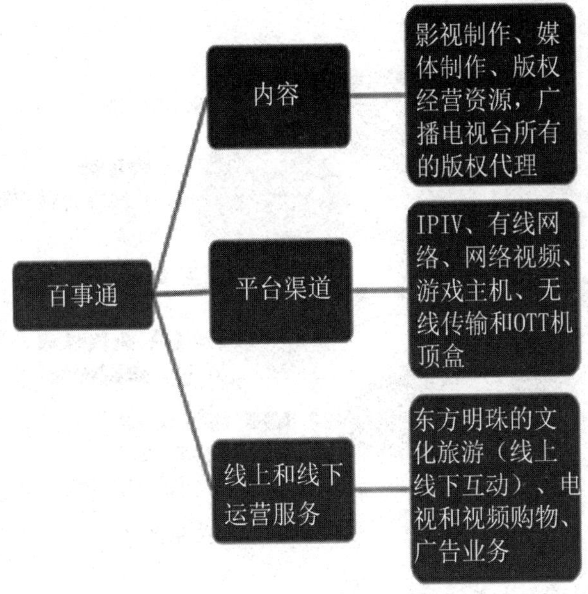

图 8－7　SMG 新媒体融合生态系统图

率。在运行中，中央电视台新媒体融合战略是以优势内容资源为主导，辐射出传统电视机之外的 PC 端、移动端，努力打造跨屏传播平台（见图 8－8），包括电视端的二维码互动，移动端的央视新闻、央视体育、央视影音、央视悦动等，在 PC 端设置有央视网、CBOX 影音。在社交媒体运用方面，通过“两微”增强电视用户黏性，扩大电视媒体影响力。

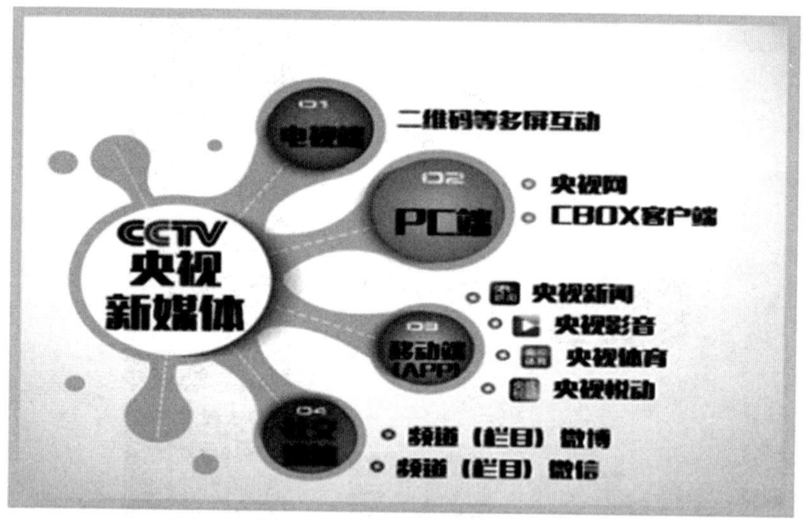

图8—8 央视融合媒体关系图

广播电视媒体除了借助新媒体技术发展现代广播电视传播体系外，还积极与移动通信网企业合作，拓宽新的传播渠道。

第九章 现代广播电视传播话语体系重塑

在全球化的传播语境中，西方媒体霸权垄断世界话语，我国媒体的话语影响力相对比较微弱。为重构世界话语秩序，需要提升我国媒体话语权，打破传播不平衡的状态，真正实现信息自由流动，在不同国家不同媒体之间进行平等的信息交流与博弈，逐步形成有说服力的话语体系、有影响力的话语传播方式。

第一节 媒体话语权与话语体系基本理论

互联网的广泛应用和现代广播电视网的建构，为现代广电传播体系话语权的提升带来了新机遇。其相关理论涉及媒介话语权理论和现代广播电视话语体系的表现特征两部分。

一、媒介话语权理论

媒介话语权的理论阐释，可追溯到话语概念辨析。在话语理论认识上，福柯的话语理论、哈贝马斯的话语民主理论、葛兰西的文化领导权理论和布尔迪厄的符号资本理论等都有明确的研究。除了这些直接相关的理论资源，其他近期有关文献资料也给媒介话语权的研究提供了启示。

1. 话语及话语权

“话语是说话者与对话者共同的领地”。[①] 美国语言学家哈里斯（Zellig Harris）1952 年在语言（*Language*）期刊撰文首次提出“话语分析”（discourse analysis）概念。迈克·斯塔布斯（Michael Stubbs）在《话语分析：自然语言的社会语言学分析》一书中，将“话语”作为大于句子的语言单位，关注话语及其所处的社会文本和语境，并将“话语”定义为“句子或分句之上的语言”。[②]

20 世纪 70 年代的英国批判语言学（critical linguistics）认为，语言不只是社会过程和结构的反映，它同时也建构了社会过程和结构。80 年代以后，关于话语的研究主要集中于国际关系学界。而进入 90 年代，对话语的研究领域进一步拓宽，话语常被认为是社会交往过程中的对话。

21 世纪以来，新闻传播学等领域的学者将话语研究与自身学科进行交叉研究，取得了丰硕的成果。本书所关注的是新闻传播领域的话语，通常指的是用来构建知识领域和社会实践领域的言语方式。

福柯首次将“话语权”作为独立概念提出来，他从权力的视角审视话语背后的意义，强调话语的建构性——话语建构社会，包括建构“客体”和社会主体；强调话语的政治性——权力斗争发生在话语之内和话语之外。[③]

而对于话语的主体研究，福柯认为，主体无法跳出话语体系之外而生存，“把主体看作在社会实践中并通过社会实践而建构、再造和改变的”。福柯强调陈述主体间相互牵制、彼此联系的权力，及“把主体视为由互不关联的各个片段组成的”[④] 观点。费尔克拉夫重点延伸了福柯的话语理论，提出了话语和社会变迁的关系模式，研究文本和社会关系之间的联系。

---

① 巴赫金：《巴赫金全集》第四卷，河北教育出版社 1998 年版，第 436 页。

② Amador-Moreno. C，“How Can Corpora Be Used to Explore Literary Speech Representation?” Keefee，A&McCarthy，*The Routledge Handbook of Corpus Linguistics*，New York：Routledge，2010，p. 537。见马建强：《从语言研究到话语研究嬗变的认识论基础》，《长春理工大学学报》2014 年第 4 期。

③ ［英］诺曼·费尔克拉夫：《话语与社会变迁》，殷晓蓉译，华夏出版社 2003 年版，第 52 页。

④ ［英］诺曼·费尔克拉夫：《话语与社会变迁》，殷晓蓉译，华夏出版社 2003 年版，第 43 页。

从以上文献综述可以看出，众多学者和业内人士都比较关注媒介话语本身的特点，包括机构特征，生产机制和结构等，只是由于涉及的学科领域有所不同，研究重点有所侧重，这对于我们分析问题有部分借鉴作用，可以从不同的学科分类进行分析，以便更好地理解我们所研究的话语权问题，使得我们的研究更加全面和透彻，具有反思性。

2．媒介话语权研究

有研究将媒介话语权的解读放在新的语境中，即后现代文化中，主要研究对媒介话语霸权的反抗；有研究探讨了批评话语分析的理论基础和框架，包括西方马克思主义、现代权力理论和互文性理论，并从语境、文本、阐释和传播策略分析方面探讨了批评话语分析的整合框架；关注意识形态话语分析的有关学者，对媒介话语语篇的生产、传播、接受的生活语境和社会历史背景的考察具有很大的启示；有研究从话语的角度，对中国当代电视的竞争格局及其深层寓意进行了深入的分析，探究多维话语系统的竞争与共生；有的把大众媒体置于文明演进和文化变迁的社会话语系列中去研究，以语言学为突破口，深刻研究话语的意涵，深化话语视角的理解和在传播研究中的运用；也有用理论和实证分析方法，论证关于中国国际传媒话语的“文化制衡”观，并通过各种话语形式，追求文化权势平衡。此外，还有学者从文化张力、生产机制、社会认同等方面阐释话语权理论，提供了话语研究的多元化途径和范式。

国内外对于媒介话语权的研究涉及的学科范围较广、研究较深入，但有关现代广播电视传播体系的话语权研究较少，仅结合三网融合和新媒体初期的话语权研究，没有更新语境和传媒生态，因此，亟须建立系统的研究框架和体系，使研究有助于我们认清新语境下国际国内媒介话语权的传播规律以及对国际话语秩序的影响，有助于推动我国媒介话语的发展。

总的来说，媒介话语权其实就是大众在一些议题上应该有的表达权和知情权，这些议题包括重大突发事件话题，各类公共话题等。换句话说，它就是公众话语权的衍生。媒体通过发布报道和评论来行使这项权利，从而引导舆论，达到良好的社会传播效果。在信息传播的过程中，媒介话语权表现主要有两种形式，第一，主体掌握话语权。随着科技进步，媒介帝国主义产生，国家之间产生不平等的信息流通，媒介帝国主义向其他国家传播有利于其的观点和意识。例如20世纪80年代末，美国之音向全球宣传本国观点，其他大部分国家的传媒此时仍处于起步阶段，只能在小范围内传播信息。世界上大多数新闻其实来源为数不多的几个新闻集团，而新闻集团基本上大多都是来自西方发达国家的跨国公司。第二，不同媒介掌握话语权。传统媒介中的电视语言以其声画同一，现场感强，内容丰富等优势，呈现强势话语权，但随着以网络和手机为代表的新媒体时代来临，不同媒介之间的话语权逐渐转移，传统媒体的话语权优势逐渐被削弱，弱势群体有了更多的表达机会，草根阶层也能够充当意见领袖，这对于传统广电媒体的市场分布，受众分流以及话语权构建产生了极大的冲击，需要广电媒体自身进行深度开发和挖掘，以应对新媒体时代带来的一系列挑战。

二、传媒话语影响力研究

关于传媒影响力的研究，可以纳入媒介话语权范畴，美国心理学家西奥迪尼在《影响力》一书中，将影响力归为六种，即互惠、承诺和一致、社会认同、喜好、权威、短缺，这些可以说都是媒介话语想要影响社会的基础和原则。这些原则之所以需要遵守，是因为它们从人类和社会心理角度出发，充分考虑了各种状况和承受能力提出来的，并成为国内外具有影响力的媒体或媒体集团所共同拥有的特征。

根据卡尔·曼海姆的观点，要赢得话语权，需要具备四大要素。如图9—1所示，这四大要素分别是信任感、吸引力、依赖感和服务性[①]。

从图9—1可知，只有赢得更高的信任感，才能形成强烈的吸引力和依赖感，最后实现公共服务，获得更多的社会认同，赢得国际国内话语权，真正发挥媒体影响力。

传媒话语影响力，第一是来自信任感。利昂·纳尔逊·弗林特（Leon

---

① ［德］卡尔·曼海姆：《意识形态与乌托邦》，中国社会科学出版社2009年版，第11页。

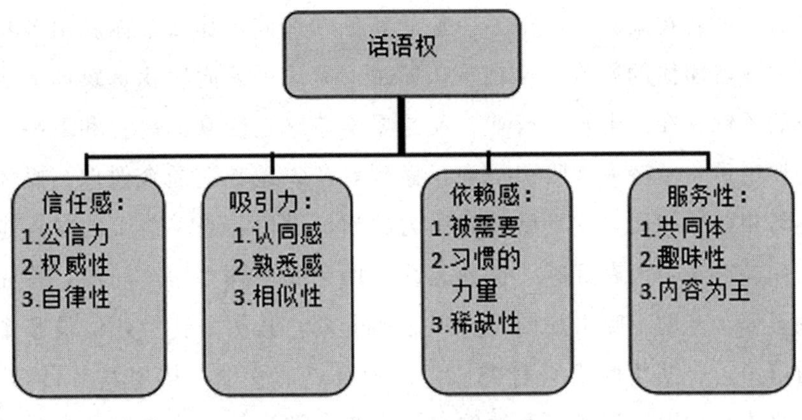

图 9—1 话语权四大要素构图

Nelson Flint）在关于“报纸影响力的源泉”研究中提出，要使得受众和社会产生牢固的影响和内化效应，就必须提高媒体的信任感，这包括公信力、权威性等。他认为，赢得影响力的根源就在于受众的信任，这是对报纸公正、公平、真实、权威的信任。所有报纸影响力效果发挥作用的基础都是受众对报纸的信任①。说到公信力，美国学者奈尔伯夫在《策略思维》中曾经做过深入的研究和论述，为了让策略行动更具有可信度，就必须采取承诺，这在媒体行业就是对媒介本身权威和真实、公正、公平的坚守和承诺。第二是权威性，这既包括发出权威的声音，还包括塑造权威的形象，这在媒介行业中就是树立权威形象的主持人、评论员，或者塑造权威的媒体形象。信任感的塑造需要一个历史性的过程，在美国，大众报纸诞生初期，媒体一直都扮演着党派斗争的武器，受众对其信任感并未建立起来，随着媒体财务逐渐独立之后才淡化了党派争斗的工具角色，真正赢得受众的信任，以越南战争报道、“水门事件”“黑幕揭发”等三个重要阶段的事件为代表②。

第二，话语影响力来自媒体吸引力。强大的吸引力建立在强大的认同感之上，这就是说，个体如果觉得其他个体或者团体在某种程度上对自己非常

① ［美］利昂·纳尔逊·弗林特：《报纸的良知：新闻事业的原则和问题案例讲义》，中国人民大学出版社 2005 年版，第 284—287 页。

② 《话语“四要素”的阐释》，见张国庆：《媒体话语权：美国媒体如何影响世界》，中国人民大学出版社 2012 年版，第 8—15 页。

有感染力，或者在某方面取得了一致的意见和认同，那么个体就很容易接受其他个体或者团体的影响，这就是认同感，而这种认同感就是媒体形成有力话语权的关键。在广电媒介行业，就是要塑造贴近受众的内容和专栏，或通过特约评论员、主持人来吸引受众，做到有意识地塑造受众偶像。媒体的吸引力还与相似性相关，这是增加吸引力的辅助手段，当一个人的观点越与你一致，你越对这个人有好感，这种关系有助于我们理解两个问题，首先是媒体的意识形态有助于吸引相同意识形态的受众；其次是特约评论员和个性主持人的作用，有助于吸引具有类似个性和观点的受众，增加其节目黏合度。因此，媒体有意识地塑造有个性的主持人或者评论员，可增加受众对媒体的忠诚度。

第三是依赖感，主要体现在两方面，一是信源，二是观点。李普曼曾说过，新闻报道应该每隔几天就为我们描绘出一些真实画面，这种真实画面是建立在我们感兴趣的外部世界上的。由于个体所获知信息的有限性，这就导致个体和媒体之间必然存在某种程度上的依赖性。据研究表明，人们每天的行为中，90%是出自习惯的力量，而新媒体的出现则强化了受众和媒介的关系。以SNS社交网站为代表，涌现出了一批微博控、微信控，充分享受媒介带来的海量信息，这就是受众对媒体依赖最外在的表现。受众对媒体的依赖感还源于信息的稀缺性，它包含三层意义，其一，看似受众面对海量媒体信息，但话语权却掌握在少数媒体中，个性化和非主流的声音稀少，这点在国际传播中体现得非常明显，大多数是几大新闻集团所发出的声音；其二，看似海量节目，但具有个性的主持人和评论员非常稀少，这也影响了受众对电视节目的选择；其三，看似海量信息，但独家新闻非常稀少。经常发布独家新闻的媒体明显更受受众喜爱。在美国，白宫通过对稀缺信息的掌握牢牢吸引住媒体，使得媒体对其保持长期、牢固的依赖。

第四是媒体话语权来自对服务性的强化，它可以建构包括媒体和受众的利益共同体，这对于激发媒体的社会责任感，促进社会的进步和发展有着积极的作用。服务性还体现在对严肃新闻的坚守。二战时期，美国两家报纸占据着媒介的主要地位，分别是《纽约时报》和《纽约先驱论坛报》，这两家报纸在二战时期由于配额有限，必须决定其定位是以新闻为主还是以广告为主，

《纽约时报》选择了以新闻为主，而《纽约先驱论坛报》选择了广告。结果，《纽约先驱论坛报》1966年就倒闭了，而《纽约时报》至今仍产生着很大的社会影响力，其原因就是忠于新闻、忠于读者。

话语影响力四大要素，最终体现为现代广播电视媒体的传播力。传播力即传播的影响力和效力，或者说是媒体组织使用其自身或其他传播途径实现传播效果的能力。媒体之间竞争的实质就是传播力的竞争，本书主要探讨的是现代广播电视媒体如何通过硬实力和软实力的构建来提升自身传播力，从而在国内外实现较好的传播效果。

三、现代广电传播话语体系特征

现代广播电视话语体系是以对新闻传播的规范认识为基础的思想理论范式和外在表达方式。思想理论范式应是适合我国广电话语体系的传播模式和理论范式，而外在表达形式集中体现为广播电视话语权的建构，通过话语文本内容、话语表达方式、话语传播理念、话语传播渠道的系统建构并形成合力体系，以增强广播电视媒体的话语影响力，其总体特征表现如下。

1. 互动性——受众参与

现代广播电视传播话语体系中的受众已不再是被动接收者，而是主动积极的提供者和互动方，从群体到个体，从零落的孤立无援到聚合的公共社会，话语体系再造了受众角色，该角色变得复杂、多元，而受众角色的再造也进一步对传播生态造成了深远而有意义的影响。

首先，被动——积极。现代广电不再是看的媒介，而是可以玩和互动的媒介。现代广电即将搭建新一代OTT互联平台，这个互联平台是在云处理技术上成型的，融合多个网络集成，采用无线网与有线网结合的接入措施而形成的。在这个体系中，各类终端成为集多种媒介于一身的智能产品，受众享受多种增值服务与个性化定制，还可以与地球另一端的个体进行实时丰富的互动体验。现代广电其实改变了受众的收视习惯与收视心理，颠覆了受众对传统广电的认知，赋予了个体更多的自主性与权力，使得受众由过去的被动转变为积极主动。现代广播电视利用多种手段为受众提供大量创新的广电节目、互动服务和各种信息化产品，像个性化定制产品、银行类产品、个人旅游类产品等非常私密化和个性化的内容都屡见不鲜，高新技术的推广为现代广电进一步满足受众生活、工作和娱乐需求，提供了更加广泛的产品服务基础。其实，受众地位的转变和角色的再造，不仅仅是现代广电技术发展的结果，也是人类社会发展的必经阶段，任何一种技术都是为服务和方便用户而创造，现代广电更是带给个体更加极致的视听体验和更加鲜活的互动感觉，可以说，现代广电将个体塑造成了一个更加完整的权利主体。

其次，单向——互动。传统广电，传者与受众处于分割的局面，信息传递的过程是单一的，传者处于优势地位，受众只能被动接受，但现代广电中的媒介平台改写了传与受的关系，它形成了传受者平等交流与互动的平台，受众不仅能够发布消息，还能够积极主动地与之交流互动。传者与受众身份不断转换替代，因此也不存在传统意义上绝对的传者与受众，大众的媒介角色得到了重塑。而这种重塑，其实就是一个从不平等到平等的改变，受众增强了对传播过程的控制，打破了传统广电一对多的传播方式，消解了信息鸿沟，建构了一种传者和受众互相制约、互相支配的媒介生态系统。分众化趋势日益加速，传统广电已经无法满足其个性化需求，而现代广电传播话语体系则提供了最优化的解决方案，广电媒体通过其媒介集成平台，利用下一代广播电视网，打造了一个多元、多维、快速、方便的分发平台，整合不同媒介的传播优势，整合内容资源，将产品科学、快捷地分发至受众手中。

最后，细分——聚合。现代广电传播体系中，自媒体不断地发送信息，随时与他人互动。这些自媒体内容在公共平台上不断交流、发酵、升华，最终促成公共空间的形成。而现代广电传播话语体系可以说进一步推动了这种变革的发生和发展，微博、微信、播客等逐渐兴起并且走向每个人的生活，受众已经开始成为公共空间的主角，他们通过自媒体表达自己的诉求，力争最广泛的权益得到保障。在哈贝马斯的公共空间理论中，大众传媒无疑起到了非常重要的作用。传统广电时期，大众对于公共话题的讨论显得非常稀缺，公共议题很少得到重视与解决，个体使用媒介表达自己诉求的机会也非常少，但在现代广电话语体系中，媒介壁垒逐渐消失，把关人效应也不再强势，个体借助交互式的自媒体，可以第一时间参与公共事件、公共议题的讨论与交流，发出大众的声音，并且快速获得回应。现代广电传播话语体系中的媒介集成平台作为公共空间的平台，有利于公民自由地表达诉求，推动社会进步。公民不仅可以通过媒介表达自己的诉求，还可以参与其他公共议题的讨论和评价，形成公共话题。

2. 多元性——主体构成

现代广电传播话语体系可以更好地实现内容资源、渠道资源的优化配置，因此传播主体的构成比起传统广电系统更多元化。

伴随三网融合继续深入，下一代互联网和下一代广播电视网相继建立，全民传播时代出现了，IPTV、手机电视、数字广播、互联网电视、触摸媒体等新兴主体纷纷进入传媒话语领域，甚至通信运营商、网络渠道商、技术运营商都进入了媒体信息市场，广电新闻业已不再是独立高地，其他行业和广电媒体业之间的界限越来越模糊。

随着社会的快速发展，中国越来越受到世界各国的关注。传统媒体舆论场、新兴媒体舆论场和自媒体舆论场错综交织，社会舆论呈现去中心化的趋势。在这种情况下，作为传播的主要媒体，主流声音的舆论导向力量必须比以往任何时候都强，来面对构建全球舆论新秩序的挑战。我国主流媒体在与西方发达国家媒体抢占话语权的时候，应该合理利用自身优势，扬长避短，采取创新传播策略进行对外传播，增强国际传播力，从而营造一个有利于国际国内传播的舆论场，树立健康的国家形象。

此外，网络时代、手机时代、4G时代接踵而至，多元性主体还要应对新兴媒体间的竞争，新媒体开始渗透到信息传播的各个方面。新媒体点对点的传播改变了传受双方的关系，受众摇身一变成为积极表达的主体，模糊了传者与受者之间的界限，从点对点的传播转向点对点的互动，用户主动参与内容的生产制作，并且自由地进行交流和分享活动。如中国网络电视台、央广网等传统主流媒体与互联网融合，除了承载其传统媒体的信息发布功能，还积极与网民互动，抢占新媒体信息高地。另外，手机电视产业链，包括广播网络运营商（即广电机构）、移动通信运营商、内容提供商也纷纷进入信息传播业，扮演传播主体角色，抢占信息发布高地。其中，广播网络运营商无疑是最具有竞争力的一环，因其拥有宽带数字广播，还有优质的内容提供能力和运营能力，加上运营牌照更是如虎添翼，但其对终端的控制能力较弱，与用户互动较少。而移动通信商虽然拥有广大手机终端的客户群和覆盖规模以及较为成熟的终端运营能力，但其缺少国家新闻出版广电总局颁发的牌照，也缺少内容资源，在竞争中还是处于劣势地位，需要和广播网络运营商进行合作，才能双赢。目前广电系统包揽了国家新闻出版广电总局颁发的 7 张业务牌照，分别是央视国际 CNTV（中央电视台）、杭州华数（浙江电视台）、文广百视通（上海电视台）、南方传媒（广东电视台）、湖南电视台、中央人民广播电台和中国国际广播电台。

而以四达时代集团为代表的公司，则另辟蹊径发展属于自己特色的广播电视民营外向型企业，主要电视业务向非洲发展，四达时代集团在非洲建立了一个宽带综合信息平台，向非洲国家广电机构提供数字电视服务，同时发展包括手机、车载等多终端服务，这既可以大大降低成本，同时利用综合系统销售移动终端产品，带动自产内容的外销和国内出口服务贸易额的增长。

3. 开放性——力量整合

技术的进步，文化的交流，促使传媒格局发生重大变动。面对日趋激烈的国际舆论竞争态势和我国媒体“走出去”的战略机遇，首先，应该加强媒介传播力量整合，即传统广电和新媒体的融合、多种机构多种声音的参与，以增强我国全球信息与文化传播过程中的传播力。传播力其实也是现代广电传播话语体系的核心竞争力，要重视竞争当中的互动关系；其次，优势互补，将原有的优势作为突围口进行创新；最后，要有整体视野，将现代广电传播体系融为一个整体，提升整体的核心竞争力。总之，面对广播电视业的机遇与挑战，核心竞争力战略思维模式将成为广电媒介求得发展的保证①，这包括新旧媒体影响力整合，多种机构多种声音影响力整合和文化影响力整合。

① 刘杨：《现代广播电视媒体的“核心竞争力”战略思维》，《新闻界》2002 年第 3 期。

第二节 现代广播电视传播话语体系的建构目标

党的十八大报告提出“构建和发展现代传播体系，提高传播能力”。《“十二五”国家自主创新能力建设规划》（以下简称《规划》）也提出要求，“构建技术先进、传输快捷、覆盖广泛的现代传播体系”，以提升中国文化的表现力和传播力。《规划》中的这些要求进一步强化了构建现代传播体系的发展目标，即积极加强自主创新体系建设，推进广电系统实现新的跨越、构建一个现代化的传播体系，为创新型国家建设做出现代广电媒体的贡献。

一、重建世界传播新秩序

20世纪七八十年代，麦克布莱德委员会向联合国递交了一份名为《多种声音，一个世界》的报告，认为世界传播秩序不平衡，少数国家的主流媒体垄断了世界信息传播权力，为此，强烈要求建立世界信息与传播新秩序。然而，几十年过去了，世界传播的主导格局仍然没有改变。当互联网时代来临之时，有研究者认为，新媒体的发展将缩小世界传媒间的差距，填平世界信息传播的数字鸿沟。麦克卢汉和昆汀·菲奥里在《地球村的战争与和平》(1968)中曾预言，新科技将会冲击整个社会，引起全球传媒生态的变化。在他们的观点中，媒介技术的发展与社会制度变迁之间存在着某种正相关关系。事实上，从媒介技术发展历程来看，仅仅从冷战结束至今，已经发生了四次重大变化：第一次，以万维网的出现和广泛使用为标志，使得信息传递和接收的范围大为增加；第二次，以通信软件和移动终端的出现和广泛使用为标志，像QQ等应用软件的迅速蔓延，大大降低了全球范围内跨地区、跨国之间的通信交流成本，加速了全球信息流动，而且以手机等为代表的移动终端在大众中的广泛普及，使得通信方式更趋向于点对点的交流方式，并且产生了深刻而重要的社会影响；第三次，以宽带互联网的出现为标志，博客、播客等为代表的自媒体广泛兴起。宽带互联网的兴起使得跨地区、跨国际信息传播更为频繁和密切，以智能手机为代表的移动终端使得个性化内容的发布更加多姿多彩。随着技术创新和产业升级，三网融合逐渐深化，下一代互联网和下一代广播电视网依次出现，将实现媒介技术的第四次变化，改善传媒生态的失衡现象。

上述四大变化使得跨国信息流动出现了新特点，分为三种基本模式：一是完全垄断模式，指官方主流新闻机构完全垄断信息传播，没有其他竞争性信息来源。公众和其他集团只能被动接受来自政府发布的新闻消息，这种信息流动非常有限，速度慢，成本高，且易被控制；二是完全开放模式，这与完全垄断模式相对立，没有任何行为能够控制信息流，包括速度和方向，信息在流动过程中无损耗。这是非常理想的模式，以托夫勒、罗森瑙为代表的学者认为，信息技术的发展导致的权力转移，将会导致这种模式的出现①，这是一种没有国家干预和治理的全球信息流动模式，但现实中很难存在；三是有限控制模式，国家没有信息垄断地位，跨国信息交流增加，个体传播信息的行为有了可能，并且开始发挥重要作用。

随着下一代互联网和下一代广播电视网的铺开，国家垄断全部跨国信息基本不可能了，信息的高速跨国流动是未来的发展趋势，国际信息流动越来越趋向第二种模式，虽然不可能完全达到，但传统的国际传播中心—边缘结构正逐渐被打破，发达国家与发展中国家信息不平衡的问题正在改善。

回望世界新闻传播新秩序的足迹，1970 年联合国教科文组织第 16 届大会上首次提出世界新闻传播新秩序的问题以来，先后有两个发展关键点：一是前述的 1980 年，由麦克布莱德领导的委员会发表了《多种声音，一个世界》的报告，表明了发展中国家希望建立平等、公平国际传播秩序的观点和要求，且提出了多元解决方案；二是 2005 年，在突尼斯召开的联合国信息社会峰会，再一次提及了国际信息新秩序。在当今的国际传播格局中，发达国家不论在技术、经济还是文化领域，仍然占有一定的主导地位。但伴随着下一代互联网而来的新媒体语境，ipv6 具有可拓展性和公平性，这就使得以中

① 沈逸：《信息技术革命、跨国信息流动与舆论塑造》，《上海市社会科学界第五届学术年会文集》，2007 年。

国为代表的发展中国家在网络资源上第一次与发达国家站在相同的出发点上，甚至由于部分政策的出台而使得我们站在发达国家的前列。这种起跑线的平等性，将可能帮助构建在公平、平等资源分配逻辑基础之上的国际舆论新秩序。

二、树立广播电视传媒公信力

2013年8月19日至20日，习近平同志在全国宣传思想工作会议上发表重要讲话："必须坚持巩固壮大主流思想舆论，弘扬主旋律，传播正能量，激发全社会团结奋进的强大力量。让群众爱听爱看、产生共鸣，充分发挥正面宣传鼓舞人、激励人的作用。在事关大是大非和政治原则问题上，必须增强主动性、掌握主动权、打好主动仗。"广播电视是党和政府的喉舌媒体，承担着传播真实客观新闻信息、先进文化和引导社会舆论的职责。对于社会舆论的形成和引导，广播电视理应负起主流媒体责任，发挥好主力军的作用。特别是面对新舆论格局，构建现代广播电视传播话语体系，必须创新主流广电媒体传播力，提升公信力、引导力、影响力，这是现代广播电视传播话语体系建构的目标，也是衡量新型主流媒体的重要指标，尤其是主流广电媒体的引导性决定了其作为社会规范的价值尺度。

据国外研究资料显示，很多美国人在突发事件后都不再上街购物，而是待在家中看电视，从而使得消费量减少。这个效应不仅仅反映了在美国新闻传播业起到的重要作用，而且还集中体现了美国品牌媒体在世界传媒集团当中的地位和所发挥的巨大作用，这其实就是对广电媒体公信力最鲜活的诠释。如半岛电视台的出现使中东地区有了自己的国际传播平台，其题材很多都涉及争议敏感内容，但其观点独立、客观、真实，为其赢得了国际公信力。尤其在2003年伊拉克战争中，半岛电视台十分关注人民群众的感受，视角聚焦在广大阿拉伯人民当中，报道他们所需、所想，尽量从民众的利益点出发报道新闻事实，取得了受众的广泛信任，也从此确立了其在全球新闻报道中的地位。现在半岛电视台英文频道已成为世界第三大24小时播发英语新闻的频道，同时也是世界了解中东地区最重要的窗口之一。在国内，汶川地震后，

《纽约时报》说“中国媒体第一次达到了国际水准”，大地震后，中央电视台第一时间开设了特别直播报道，全天报道与地震相关的现场新闻，从而使央视CCTV—新闻频道的最高收视份额达到7.58%，是平日收视份额的6倍，创下该频道开播以来的最高值[①]。

三、主导媒体舆论话语权

构建和发展现代传播体系，提高传播能力，这是中国经历深刻的政治经济体制变革背景下提出的要求，也对主流媒体提出了更严峻的要求和挑战，新时期主流媒体必须与时俱进，把握舆论引导主导权。

习近平就人民日报海外版创刊30周年做出重要批示。习近平在批示中指出，30年来，人民日报海外版积极传播中华优秀文化，宣介中国发展变化，在外宣工作中发挥了重要作用。他希望人民日报海外版以创刊30年为起点，总结经验、发挥优势、锐意创新，用海外读者乐于接受的方式、易于理解的语言，讲述好中国故事，传播好中国声音，努力成为增信释疑、凝心聚力的桥梁纽带。[②] 习近平的重要指示，实际上是对我国传媒，包括广播电视媒体国际传播能力建设乃至整个外宣事业的殷切期望，为在新形势下进一步提升传媒的国际话语权，提供了行动指南。

人民日报社时任社长杨振武就此在《人民日报》发表了一篇理论文章，认为习近平同志的批示指明了新形势下对外传播的四大关键问题，即对外传播的“核心内容”“根本要求”“重要手段”和“最终目的”。核心内容是“传播中华优秀文化，宣介中国发展变化”；根本要求是“讲述好中国故事，传播好中国声音”；重要手段是用“乐于接受的方式、易于理解的语言”对外传播；最终目的是“做增信释疑、凝心聚力的桥梁纽带”。[③]

我国广播电视媒体在提升广播电视国际话语权、传播力、影响力的同时，

① 徐迅雷：《信息公开：软实力的一个体现》，《中国新闻出版报》2008年6月10日。

② 习近平就人民日报海外版创刊30周年做出重要批示：《用海外乐于接受方式易于理解语言努力做增信释疑凝心聚力桥梁纽带》，《人民日报》（海外版）2015年5月22日第1版。

③ 杨振武：《中国对外传播“有理说不出”？习总告诉你如何破局》，“学习小组”公众号，2015年7月1日。

也重视国内传播的公信力、亲和力和舆论引导力。2011 年 8 月，中宣部等五部委联合组织全国新闻媒体启动“走基层，转作风，改文风”活动。自当年 9 月开始，中央电视台以新闻栏目为代表，针对“走转改”开设了一系列“走基层”报道，其中，《蹲点日记》取得了较大的反响。《蹲点日记》系列包括《皮里村蹲点日记》《同仁医院蹲点日记》《北京儿童医院蹲点日记》等，新闻记者深入一线，与受访者生活在一块儿，深入调研，全景式展示了我国社会的方方面面。《蹲点日记》系列的成功，创新了构建主流媒体舆论引导力的有利途径：一是坚持三贴近，坚持一切为了人民群众，服务人民群众。只有深入一线，深入基层，才能想群众所想，谋群众所求，舆论引导才有最广泛的群众基础，才能营造主流、健康、积极的舆论，才能坚持主旋律，倡导正能量，充分发挥广电媒体的职能作用；二是适应新时期的变化，直面挑战，坚持与时俱进，改革创新，提升舆论引导力、传播力和影响力。总之，只有将党和政府的政策与人民群众的切实利益需求结合起来，将坚持引导社会舆论与反映社情民意结合起来，努力实现主流媒体内容、形式的创新，才能切实增强舆论引导效果，提高舆论引导能力。

第三节 现代广播电视传播话语主体的多声部“合唱”

新媒体技术的发展成就了全民传播的新时代，广播电视垄断的时代将成为历史，现代广电传播话语主体也呈现出多元化发展态势。

一、主流舆论场的主导

随着中国政治、经济、文化地位和国际影响力的日益提高，世界越来越关注中国的声音。而且在传统媒体舆论场、新兴媒体舆论场和自媒体舆论场错综交织的情况下，社会舆论呈现出去中心化的趋势。在这种情况下，作为主流传播媒体，广电媒体的引导力必须加强与创新。特别是面对构建全球舆论新秩序的挑战，在与西方发达国家主流媒体抢夺话语权的时候，更应该合理利用自身优势，采取新的传播策略进行传播，增强广电传播力，从而营造有利于国际国内传播的传媒生态环境。主流广播电视媒体作为党和人民的喉舌，必须在各类重大突发事件中积极主动发声，强化主流舆论的引导。在发挥主流舆论场的主导地位时，要保持思想的敏锐度与开放性，打破传统思维定式，加强顶层设计，统筹兼顾，转变理念，坚守理性精神和多元价值判断；内容上加强广电权威信息发布，注重发挥议程设置和舆论领袖的作用，从而把握舆论引导的时、度、效，抢占舆论引导的制高点。

如马航事件发生后，央视在播发国内重要时政新闻《“两会”直播间》的同时，几乎同步播出了该消息，从中可以发现主流广电媒体在国内外新闻事件报道中发生了很大变化。

从“捂盖子”到平衡报道。在“两会”专题节目中，央视多次罕见地中断正常报道，转换视窗由记者口播马航失联最新消息，接着尽力把整体新闻信息呈现给观众，由观众自己做马航事件的相关判断。这种报道突出新闻价值的选择，兼容多种消息来源，推动各方面信息的公开、交锋，最终使得观众可以了解最真实的新闻事实。

从“群体失语”到主动设置议题，快速传递出中国声音。马航事件报道期间，中国媒体在第一时间主动设置议程，并通过全媒体、多渠道同世界舆论进行互动，快速反应，起到舆论导向的作用，从而在国际话语舆论场发出了中国声音，扩大了中国的国际话语影响。

从“官本位”到弘扬核心价值观。在“马航事件”报道中，主流媒体除了关注最新进展报道外，还采用诸如“马航不哭”“等你回家”等温情文字和寻亲故事，力促核心价值观的弘扬和真实话语意义的表达，契合了“讲好故事”的理念，做到既能入耳，又能入心。

二、新媒体舆论场的竞争

随着下一代互联网的来临，新兴媒体日益充斥着大众的生活。除中国网络电视台、央广网等传统主流媒体与互联网的融合，承载媒体信息发布功能外，手机电视的广播网络运营商、移动通信运营商、内容提供商等也纷纷进入信息资讯业。此外，在个体层面，随着各类移动终端的普及，大量的新闻内容由个人发布，例如博客、播客和 SNS 社区等内容大多数由受众自行发布，公民不再把自己当作义务的承担者，而是更加积极地寻求救助，通过各类渠道提出诉求。更重要的是，新媒体构建了一个公开、平等交流的公共话语平台，大家都可以通过多元渠道参与，积极主动地表达自己的诉求。

例如，第 22 届冬季奥林匹克运动会（索契冬奥会，2014），可以称得上是首个真正的新媒体冬奥会。在索契冬奥会成为举世瞩目的焦点之前，互联网和各类社交媒体上早已充斥着各种评论和吐槽。开幕式前三个月，根据人民在线舆情数据库统计，就有 89000 条新闻和各类评论（见图 9—2），远超 2010 年和 2006 年冬奥会的数据。

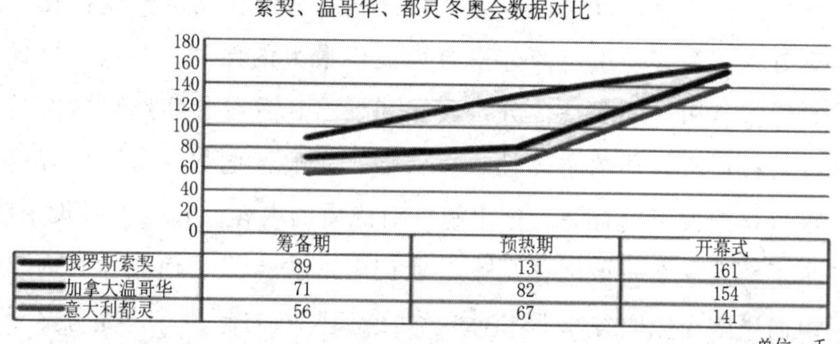

图 9—2 近三届冬奥会新媒体发布量对比[①]

通过图 9—2 对比三届冬奥会可以明显看出，在筹备期、预热期和开幕式中，索契冬奥会数据明显比其他两届冬奥会数据要高一些，尤其是预热期的数据，远远超过了其他两届冬奥会，而且这个数据的组成大都来自互动媒体。2014 年，由于国内的微博、自媒体的兴盛将索契冬奥会传播推向舆论中心。尤其是 CNTV 独家全程跟踪报道，其终端覆盖移动客户端、手机电视、IPTV 和互联网电视等多元、立体化网络，长达 1300 个小时的独家赛事转播，更是

① 数据来源：以人民在线舆情数据库为数据支撑平台，划分冬奥会开幕式前三个月为“筹备期”，前一个月为“预热期”，开幕式当天为“开幕式”，数据平台对当日新闻、互动数据进行日均数据量抽样对比。

营造了一个全民多屏论冬奥的情形。

索契冬奥会数据搜索显示，一方面传统媒体更加注重利用新媒体占领互联网舆论场，除了使用自身原有的渠道和平台发布权威消息外，还积极利用新媒体发布消息；另一方面，新媒体也不再自说自话，而是由记者在新媒体上首发吐槽内容，随即引发广大网友持续性关注，并且通过转载和评论发表看法和观点。两种媒体的互动越来越密切，并且在舆论导向中呈现互相影响、各有侧重的特点。

传统媒体通过拓展新媒体，进一步增强和提升了新型主流媒体的话语权。在这方面，“澎湃新闻”的实践为广电媒体树立了榜样。“澎湃新闻”是上海报业集团改革后推出的一个新兴媒体，上线伊始便吸引了众多关注，成为业界与学界关注的焦点。首先，其最大的特点是利用移动客户端优化了新闻报道的呈现方式，为移动用户的分享行为提供最大的便利。其次，重视新闻的互动化，通过与用户的互动，分辨真相和谣言，且将核实结果实时更新。尤其是充分发挥传统媒体的主体性、权威性、专业性优势，力求内容优质化和深度化报道，挖掘新的资源，推出独家而优质的内容。如《令政策平陆往事》一文产生了较大影响，该文立足于专业记者的深入采访而成，在内容上深入叙述了山西平陆令家“往事”，追溯了“令狐”姓的起源等，充分显示了传统媒体在采访报道方面的优势。澎湃新闻的新媒体报道分类清晰，内容丰富，设置了许多已有一定影响力的时政栏目，如“舆论场”“打虎记”“一号专案”等。

三、社交媒体舆论场的补充

主流传媒舆论场和新媒体舆论场是从横向角度阐释了媒体话语多声部的传播情境。那么从纵向看，话语主体可划分为国家主流意识形态话语、新闻专业主义话语和公民社交话语。在开放的互联网世界中，公民的民间话语空间借助新媒体平台或渠道得到释放，这些渠道涵盖互联网电视、社交电视，如传统媒体互动平台、两微一端（微博、微信、客户端）、自媒体等。

事实上，伴随着视听新媒体的兴起，一批传统电视台通过社交电视形式为用户提供直播电视体验。但这些应用受自身平台限制导致用户数量发展相对缓慢，于是造就了“微信摇”。“微信摇电视”的技术创新，带来了电视互动模式的巨大变革，为电视媒体的发展“摇”来了机遇。

2015年全国“两会”期间，央视新闻在《两会解码·群策群力》节目中首次与“微信摇”合作，实现手机屏与电视屏双屏合一，从而实现了“民间舆论场”和“主流舆论场”两个舆论场之间的互通互联，创造了一个普通百姓与代表委员“共议国是”的平等空间。

未来，互联网电视的发展，将更加有利于两个舆论场的沟通与互动。CNTV在2010年获得了第一张互联网电视牌照后，立即推出了第一台标准的互联网电视机——尚网电视，随后TCL、三星和海尔也与CNTV合作进入互联网电视业，提供全套服务内容，接着，腾讯等互联网公司也与CNTV联手，成立合资公司，进入互联网电视业。百视通也于同年获得了牌照，随即与康佳、联想、三星、夏普、丁丁网等合作。从2011年开始，基于开放互联网的视频服务（OTT－TV）的火爆又引发各种互联网公司、内容提供商和硬件制作商等竞争主体纷纷加入合作。

互联网电视模糊了网络与电视之间的界限，它使得电视传播形态发生了重要改变，传播内容由板块到超链接形式，传播过程由线性到多向性，而传播模式则由单向传输模式到双向互动模式。与此同时，互联网电视将网络上可以实现的社交活动移植到电视媒体上，即用户可以在看电视的过程中进行信息分享和互动，自此，电视不再是孤立的，而是广泛地存在于社交网络中。美国互联网电视运营商Verizon开发的FIOS TV业务，即可支持受众在观看互联网电视的同时接受和分享与内容相关的Twitter信息，或者访问Facebook站点，与其好友进行互动。国内也有类似的业务开展，安徽电信和百视通合作的互联网电视就提供了内容分享过程，通过输入手机号码将信息发送到好友的手机中。互联网电视将社交的主动性和电视的被动性结合起来，极大地改变了收视人群组成，也为运营商和内容商创造了商机。

第四节 现代广播电视传播话语表达的多维度和谐

在世界传媒格局中，现代广播电视话语表达的主题、风格和基调如何能激发用户的收视兴趣，如何在全球话语空间中发出中国声音，这是目前必须思考并回答的一个问题。

一、表达主题：发出中国声音

现代广播电视跨国传播首先表现在对主题的选择上，想要达到良好的对外传播效果，必须在认真研究海外观众收视心理的基础上，发出中国声音，或全球视角与本土话题结合，以达到同构共生，实现国内外传播双赢。

在全球化传播语境中，由于文化的差异性和跨国文化传播的复杂性，我国主流媒体报道往往以自我为中心，忽略了其他文化关联的新闻语境。同样，我国广电媒体在对外传播时也缺乏国际意识。有些国家媒体常抱怨中国媒体对他国报道时，往往只顾及局部，缺乏整体观。这种抱怨并非空穴来风，确实反映了中国媒体跨文化传播中的一些问题，特别是在新闻题材的选择上需要不断改进和创新，既要以我为主，又要换位思考。同时，注重不同国家、地区观众文化差异和收视心理上与本土话题的契合点，既透过本土视角看世界，又站在全球视野看中国，既关注现实问题，也重视人文关怀，最终呈现给观众多元、立体的图景。

特别是在一些重大突发事件新闻发生之后，要以信息公开、公正报道的专业主义新闻价值观去主动回应，并引导社会舆论，消除不必要的谣言，而不是试图掩盖事实。在自媒体越来越普遍的信息社会，信息传递的范围更广，成本更低，人们在得不到主流媒体的权威信息后不得不通过其他渠道获得信息，这不仅容易使人们轻信谣言，还有可能轻信西方发达国家恶意歪曲的事实，严重危害我国的国际形象，使我国广电媒体的公信力大大降低。

二、表达方式：世界话语与中国表达的媒体自信

由于跨文化传播受不同国家、地区观众的收视习惯和收视心理的影响，广电媒体应在表达风格上适应海外受众的习惯和心理，采取相应的表达方式和报道视角，“对输出的节目采取本土化制作”[①]。因为表达风格的转变，直接关系到海外受众对新闻的态度。

1. 用世界话语讲中国故事

表达风格的落差很可能造成海外受众对于新闻的误读，因而，现代广播电视话语表达方式要根据海外受众的接受习惯和收视习惯进行调整，利用海外受众习惯的话语来表达中国的核心观点。

何为世界话语，一个最明显的表达就是故事化叙事和富有情感的表达，这是被全球主要媒体所广泛采用的世界语言。里斯·舍恩菲尔德提出了一个“新闻就是LIVE”的目标和口号，这个口号有两点诉求：一是对现场直播（live）的追求；二是对生活、生存状况（live）的人文关怀。我国广电媒体在进行跨文化传播的时候，应该通过故事化的表达风格，构建符合海外观众收视心理的新闻文本，达到贴近海外受众、贴近海外生活的目标，以激发海外受众的移情作用。另外，在报道时政新闻时，要多用受众熟悉的、鲜活的语言，多用受众喜闻乐见的表达风格，多用受众易于接受的形象化语言表达。

（1）让世界听到中国的声音

首先是发展全球采编系统。2013年《中国广播电影电视发展报告》显示，中央电视台在海外建立了由两个分台、五大中心站、63个记者站组成的全球新闻采编系统，使央视的全球重大事件到达率、参与率达到97%[②]。尤其是围绕日本大地震、叙利亚局势、欧债危机等国际重大事件和焦点议题，我国一些主流广电机构采用了多种不同的报道形式，进行全方位、立体式的

① 石长顺：《现代电视传媒的跨文化转换》，《现代传播》2005年第6期。

② 李岚、莫桦：《权威呈现行业态势，聚焦广电热点亮点——中国广播电影电视发展报告（2013广电蓝皮书）出版》，《电视研究》2013年第7期。

报道，受到了极大的好评和赞赏。在《东非野生动物大迁徙》中，央视和非洲台进行非常深入和友好的合作，统筹多路资源，实现了由单一报道向持续性追踪的转变，也实现了国际题材中中国声音的表达，这一个直播报道获得了海外观众的大力赞赏和推崇，可以说是我国海外报道的一次成功尝试。

其次是争取更多频率频道节目的海外落地。央视于2012年实现了英文新闻的全球直播，国际发稿能力显著提高。目前，央视国际频道信号已覆盖171个国家和地区，海外用户和海外落地量也有了显著提升。在全球化主题和本土化制作的过程中，央视比较注重分析海外受众收视心理和习惯，贴近海外观众收视需求传播。系列报道《走基层》不仅在德国多家电视台播出，还在日本等国家播出，获得了热烈反响。党的十八大新闻报道内容累计被211家境外媒体的1047个电视台（频道）采用8195次[①]。此外，央视在建立海外网站的同时，还向海外派驻营销和推广网站的采编团队，拓展了国际传播的本土化阵营。在非洲，央视专门建立了一个制作团队，团队内大多都是非洲人，利用其本土化视角制作节目，获得了非常好的传播效果，极大地提升了我国的国家形象。

（2）让世界听清中国的声音

一是拓展海外记者站功能。海外分台和记者站的基本职责不仅要承担新闻采编任务，还要承担对外公关活动，比如海外落地联络、媒体品牌的占地推广活动策划、围绕当地政府公关、用户收视反馈等综合信息处理工作。与此相应，建立对海外分台和记者站相关的考核激励机制，科学引导人员努力工作方向，培养适合下一代广播电视网的全媒体型、全能型的国际传播人才。

二是加强对外传播的针对性。广电媒体的国际传播，应重视海外观众的收视兴趣和习惯，注重提高“听清楚”的效果，打造品牌传播。随着中国的迅速崛起，使世界对中国的海外传播倍感期待，而海外观众了解中国的主要渠道还是我国主流广电媒体。主流广电媒体机构想要让世界听清中国的声音，更好地了解中国，就需要付出更多努力。首先做到在地表达，减少文化折扣。

① 胡占凡：《让世界更好地读懂中国——加强国际传播能力建设的现状与前瞻》，《电视研究》2013年第3期。

对外传播要尽量贴近当地受众的表达习惯和语言方式，深入了解目标地区，优化不同国家和地区的传播内容组合，采用使受众真正听得懂、看得明白、能理解的方式传播中国声音，达到国际视野和本土观点的对接。其次，尊重事实，全面展示观点。针对海外观众的收视心理进行针对性报道，传播最真实的中国。当然，报道成绩的同时，也不回避问题，拉萨“3·14”事件后的纪录片《西藏一年》在国内国际得到了广泛的传播，取得了不俗的成绩，也使得更多的人得以了解事情真相，了解一个更加真实的西藏，更加真实的中国，从而树立了一个更加积极、健康的中国形象。

三是创新本土传播模式。只有本土化的跨文化传播才能获得最大的传播效果，新闻集团、时代华纳、BBC等全球扩张的路径已经证实了这一点。BBC早就开始布局本土化制作格局，2010年就实施“采编中心迁移”措施，减少总部非洲频道的采编人数，将三分之二的主力采编人员派往非洲本地进行本土化采编。这一年，BBC非洲频道的节目量就有了显著增长，其中，本土化制作的内容占每日播出总量的80%。路透社有一万多名员工，而其中外国员工的雇佣比例超过半数。国际传播能否让接受地用户“听得清”，在很大程度上有赖于本土化采编人员的业务水平，因此，加强跨文化传播能力，善用本土采编人才是一个亟待解决的问题。

(3) 让世界听懂中国的声音

人民日报社原社长杨振武认为，中国对外传播问题较多，一是国际舆论场上西强我弱的形势未得到根本改变；二是中国发展很精彩，却“讲不好中国故事”；中国理直气壮却“有理说不出”“说了传不开”“传开叫不响”。他认为，习近平同志对人民日报海外版创刊30周年的批示，正面回答了这些问题，即对外传播方式要用海外受众“乐于接受的方式、易于理解的语言”。[①]

如何让世界读懂中国，杨振武提出了三种路径：一是打造融通中外的话语体系，即使用对接国外习惯的话语体系、表达方式，让国际社会更易于理解和接受；二是打造融通世界的故事载体，即用与人们息息相关的各种故事，真情而巧妙地诉说中国价值；三是打造融通文化的人格化符号，即在对外传

① 杨振武：《把握对外传播的时代新要求》，《人民日报》2015年7月1日。

播中，善于发掘具有国际影响力，且能承载国家元素、观念和文化的公众人物，使其能够实现国家形象的人格化表达。

国家从战略层面提出了“构建和发展现代传播体系，提高传播能力”的重大任务，而提高传播能力其实就是提高国内国际传播话语权。现代广播电视传播体系，要求立足于媒介业态体系进行改革，并结合现代广电传播体系新语境来探讨解决问题。而“话语权”则是具体探讨现代广播电视的话语体系建构问题，目的是如何用世界话语讲述中国故事，提高国际传播力。现代广电传播话语体系不同于传统广播电视，它具有互动性的受众参与、多元性的主体构成、开放性的力量整合三种特性。因此，现代广播电视传播话语体系只有在话语主体、话语内容和话语表达方面重构，才能够提高传播话语权，增强传播力和引导力。

（4）用中国话语讲世界故事

以中央电视台中文国际频道（CCTV－4）为例，其传播定位为“传承中华文明，服务全球华人”，其品牌栏目《走遍中国》已历经了多次改版，不断贴近受众，尊重跨文化传播基本规律，深入了解受众需求，用他们喜欢的方式讲述中国各地的新现象，讲述发展中的中国各界人士的生活状况和精神追求，帮助海外受众了解当代中国，全方位、立体化、多元地感受美丽的中国。

中国广电媒体在对外传播上不断进步，我们在新闻报道、深度调查、纪录片和文艺娱乐节目方面已经积累了深厚的基础并取得了不错的成绩。随着下一代广播电视网的建立和普及，媒体拥有更加公平、平等的技术平台，我们可以尝试主动设置“中国议题”，展现出强大的话语自信和道路自信，让“中国表达”吸引全球观众。

三、表达情感：文化中国与民族气派的想象同一

中国国家形象是一个宏观着眼、微观着力的问题，代表着一个大国文化传播力的宏大命题。我们对外传播的关键就是把握住大家的共通语言，构筑起集体想象共同体，这为我们跨文化传播的呈现提供了一个思考空间。

广电媒体在对外传播时，应将具体物象同抽象的文化中国概念相结合，

最大限度地淡化其中的主流意识形态，这是以一种润物细无声的方式渗透进国际观众的心里，从而实现中国国家形象的文化传播。央视纪录片《舌尖上的中国》，用世界观众都了解并且感兴趣的美食作为切入点，从而将文化中国的内涵生动、活泼地展现在世人面前，让世界观众都得以进入其中，这便是很好的表达，唤起了海外华人潜藏深处的温暖回忆。诚如其总导演陈晓卿所言，饮食作为中国的代表，毫无阻碍地通向全世界，直达每一个人，这才是中国的软实力所在。央视《新闻联播》近年来也加大了民生和社会新闻的比重，多运用故事化、平民化的语言表达风格，并且还联合中国网络电视台推出了各种互动活动，鼓励观众随手拍平凡人的故事，实现每个人的梦想。与此同时，央视的品牌和影响力也在改版中不断提升，加强了我们的媒体自信。

第十章 现代广播电视传播的核心竞争力打造

随着广播电视媒体间及其与新媒体之间的竞争加剧，广播电视节目类型更新的速度越来越快，为迎合受众的新奇性心理，省级卫视出现依赖引进节目的现象，而独创性、持久性、文化性特征鲜明的节目成为奢侈品。作为一个广播电视大国，如何能建设成为与国力相称、在全世界有影响力的媒体强国，成为现代广播电视探索的重要课题。

第一节 现代广电核心竞争力的基本理论

媒体竞争力中最为核心和关键的因素，是由资源和能力构成的核心竞争力，因而对现代广播电视的研究更注重其媒体优质资源和运营能力的分析。

1990年，美国著名商界战略管理专家普拉哈拉德和哈默首次提出了“核心竞争力”的概念，强调其为“经过整合了的知识和技能”，并成为企业竞争优势之源，这一表述获得了广泛的认同。

一、广播电视核心竞争力的内涵

国内外学者关于核心竞争力的研究，过去大多集中在企业管理界展开，归纳起来主要观点有五要素构成论、三要素构成论、两类竞争力构成论（见表10—1）。

表 10－1 核心竞争力构成要素论[①]

类别	代表人	构成要素
五要素构成论	邹海林	①研究开发能力 ②创新能力 ③将技术成果转化为现实生产力的能力 ④组织各生产要素进行有效生产的能力 ⑤应变能力
三要素构成论	周卉萍	①技术及新产品、新服务方式 ②管理文化氛围 ③新理论、新经验的学习率和传递率
两类竞争力构成论	王秉安	①硬核心竞争力（核心产品、核心技术或技能） ②软核心竞争力（经营管理）

近年来，随着传媒业的竞争加剧，有关核心竞争力理论逐渐被广电传媒经营者所认识并应用到管理中。有研究认为，现代广电媒体的核心竞争力，是使广电集团在市场竞争中保持和获得竞争优势的知识和技能的结合[②]。相对于竞争对象而言，这些资源和能力具有明显的独特优势，且是对手难以企及和模仿的。总之，广电媒体的核心竞争力是在现实中以能力的形式体现出来的。以省级卫星电视频道为例，其核心竞争力在一定程度上能够代表该广电集团的竞争力，它是一个频道能够长期获得竞争优势的资源与能力，具有特殊性、价值性、延展性、整合性、动态性等特性，应将其细化到实际操作中去。

广电核心竞争力的特殊性。我国广电产业与其他行业最大的不同是不能单纯追求利润，而要重视广电产品的社会性、公益性和伦理性。要将广电媒体的社会责任与市场利益有机协调起来，并优先考虑社会价值。特别是在自我发展和与媒体竞争过程中，政府的政策扶持等因素起到重要作用。正是这种独特性才使得广电集团在竞争中获得对手不能获得的竞争优势。

广电核心竞争力的价值性。价值性特征，能够使节目内容在创造价值和降低成本方面比竞争对手更具优势，有利于受众从中获得比其他媒体更为优秀的节目内容，从而增强广电产业自身的实力。同时，这种价值性还体现在

① 徐阳华：《企业核心竞争力研究综述与前瞻》，《华东经济管理》2005 年第 11 期。

② 樊士德、张春华：《对我国广播电视集团核心竞争力的思考》，《屏声世界》2004 年第 11 期。

其他一些外在的表现形式和附加值上。

广电核心竞争力的延展性。核心竞争力能够应用于多种产品或服务领域，如在新兴媒体领域延伸应用，可以创造新的增长点。现代广播电视核心竞争力应充分挖掘IP在新兴媒体产品中的精神内核，使其具备跨领域流通的品牌延展性，实现广电媒介资源的共享。

广电核心竞争力的整合性。从广电特殊性的层面看，广电核心竞争力不仅仅是技术技能和知识的整合，还包括与组织机构、人力资源，以及传播内容等相互配合形成的一个有机的能力体。实际上，这种整合过程是对广电资源进行优化、整合的过程，不易被竞争对手代替或模仿。

广电核心竞争力的动态性。为了保持广电媒体的核心竞争力优势，就必须对其持续不断地进行创新、发展和培育。否则，在这个日新月异的时代，广电的核心竞争力也会逐渐丧失领先地位。

二、现代广电核心竞争力要素

现代广电核心竞争力有三个关键因素，包括节目内容创新、传播渠道创新以及运营机制创新。内容是基础，渠道是路径，运营是保障，从这三个方面入手加以改革创新，才能形成现代广播电视集团的核心竞争力。

1. 节目内容创新——最为核心的竞争力

内容是媒介的生存之本，广播电视作为传媒中极为重要的一员，自然要遵守“内容为王”的传播之道。广电内容消费市场是“买方市场”，观众对于节目的选择有着绝对的自由权，因此节目内容的质量水准和创新程度直接影响着广电节目的收视率或收听率。有研究表明，电视观众决定换台的平均时间是8秒。这一切竞争取向都指向了节目内容的质量和创新。因此高品质的、原创的、独家的节目内容，是广播电视媒体吸引观众最为核心的竞争力。

在Web2.0时代，受众话语权、受众对节目内容的选择性大大增加。在这种环境下，广电媒体必须提供比竞争对手更具市场竞争力、更多看点、更加新颖的节目内容产品，才能在激烈的广电节目竞争中发挥自己独特的优势。

广电市场的竞争在很大程度上取决于节目内容的比拼，要想在广电市场的竞争中立于不败之地，不仅要注重内容产品的制作，更要关注长远节目的创新和研发。电视节目内容的创新，必须紧紧围绕着观众的喜好和需求，从各个方面进行创新，带给受众新的体验，才能在激烈的电视节目竞争中获得成功。

2. 传播渠道创新——最具影响的竞争力

随着三网融合进程的不断推进，以互联网为代表的新媒体技术正在逐渐改变着媒体的格局，传播渠道日益多样化，受众接收信息的终端也不再单一，网络受众规模逐渐壮大，网络互动日益深入，这样的趋势越来越颠覆人们的媒介消费方式。因此，借助新媒体的传播渠道、改变传统广播电视单一的传播路径，成为提高广电核心竞争力的重要保障。

传统的广播和电视传播方式具有线性传播、难以储存等特点，播出的内容是稍纵即逝的。而新媒体时代，随着存储技术的发展，节目内容都被集中存储在各自的服务器当中，广播电视内容可以借助互联网不断拓宽传播渠道，不受时空的限制，让用户能够随时随地在互联网上寻找自己喜爱的节目内容，大大拓宽了节目的收视范围。

广播电视节目的网络化传播主要形式有：网上直播、视频点播、节目预告内容的网上传播和观众评论互动、弹幕技术等。主要传播渠道有节目官方网站、官方微博、微信、客户端、视频网站、网络电视和手机电视等。广播电视和网络合作日益密切，为节目内容的传播开创了新局面，扩大了受众规模，给用户带来了一体化、立体式的观看体验，也提高了广电媒体的竞争力、影响力。

未来广播电视在渠道创新的进程中，要充分考虑到以用户为中心的传播原则，改变传统的“一对多”的传播模式，形成“多对多”甚至“一对一”的传播形态，充分考虑新媒体交互式的传播特点，以用户需求和使用情景为出发点，增强广播电视节目渠道在受众中的黏性。

3. 运营机制创新——最有效益的竞争力

广电媒体在面对同类激烈的竞争时，必须选择和创新适合自身发展情况的运营机制，按照规模化、集团化、专业化的改革要求，从外部效益和内部管理上全面提升自己的核心竞争力。广电媒体探索运营机制的过程并不是一成不变的，而是随着内外环境的改变而改变，这样的创新不仅仅是机制的改变，更是企业媒介文化的探索，是对资源的深度整合，从而共同创造出最大效益。

运营机制创新，要求广电媒体通过内部管理体制的改革，进行资源整合，加快实现资源的集约化经营，对广电媒体的产业资源布局进行重构，形成规模效应，降低运营成本。其运营机制改革创新包括在业务层面上进行资源分配；在媒介经营方面进行资源整合；在集团管理发展层面上进行资源调配。并按照市场运作的规律进行经营管理，以调整资源结构为主线，以创造效益最大化为中心的运营模式创新，把增强媒体活力、完善媒体文化、提高集团竞争力作为广电媒体的改革目标，打造广电核心竞争力。

创新的运营机制通过加强协调内容生产和经营管理二者的联系，将广电媒体的长期目标和短期目标进行有机结合，注重广电媒体的长期可持续发展，有利于媒体集团在同类竞争者中保持优势地位，有利于传统广电媒体由粗放型向精细型改革，激发广播和电视媒体全新的生机与活力。

第二节 现代广播媒体传播竞争力打造

本节以广播收听市场份额与布局为分析起点，通过对国内主要省级广播的创优能力、品牌培育能力比较，并以国内交通频率为分析重点，对广播媒体的创新与发展路径提出对策。此外，通过对比分析广播新媒体产品的开发与运营，提出广播新媒体的运营路径及发展建议。

一、新型广播媒体的重新认知

新媒体作为一个相对的概念，伴随着媒体技术的不断进步而有新的拓展与内涵阐释。20世纪初，广播电子媒介相对于纸媒的报纸，成为跨时空的即时传媒而显示出其传播优势。后来电视媒介的诞生，以其视听一体化的形象传播又抢走了广播媒体的风头。特别是由于互联网新媒体的迅速发展，对传统广电产生了极大的冲击。然而，传统广电的转型，让视听新媒体产生了新的活力。

中央人民广播电台台长阎晓明在“2016年CNR战略资源推介会”上的致辞中表示①：广播电台，作为一个与报纸、通讯社、电视并列的一种以声音传递、用听力接收的媒介形式，是传统媒体中的新媒体——从诞生起就具有新媒体及时和移动的特质，接收便捷、覆盖广泛。阎晓明以中央人民广播电台为例解释广播“新型媒体”。他说，如今中央人民广播电台除拥有17套传统广播频率外，还建有广播网站、手机客户端、微信公号、数字电视、互联网电视等全媒体布局，内容互相呈现，相得益彰。传统的听众既可以在调频或中波中收听广播，也可以在互联网或手机等移动终端上点播音频节目，还可通过微博微信与电台互动，既有“互联网＋”，更着力于“＋互联网”。

具有竞争力的新型主流广播媒体，用传统广播信号和新媒体渠道混合覆盖不同人群，探索现代广播融合发展之路。如利用微信公众号发布新闻，延伸拓展现代广播的影响力。

二、省级广播收听市场占有率比较

1. 国内省级一流广播电台内容板块布局分析

2014年，以上海为代表的国内省级广播电台强化了内容板块的深度调整

---

① 阎晓明：《中央人民广播电台正在深度融合道路上阔步前行》，央广新闻公众号，2015年11月15日。

和布局，当年 6 月上海东方广播中心成立，打破了原有分散管理的格局，整合了 SMG 旗下广播新闻中心、东方广播公司、第一财经广播、五星体育广播等四大广播业务板块，进一步整合内容、品牌资源，推动新一轮发展。

目前全国各省级台大都与上海广播一样，基本形成了新闻、音乐、交通、财经、文化等公益和市场兼顾的功能板块。但也有广播媒体除了新闻、交通、音乐已经形成资源集约化经营外，财经、生活、资讯、农村、时尚等广播的定位和节目编排依然功能重合，模式趋同，目标人群高度重叠。根据国内先进台经验，这些广播媒体亟待整合资源，打造高度集成的广播公共文化服务传播平台和高度集约化的本土财经生活广播，壮大广播品牌影响力和新的竞争优势。

2. 国内省级一流广播节目编排比较（以新闻、交通广播为例）

新闻广播编排，在“全国广播收听市场风云榜”（2013）中，江苏新闻广播执行严格的新闻格式化轮盘，逢整点、半点推出即时资讯，全天基本构架为 12 分钟即时资讯和 18 分钟重点关注。同时，重点关注时段也安排一些其他新闻及评论样式，如新闻评弹、新闻故事、大林评论等。湖北之声 2013 年以前一直沿袭整点播报加专题的传统方式，2014 年，开始按照“直播湖北、评说天下”的宗旨，增加《湖北新闻》等重点新闻和评论节目的首播和重播频次，全天新闻播出量增加到 20 个小时，实现全省及武汉市场新闻资讯时段全覆盖。并创新编排“12＋18”半小时轮盘播出模式，即每半小时前 12 分钟滚动播出《新闻快报》，快播当地、汇览全球，追求新闻资讯的快速抵达。

湖北之声 2015 年最新改版，将之前的半点播报重新恢复为整点播报，逢整点 12 分钟《新闻快报》实时滚动播报最新消息，目的是集中力量精办节目，精心打造早中晚三个新闻收听高地。

在省级一流交通广播节目编排中，以位列“全国广播收听市场风云榜”（2013）前四位的江苏及湖北楚天交通广播为例进行分析。江苏交通广播以“开车人、坐车人、出行人”为主要听众，以覆盖流动群体为主攻方向，实现动态传播服务。并面向全省争取众多著名主持人加盟其中，组成“梦之队”，提高频率的知名度和号召力。在该频率覆盖范围内，90％以上出租车、公务车、私家车自发锁定江苏广交网，甚至连超市、商场都将其作为转播首选。

湖北楚天交通广播按照品牌化、市场化、集群化发展策略，发挥新闻资讯、交通服务、汽车市场、生活服务、综艺娱乐5个品牌节目集群的带动效应，立足大交通领域，紧盯车上移动人群来策划、编排、设置节目。该频率采取“主打高峰、稳抓平峰”的节目编排思路，增加新闻资讯播出频次，满足车上人群对新闻资讯的需求，进一步突出交通广播的伴随性特点。

在省级一流音乐广播节目编排中，“全国广播收听市场风云榜”（2013），排名省级音乐广播前列的是河南、广东、四川及湖北楚天音乐广播。河南电台FM88.1是河南省首家真正意义的专业音乐电台，以车内移动人群为目标受众，以音乐歌曲为主题的都市调频立体声广播。四川岷江音乐iRadio是西部首家推出的专业音乐频率，风格定位“多、快、变、精”，节目“对象明确、参与度高、本土化强、覆盖面广”，节目形态融合了音乐广播类型化模式，精细度高，贴近性强。广东电台音乐之声是国内第一家开播的立体声音乐电台，拥有20年历史的音乐领导品牌。每年举办超过一百场与音乐相关的户外活动，其收听率一直位于广东省的前三名，是珠江三角洲影响力第一的广播品牌，旗下的《音乐先锋榜》是中国第一个华语原创流行音乐排行榜。湖北楚天音乐广播2014年改版后，以创新举措全面提升节目核心竞争力，还先后推出台湾金曲奖颁奖礼、MAMA亚洲音乐盛典特别节目，充分体现了时尚、潮流、律动的特点。

三、省级品牌广播节目竞争力打造

广播受地域、发射功率、频道定位等多种因素制约，很难产生类似电视的现象级节目，但是随着汽车走入寻常百姓家庭，车载广播的迅速兴起，广播界也出现了一些强势频道和节目，比如交通广播，在一个地区内反响强烈，形成一种收听现象，并带来良好的市场回报，在节目的运行中也有值得探讨和借鉴之处。

1. 交通广播共性与个性的结合。国内交通广播的专业共性，一是围绕交通出行设置节目，开展与交通相关的活动，打好交通牌；二是做好做足服务文章，如湖南交通广播“爱心送考”活动，一办就是十余年；三是交通广播坚持开门办广播，几乎所有省市交通广播都与交通管理部门联手合作，在交管部门建立了路况直播室，或将省、市路况视频信号引入直播机房。与此同时，楚天交广还被列为湖北省应急广播，成为全省应对突发事件发布的宣传阵地。楚天交广在突出交通品牌特色中，逐步形成了自己的个性风格——把服务社会做到极致，并提出“服务在细处、帮人在急处、担当在难处”的频率理念。

2. 交通广播的互动与服务并行。交通广播的节目在多年运营中形成强力竞争态势。以交通维权节目为例，安徽交通广播的《维权 908》节目以帮助出行人、监督执法者为栏目宗旨，通过接听热线电话、手机短信了解交通参与者关注的热点问题，联系相关职能部门及时给予答复。其做法是有严格的节目热线统计制度和问题解决时限要求，通过每天的节目热线统计表格，可以知道节目中热线投诉的重点内容及需要解决、已经解决的问题。在直播过程中设立值班记者岗位，听众在直播节目中咨询或者投诉问题后，值班记者应迅速调查了解，并第一时间在直播节目中回复，问题解决的效率和节目可听性大大提高。

3. 交通广播创新的路径探索。随着改革不断深化，“天花板”现象逐渐凸显，交通广播需要以各方面的创新来应对发展、应对竞争。

节目创新。每年一度的全国交通广播创新节目大赛，既是全国交广的一次节目聚会，也是一次节目推广会，大赛中产生的一批新节目从研发部门走到前台，开始上线应用播出。如楚天交通广播两档节目获奖，其中《快活嘴》节目被引入播出至今，广受听众好评。自此后，许多优秀交通广播都从节目创新大赛中脱颖而出。

技术创新。主要指互联网传输技术应用创新，这个技术革命手段并没有被广播人自己掌握而是落入“蜻蜓”等社会公司之手。当这种传输手段被人们熟悉并无法摆脱之时，传统广播将会受到社会公司“掐颈”之难。其次是覆盖技术创新，传统布点覆盖方式不尽相同，有的是大功率重点覆盖大城市，以城市为中心、沿高速公路进行布点，如浙江、江苏；有的是多布点小功率，如四川，布点到每个县城，全省每个地方收听无死角，声音清晰响亮。随着互联网终端进入车载系统，信息快速更新以满足人们需要，其提供的路况方便、即时、准确，让车载广播内容更加丰富多样。

经营创新。国内大多数交通广播尝试以产业经营拓展新的发展方向，其中先行者已硕果累累，如湖南交广的“平安小精灵”成为汽车上必不可少的平安饰物，与“平安小精灵”同步同名的汽车快修连锁店开遍了长沙城，其产业贡献率每年都在亿元以上，这些可观数字蕴涵丰富，让人开阔了发展思路。

第三节 现代电视媒体传播竞争力打造

在现代电视传播竞争环境下，电视媒体收视市场结构发生较大变化，从过去的新闻、社教、文艺三大支柱节目，转变为综艺节目、电视剧和常态栏目（包括新闻和专题栏目）结构。然而，不论节目结构如何变化，即使是在全媒体语境下，现代广电传播体系的核心竞争力仍然是以新闻信息、综艺娱乐为主体的内容支撑。因此，本书有关现代电视媒体竞争力的比较分析仍不能脱离上述两大节目体系。

一、跨视屏互动：增强电视竞争力

互动，作为新媒体最主要的特征，成为其挑战传统媒体竞争力的关键要素。互动在四个层次上发挥新媒体的独特优势，即空间指向的共存性、时间指向的共时性、能力指向的可控性、精神指向的理解性。现代电视媒体应有效利用互动的多种功能，争取实现大屏观看，小屏互动，发挥主流媒体的引导作用。

1. 跨媒体互动

现代广播电视传播体系的构建，将促进传统媒体拓展视听新兴媒体，并在“视听＋”融合理念下，借助主流业务的支撑，吸纳更多的附加业务，以形成“主流业务＋”的融合发展格局，推动主流电视媒体产业进一步发展。

在2016年央视新媒体广告招标会上，央视作为最大互动平台的传播价值，其央视新闻客户端、欧洲杯系列全媒体互动产品等资源受到众多用户青睐，招标预售总额高达6亿元。这充分说明，央视“TV＋”的融合发展开始获得市场价值。

2. 跨平台服务

跨屏、分享等消费行为日益普遍，消费者拥有多个视听终端的比例较高，视频分享成为人们重要的在线社交活动之一。在多屏合一、多终端共存的情况下，用户跨屏消费的现象更为普遍。因此，电视通过跨屏服务，仍然成为人们视频消费的主要终端。

随着社会的发展和人们生活节奏的加快，更多受众对观看终端的使用越来越受到观看场景的影响，越来越多的用户喜欢双屏观看，或通过智能手机在移动状况下观看。鉴于这种情况，广电媒体需要调整服务理念与路径。

（1）移动平台推送服务。在中国有81％的智能手机用户每周或者每天都分享过视频。用户的分享习惯带来了不同视听服务平台之间的互动和竞争。截至2017年12月，我国网络新闻用户规模已达64689万户，网民使用率为83.8％，网络新闻成为仅次于即时通信的第二大网络应用。而把移动新闻应用作为获取新闻主渠道的用户达到61959万户，使用率达82.3％。

（2）新闻客户端推送服务。互联网新媒体技术的进步，创造了一个又一个神话。新闻客户端顺势而为，成为现代广电媒体拓展的又一个新媒体平台。如今，无论是传统广电、纸媒，还是新媒体，都在竞相开发客户端。门户网站体系的移动新闻客户端，如腾讯、网易、搜狐、新浪，以及原生体系的移动新闻客户端，如今日头条（2012年）、一点资讯（2013年）等都先后加入，借力技术驱动强势推广。然而，包括央视在内的三个央媒客户端下载量虽然都达到了千万级别，但在新闻资讯类App排名中，都没有进入前四，说明广电媒体还有很大的发展空间。现在，通过客户端获取信息的方式已经渗透到手机用户的日常生活之中，不论是上下班，还是午休，抑或是旅途之中、临睡前等都可能成为新闻网浏览的时间，新闻客户端已占领了人们的碎片化时间。此外，移动新闻客户端的海量信息，促进了媒体信息的个性化推送。

(3) 微信推送服务。微信继微博之后成为发展最快的即时通信工具。微信仅用不到四个月的时间，就达到了报纸50年、广播38年、电视13年、互联网4年时间积累的5000万用户的规模。因此，传统广电纷纷开通微信公众号，拓展传媒影响力。

据新榜独家发布的“中国媒体机构微信影响力排行榜”显示，以中央电视台“央视新闻”为榜首的微信公众号吸引了大量的“微粉”，赢得了青年用户的青睐。不少地方电视媒体也借微信平台，突破地域限制，实现传统媒体时代几乎不可能完成的全国范围内的即时传播。如排名第四位的“新北方”、排名第七位的“湖北经视”，分别隶属辽宁广播电视台都市频道和湖北广播电视台经济频道，而且均为地面频道，但通过微信实现了“卫视”传播的效果。

3. 跨渠道传播

跨平台传播虽然掌握着信息发布的主动权，但囿于国家政策、媒体技术、资本投入等因素的限制，往往效果不佳。而跨渠道的利用，则以合作、共享的方式为现代广播电视提供了迅速扩大传播优势的通道。

2015年度史诗大剧《芈月传》于2015年11月30日在东方卫视和腾讯视频同时开播。播出第一天，东方卫视就收获了1.8的收视率，开播第二天，收视率再度飙升，逼近2.4，问鼎全国收视冠军。

与东方卫视开播的同时，《芈月传》登陆乐视超级电视及乐视网全平台。开播仅12小时，就已在乐视网创下全屏播放量2.6亿的好成绩，首日总播放量破3.4亿，开播仅六天在乐视网累计总播放量已超过11亿。

4. 跨领域开发（IP资源）

现代媒体的竞争，催生出各具特色的新形态、新业态之后，最后还是要回到核心竞争力的打造上来。为此，围绕IP资源的开发共享将成为未来的方向。过去，传统电视媒体经过数十年的发展积累，拥有许多优秀的视频资源，一些投入巨额资金制作的节目，往往是一次性播出消费后即入片库，造成资源的极大浪费。如今，新媒体的迅速发展，对视频内容产生了巨大的市场需求，一些广播电视台和视频媒体制作公司开始深挖视频的IP价值，包括深挖节目版权、开发衍生节目、开发大电影、开发手机游戏，以及其他衍生产品的开发。

在成片版权开发运作上，爱奇艺斥资2亿元打包购买了湖南卫视《快乐大本营》《天天向上》《爸爸去哪儿》三档节目的网络独播权。腾讯视频花了2.5亿元购买《中国好声音》第三季的独播权[①]。2014年湖南广电开启了“芒果独播战略”，试图构建自有视频网站品牌。这一改变促使各大视频网站开始转向“自制战略”，或网台联播合作。

二、品质化传播：形成核心竞争力

电视媒体与新媒体融合改变了旧的媒介生态，人们对电视内容品质的需求急剧上升，倒逼市场选择的重置，让高品质的“现象级”节目加速了新的电视娱乐生态圈的形成。在品质化生产下，电视媒体铸造核心竞争力、加速机制变革并优化市场运营，进一步调整了电视媒体产业结构，以品质保值、增值为目标的电视全媒体传播战略也将成为中国电视产业持续健康发展的新常态。

品质化生产是核心竞争力打造的关键。而媒体的核心竞争力又是媒介经营主体能够长期获得竞争优势的能力。其价值性、稀缺性、持久性、延展性和难以模仿性成为核心竞争力的主要标志。在全国收视市场上，电视优质资源的“稀缺性”使得某些媒体的信息权威、优质品牌“难以模仿”，而品质化生产又可创造优质内容的路径依赖，铸就电视媒体的核心竞争力。

综观近两年电视综艺节目的排行榜变化与“现象级”节目，品质化生产，网台合作与同步联播成为综艺节目特点和趋势。品质化生产特定的“高门槛”、难以模仿性、高贡献率，使其成为名副其实的核心竞争力。

所谓“现象级”，是指电视节目在某一时期具有极高关注度，并极有可能成为此类现象标杆的一种高品质等级。“现象级”节目的本质是放弃对既有市

① 彭侃：《中国电视节目开发研究报告》，《视听界》2015年第11期。

场的盲目跟进和模仿，尊重而不迎合受众。

1. 全国省级卫视综艺节目竞争力分析

综艺节目竞争力要素包括创新力、运营力、影响力。

一档综艺节目内容的优劣取决于其创新力度——使竞争者难以模仿的能力；品牌运营力——获得巨大回报的能力；传播影响力——提供通向多样化市场的潜在通道的能力，这三点共同构成了内容上的核心竞争力。

综艺节目生产创新力，关键是打造创新机制。在创新力、运营力、影响力中，创新力是最能体现频道定位特色的，也最容易形成竞争者难以复制的能力。在残酷的市场竞争面前，纯粹的跟风没有出路，唯有“独特”才能突围，并逐步凸显频道的气质、定位。从长远来看，中国电视只有强化原创节目模式，才是未来电视综艺节目发展的方向。

创新中的原创力，是优化生产机制的结果。在国外，节目制作公司为了保持强劲的原创能力，都有良好的试错运作机制。在我国，央视也采取奖励机制来促进研发，湖南卫视每年拿出千万创新奖金，奖励获得突出贡献的热播节目和主创团队，并实行产品经理制度，为独立制片人提供全台最优质的资源支撑，将创新红利真正落实到每一位创新者头上。

综艺节目品牌运营力，能提升品牌核心吸引力。在媒介技术进步与市场版图竞争的双重驱动下，传统媒体与新媒体间的合作运营，涌现出众多“现象级”电视节目。如《中国好声音》《奔跑吧兄弟》《最强大脑》《歌手》《极限挑战》等节目，不仅拉高了收视率，而且成为广告吸金大户，促进各大卫视招标金额呈增长态势，尤其是品牌综艺节目的吸金能力大幅增长。

电视媒体以内容取胜，打造品牌栏目，表现出强大的广告吸附力，成为其立于不败之地的关键所在。其中，品牌运营力起到了关键作用。从广告客户结构来看，在现象级综艺节目的冠名客户中仍以大型快消品为主，如围绕线上内容展开多渠道整合传播，能够将节目的影响力延伸到品牌价值中。

现阶段，一档王牌综艺节目不再是单纯的电视内容生产，而是演变为一个品牌体系，这个品牌的传播是整合化的，一荣俱荣，一损俱损。以《中国好声音》为例，其大型励志音乐评论节目的定位，加上事件营销、悬念营销等手法，结合平媒、社交媒体、视频媒体的“点线面”织造传播网，建立起舆情监测系统，能准确把握节目在全国的影响力和认知度，使媒体在第一时间做出回应与调整。

综艺节目传播影响力，能增强渠道整合营销吸引力。上海文广集团的改革实践证明，当渠道越来越多时，强势的内容本身也是一种入口，成为强大吸引流量的入口①。事实上，无论新媒体视频还是传统电视，满足的都是用户的视听需求。电视媒体面对新媒体冲击，只要牢牢把握节目的品质，依然可以保持“内容自信”。美兰德全媒体数据调查显示，2014 年上线的电视平台播出内容（含电视常态化节目、电视剧、纪录片等），虽然只占 17 家知名视频网站所有网络视频内容的 5%，但视频点击量贡献占比却高达 44%。这表明，全媒体运营有利于电视媒体拓展传播时空域，进而提升电视媒体的生态位。

除了制造有传播影响力的娱乐事件和话题之外，媒介融合也是放大影响力的途径之一。目前大多数电视台都明确了网络播出渠道对传统电视频道的转型意义，动作幅度较大的还是排名靠前的优势台，湖南的“芒果 TV 独播”计划和东方卫视收购风行网，是两种比较典型的媒介融合方式。前者以高品质节目的内容版权圈定在自己的芒果 TV 视频平台上，纵向整合，属于主动进攻战术；而东方卫视发挥在资本运作方面“长袖善舞”的优势，横向整合播出渠道，在悄无声息中减少了网络对电视广告的冲击，属于防御战术。无论哪种战术，媒介融合的大趋势已定，未来将为品质化竞争提供更加丰富的想象力。

全媒体运营如今已成为广电媒体品质传播的共同选择，它不再仅仅是将电视屏幕的内容照搬到网上，而是针对不同终端打造适合不同人群收看的节目样式，并运用社交媒体进行社群化经营，扩大品质节目的社会影响力。

2. 全国省级卫视综艺节目的社交化运营及产业链开发

社交网络的迅速兴起与应用，正在重塑电视。Twitter 高管罗宾·斯隆指

① 黎瑞刚：《强势内容也是流量入口，媒体要进入渠道领域进行颠覆和整合》，见 http://www.tmtpost.com/171528.html。

出，Twitter中绝大部分话题与电视节目有关，每天广播电视的黄金时段恰好与用户每天发信息的高峰时间一致，在一定程度上Twitter已变成新的“电视节目指南”。有研究者对我国电视综艺节目收视率曲线与微博讨论话题进行比较，也得出同样的正向关系。[①]

在电视综艺选秀节目中，碎片化传播往往带来巨大的正向传播效果，许多卫视在真人秀节目中充分利用社交媒体，从开播前的选手录制片段，到播出中的节目片段，以及节目花絮等在社交网络中全程进行传播，通过特定人群的“关系圈子”转发热议，扩大了节目的影响力。

在互联网的盈利模式中，有大量的应用是通过免费的基础产品聚集足够大规模的用户，并打造独特的品牌形象，再开发后续付费衍生产品来满足一部分用户的增值需求，从而实现盈利。真人秀节目通过电视屏幕的高收视和密集曝光形成了极具影响力的品牌形象，继而形成IP产品，也就具有可以深度开发的产业链。

综艺节目因其消费文化的商业性和大众文化的基因，成为打造娱乐生态圈，绘制新的电视产业蓝图的一抹重彩。

三、多样化传播：延伸核心竞争力

1. 改革时政报道，优化新闻节目竞争力

时政新闻的改革是媒体改革的难点。特别是在移动传媒语境下，公民参与报道成为新闻信息传播的常态，主流广电媒体如何在信息海洋中吸引眼球，成为当下传媒界的一个重要问题。

首先，要让硬新闻“硬”起来。一方面，电视屏幕似乎被喧嚣热闹的综艺节目抢占了风头，电视新闻节目相对显得落寞。另一方面，在新媒体环境下，微博、微信、移动终端的碎片化转发和个性化资讯定制也在分散人们的时间和注意力。面对媒介生态环境的改变，现代广播电视媒体应坚持“新闻

① 陆俊卫、陈昕：《电视综艺节目的社交化传播》，《新闻战线》2013年第11期。

立台”理念，强化媒体优势，注重深度报道，牢牢把握舆论引导主动权，在竞争中努力做出“现象级”新闻节目。

2015年年初，一档新闻节目《调查》在山东卫视“920时段”上线，并将一周七天全部打通。从“上海外滩踩踏事件”到“粤赣高速匝道桥垮塌”等重大新闻事件的报道，《调查》栏目均以其严肃的新闻品质凸显于全国卫视荧屏。《调查》作为目前省级卫视中唯一的一档调查性报道节目，以“深入事件现场、直击社会热点、承载社会责任、把握舆论导向”为己任，在众多国际、国内重大热点事件的现场均出镜发声①。节目开播后，收视一路走高，CSM 50城收视数据显示，2015年上半年，《调查》节目平均收视率在07：00—24：00时段自办新闻节目类中排名第一，带动山东卫视在“920”整体时段收视率的高峰。

其次，要让硬新闻“潮”起来。原中国记协书记处书记王冬梅总结入“潮”的表现：融入新技术，探索全媒体报道，并通过微博、微信等强化互动，增强受众阅读体验；尝试全新内容生产机制，实现资源的重新整合；快讯直播、热点解读、舆论引导，让全媒体传播流程成熟起来。要让时政报道真正走到受众身边，走进老百姓心里，把群众真正关心的问题找出来，按照他们的需求服务好。②

2. 建构多媒体新闻网，争夺新闻用户市场

广播电视媒体可以按受众不同的需求及多种传播渠道进行编辑，满足广播电视、网络、智能手机、互动电视等多个终端的发布要求。以现代电视媒体为例，目前可以拓展的传播渠道主要有网络广播电视、视频网站和社交化媒体三种。

（1）网络广播电视新闻。广播电视创办的视听新媒体（形态），已成为互联网时代发布新闻的主要平台与渠道，产生了广泛的影响力。现代广播电视媒体可有效利用如下方式拓展传播力。

---

① 何佳子：《综艺当道，新闻节目照样能做成“现象级”》《广电独家》2015年12月13日。

② 李淼：《时政报道创新：媒体要做高明的“厨子”》，《中国新闻出版报》2015年4月14日。

视频素材多通道入口。新闻频道内容，同时在电视、网络媒体、社交网络等多个平台滚动更新报道，满足观众的成就感和价值报偿，从而进一步提升观众参与的积极性。

搜索链接的后台指引。一些电视新闻频道和栏目充分开发利用“两微一端”延伸新闻传播，强化媒体本身与用户的互动。有研究认为，微博主打突发新闻和视频新闻；微信以转发链接见长；而客户端则将海量信息汇总到网络平台，通过视频链接和文字消息的同屏显示，真正实现多符号的新闻自助选择。

（2）社交网络新闻。社交网络的广电传媒化应用，其影响力主要体现在“两微一端”的对应式节目编排上。中央电视台自2012年开始，就实施了“台网融合一体化运行”的全媒体战略，目前已拥有“@央视新闻”官方微博、“央视新闻”微信公众号、央视新闻客户端和央视频、央视频移动网、央视影音等六大新媒体传播渠道。微博视频文本的复制传播，已成为除电视之外的社交媒体首发平台。“央视新闻”微信公共平台通过每天与受众的语音互动，促使媒体改进报道内容和方式，提升报道质量。央视新闻客户端的正式上线，也使央视新闻传播和品牌营销进入了由单一终端渠道向多终端渠道联动转变的新阶段。

（3）新闻客户端。速途研究院通过对移动新闻客户端相关数据的统计分析，发布了2015年第一季度移动端新闻市场发展报告。报告显示，新闻资讯类居所有应用之首，使用频率高达34.4%，这说明新闻客户端已成为人们移动生活的重要组成部分。其中，腾讯新闻高居榜首，累计下载量89 074万次；今日头条排名第二，累计下载量58 639万次；网易新闻累计下载量28 076万次，排名第三。有电视媒体背景的凤凰新闻以累计下载量12 232万次排名第七；人民日报作为我国最重要的主流媒体则以下载量3822万次排名第十名。但电视媒体包括中央电视台在内，虽然在新闻客户端应用方面取得了一定的成绩，却仍未进入前十，说明广电媒体还有很大的上升空间，要发挥主流广电媒体的优势。

4. 发挥传统电视优势，强化新闻专业权威

电视新闻作为电视媒体的三大支柱节目，是其生存与发展的基础。

（1）新闻信息的主体发布。面对互联网资源共享的“全信息社会”，现代广播电视的核心竞争力：以高品质的内容吸引用户；继续在网络布局，吸引数字受众；快速准确地发布新闻信息；做更有深度的社会连接，营造更好的社群感；融合视听新媒体，通过微博、微信和新闻客户端直观地呈现一个事件的过程等，这些都将成为新型广电主流媒体努力的方向。

突发事件的快速到达与专业化报道，是传统广播电视媒体即时传播的优势，在数字化技术发展的今天，更加快了广播电视媒体的现代化进程，促使其建设成新型的主流媒体，继续在突发事件等信息传播领域发挥主导性作用。从时效性来看，广播电视媒体与新媒体相比，可能已丧失绝对优势，但与微博、微信、腾讯空间等新媒体相比，广播电视媒体的优势在于专业化和系统化。也就是说，同样是传播突发事件的相关信息，广播电视媒体能够做到比微博、微信更清晰、更深入、更系统地专业化报道。相对于新媒体，广播电视媒体的专业性和系统性保证了新闻节目对突发事件的报道更直观和生动，在这种情况下，“抵达”即成为广电媒体竞争取胜的关键。

更多时候，电视媒体都只能通过自己的媒体实力拓展自己的感知触角，用多种媒介手段到达事件现场。一方面，随着“天眼”监控系统的普及，越来越多的单位都安装了视频监控器材，几乎城市里的每个关键地点都能够发现监控摄像头，这些监控系统的素材都能成为电视节目报道突发事件的重要素材；另一方面，移动摄录设备也越来越发达，每个普通市民的手里都有一台能够拍摄视频的智能手机，有效地搭建视频传输平台，发动个人作为电视媒体突发事件报道的一线记者，则体现电视媒体的综合实力。

（2）电视新闻的语态更新。电视新闻叙事语态的更新主要是从报道过程中新闻播报者的叙事角色和地位、对受传者的态度以及这种态度基础形成的语言风格等方面着手。对电视媒体而言，重要的是如何利用其特有的视听语言吸引观众，而这些改变首先必须从转变语态开始。

新闻直播语态。电视新闻直播主要包含演播室直播和现场直播两种类型，

演播室直播随着硬盘线上播出技术的普及基本没有技术难度，现场直播由于涉及转播车功率、卫星号段和人员素质等诸多方面的问题，到现在为止还未成为电视台的常态。从报道方式而言，新闻直播是电视新闻在新媒体环境下谋得生机的关键路径。其优势是可以随时插入新近发生的事件新闻报道，缩短了电视媒体与新媒体在时效方面的差距，保证了电视新闻节目与新媒体视频的竞争中占据有利的地位。与此同时，突发事件和重大新闻的现场直播，能用高画质的节目内容和专业系统的报道方式，面对新媒体在事件报道中的竞争和挑战，强化电视新闻节目的权威性和生动性。

现场报道语态。电视新闻的现场报道是指出镜记者在新闻事件现场通过自己的发现探索获取新闻线索，并通过出镜口头报道的方式在镜头里把新闻事件的背景、过程和影响叙述出来的电视新闻报道方式。电视新闻报道由事件现场、记者出镜和事实陈述三个要素组成。无论是直播状态下的电视新闻现场报道，还是录播的现场出镜，现场报道中对出镜记者的采访、观察和即兴语言组织能力都有很高的要求。同时，成功的现场报道不但能够强化新闻报道的现场感，而且还能够增加新闻的信息量，提升观众对新闻节目的关注度。同时由出镜记者现场报道过程中对事件现场的调度、导引和介绍，能够直观地呈现报道过程中的动态性和过程感，这种过程化的视听体验正是电视新闻节目现场感营造的重要元素。

用户参与语态。用户是新媒体时代最重要的媒体资源，对于电视媒体而言，以观众角色转换形成的用户决定电视新闻节目的生存与发展。电视媒体利用日新月异的新媒体技术，在新闻报道中可以从内容提供和报道参与两个方面为用户的参与提供可能。

用户提供自制视频。自媒体时代，新闻不再是“独角戏”，而成了媒体与用户，以及用户之间的“一场对话”。中国网络电视台设置有专门的用户自制视频导入端口“爱西柚”，通过这个端口，普通用户可以上传自制的视频，既可以作为网络电视网页的视频内容发布，也可以作为视频素材编辑到电视新闻节目中。同时，用户参与新闻报道，使主流媒体记者融入新闻信息报道群体，打破了传受者的界限，共同推进和完成突发新闻事件报道。

第十一章 现代广播电视传播体系的运营管理

伴随数字技术与网络技术发展，现代广播电视的内涵和外延得到前所未有的拓展和延伸，一大批新兴广播电视媒介形态得以诞生，现代广播电视传播体系初见端倪。同时，在推进我国现代广播电视传播体系建设的进程中，建立一套科学、完整的现代广播电视传播运营管理体系，对提高我国现代广播电视的传播具有重要的促进和保障作用。

第一节 现代广播电视传播管理体制

在竞争激烈的电视行业，利用节目占有媒介市场不啻为一条有效的发展路径，然而，节目的市场份额并不是考核广播电视媒体是否具有竞争力的唯一标准。还要从其管理体制、运营机制等方面进行全方位的考察。

管理体制，是管理系统的结构和组成方式。对于广播电视媒体来说，不断改革组织架构，创新管理机制，是在竞争激烈的媒体行业中生存与发展的法则。

一、一体两制的现代广电管理体制

在三网融合及制播分离等理念与实践推动下，中国广电行业在保证事业体制不变的情况下，探索企业化经营的一体两制管理制度和制播分离机制。

制播分离是指广播电视媒体将部分节目委托给独立制片人或独立制片公司制作。特别是随着数字化传媒的发展，受众的多样化选择对广播电视优质节目要求越来越多。在这种背景下，迫切需要传媒拓宽节目生产平台，采取制播分离的机制，聚集全社会的力量来生产丰富多彩的节目。

1. 经营体制的改革

产业发展的核心竞争力是现代企业制度的建立。在这个环境下，我国广播电视行业要自觉寻找事业与产业协调发展的路径，推进广播电视体制改革。

2012 年 2 月，湖北广播电视台出资成立湖北长江广电传媒集团有限公司，将宣传与运营分开。湖北广播电视台，负责广播电视新闻宣传、频道频率管控、技术平台播出运营等。湖北长江广电传媒集团作为登记注册的企业法人，负责内容制作，投资运营等多个领域，业务涵盖广告、广电网络、影视剧、新媒体等。至此，湖北广播电台构建了一条完整的产业链，开始了多元化盈利模式。2012 年 6 月，湖北广电旗下的北京长江传媒有限责任公司、湖北长江垄上传媒集团有限责任公司、湖北长江华晟有限责任公司挂牌运营。三大产业公司支撑了湖北广电的产业布局，使得湖北广电系统制播分离改革又迈进一步，通过公司化运作，进一步做精做深产业链。

2. 制播分离下的项目管理制

制播分离作为一种市场化导向的节目生产、交易机制，同时也是广播电视媒体节目多样化和市场化运营的一种规制形式。各广播电视媒体开始探索在事业体制保持不变的前提下，把组织的机制搞活，形成更能激活内容生产的“顶层设计”和市场节目采购机制。在这方面，英国广播电视媒体实施的采购编辑中心制给我国带来现代经营理念。①

(1) 节目采购制。制播分离实现的首要条件是广播电视台放开制作权，此举催生了“采购编辑”新角色。在英国，采购编辑有相对的独立性，基于管理层对其所采购节目收视、广告创收等指标的考核，来决定节目是否采用，节目方案是否能给予预算并进入制作阶段。(见图 11—1)。

① 李威、马琼芳、胡慧：《英国电视制播分离实地调研：5 大现象》，广电独家公众号，2015 年 7 月 20 日。

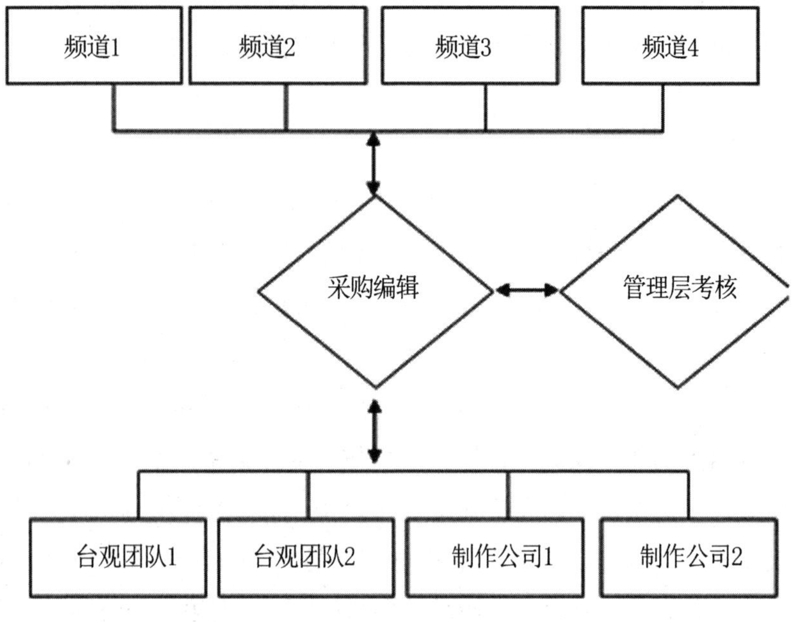

图 11－1 英国电视媒体节目采购框架图

制播分离机制下的采购编辑运作模式打破了广播电视媒体内部封闭式的平台限制，让媒体内的项目团队与体制外的独立制片公司公平竞争。事实上，英国所有电视台的官网都设有委托定制专页，包括对各类电视节目的具体要求，以及采购编辑的联系方式等重要信息，真正做到对制播双方的信息对称。这种开放透明的环境为好节目的孵化创造了公平竞争的条件。

目前，电视制播分离在英国已形成常态，独立制片公司负责创意制作，节目模式公司代理版权销售，而电视台则按照市场化规则进行采购、安排播出（见图 11－2）。产业链上的三方分工明确，各司其职，这种专业化的制作理念和生产流程保证了高质量的电视节目。

美国的节目体制与英国有所不同。美国 ABC、CBS、NBC 等广播公司的新闻节目是通过媒体自制来完成的，而娱乐性节目基本上是通过买卖进行的辛迪加市场行为。另有一些节目是地方媒体制作的当地新闻与信息。

在我国，目前业内比较通行的相近方法是“独立制片人制”和“公司制”。以湖南卫视为例，其制播分离体制改革主要涉及两个部门，一是负责资

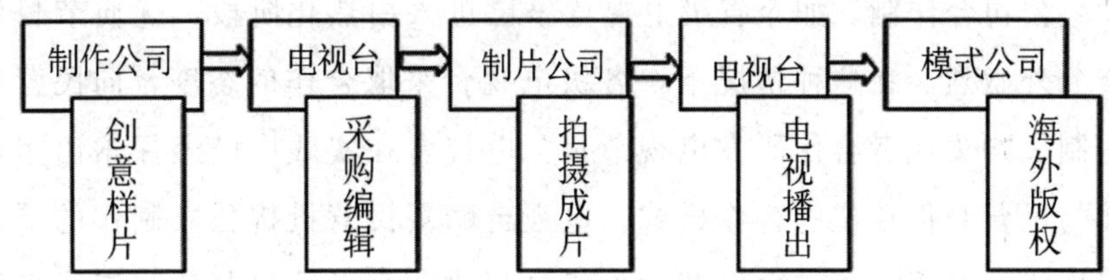

图 11－2 英国电视制播分离链条式专业分工图

源整合的节目制作中心；二是扩展总编室的职能。总编室除了把关导向以外，还担负节目定制的市场功能。

（2）民营独立制。制播分离制是我国广播电视产业发展的必然选择。将节目制作逐渐剥离出来，按照市场规律进行公司化运作，是在广播电视节目社会化制作产业快速发展基础上的正确选择。

伴随着市场经济的不断改革，国家相关政策放宽，广播电视业民营制作公司如雨后春笋般兴起。经过二十年的发展，民营制作公司已成为我国传媒产业的重要力量，能够为广播电视台提供更多的优质节目或剧集。

近几年，民营制作机构凭借在市场化运作方面的丰富经验，再加上融资渠道以及融资规模的拓展，竞争力增强，成为电视剧制作方面的主力军。

此外，综艺节目的制播分离已是大势所趋。在综艺节目的制作中，民营制作公司不再只作为市场的补充力量，而是成为电视节目制作的中流砥柱，并生产制作出许多“现象级”节目，如《中国好声音》《出彩中国人》等都是由上海灿星制作文化传播有限公司等制作完成（见表 11－1）。

表 11－1 我国部分民营制作公司的代表综艺节目

民营公司	代表性节目
灿星制作	《中国好声音》《中国好歌曲》《中国好舞蹈》《出彩中国人》
光线传媒	《梦想合唱团》《超级减肥王》《中国正在听》
蓝色火焰	《女神的新衣》《最美和声》《笑傲江湖》
世熙传媒	《大地飞歌》《舞动全城》《神探医生》
大道传媒	《明星到我家》《妈妈听我说》

(3) 公司合作制。如今省级卫视竞争已进入白热化阶段，优质节目资源的争夺分外激烈。在这种情况下，各级电视台采取合作的态度，向民营制作单位定制、购买或者合作研发电视节目。电视台在实践中已经探索出多种模式，如与民营制作单位的合作模式；电视台购买民营机构独立制作的节目内容版权模式；电视台参与由民营制作机构提供创意、节目服务与制作经营的共同研发模式；民营机构以资本参与电视台内部制作中心制作的投资模式，等等。

公司合作的项目制是一个双赢的运作管理方式，对电视台来说，能够打破电视台自身制作团队的局限以及体制的限制，汇聚社会上的力量，同时还能够控制节目投资成本，接触更多的优秀节目。一般说来，电视台与民营公司的合作通常是以项目为单位，做到节目制作团队化。

北京长江传媒集团作为湖北广电制播分离下的公司化运作体制，体现出其具有完全的自主性，公司所生产的节目和电视剧，既可以销售给台内频道，也可以向其他省市销售。这种体制产生了强大的磁场效应。

3. 现代广电体制内的项目制管理

在电视台内实行扁平化的项目团队制管理，保持原有的以制片人为中心，以项目为单位，推动广电机构更好地适应市场竞争。目前，以团队内合作沟通、团队间竞争上岗的方式推动体制内优秀节目的制作，已成为一种趋势。

(1) 制片人制的初步探索。这是20世纪源自美国的一种影视节目经营与管理体制，整个栏目以制片人为中心进行运作。制片人对节目制作、人员的调配、财务管理以及劳务分配都有绝对的控制权。

1993年，中央电视台在《东方时空》栏目中率先采用了制片人制，成为国内第一个采用这种制作体制的栏目，掀起了国内电视制作管理领域的改革热潮。随后，制片人制在中国遍地开花，至1997年，就有77%的栏目实行了制片人制①。

由于电视行业的体制差异，我国早期的制片人制与西方电视行业意义上

① 王甫：《电视制片人的现状与发展前景》第5版，中国广播电视出版社1998年版，第135页。

的制片人制有着很大的差别。我国的制片人制更类似于内部承包，属于台内运营，它依然是完全依附或者部分依附于电视台的。而在“制播分离”阶段，台外的制作公司自己制作节目销售给电视台，为独立制片人制的发展创造了可能性，这是一种比较成熟的制片人制。

如今，项目团队制成为电视业界一种新的节目制作机制，它依然是以制片人为核心。不同的是，项目团队制一般组成一个临时性的专门组织，对所申报、执行的项目进行高效率的组织和控制，以实现项目目标的综合协调与优化。这种比较灵活的组织形式，能够有效调度团队成员的积极性以及团队之间的竞争性，有利于优质节目资源的生产。

(2) 项目团队制的改革。2007年开始，湖南卫视率先在国内电视业建立生产调度中心，并将绝大部分节目组都以制片人的名字命名，称为“××团队”，实现以项目为单位组织团队，进行节目生产制作。

湖南卫视项目团队制形成了灵活的节目编排机制，由不同的团队负责不同的项目，优化了资源配置，可保证多个栏目有序的制作。如洪涛、廖珂、谢涤葵等都是湖南卫视比较有名的团队负责人，2014年，这些制作团队负责的节目都创造了不俗的收视成绩（见表11－2）。

表11－2 2014年湖南卫视热门综艺的制作团队

名称	团队	平均收视率%
我是歌手（第二季）	都艳团队（洪涛团队分支）	2.41
花儿与少年	廖珂团队	1.78
爸爸去哪儿（第二季）	谢涤葵团队	3.33
一年级	徐晴团队	1.096

项目团队制作为湖南卫视的核心竞争力，增加了团队之间的良性竞争，还能促进团队间的相互学习、取长补短。同时，项目团队制也保证了团队的特色，每个团队之间“术业有专攻”，如洪涛团队对音乐节目的造诣、谢涤葵团队对纪实类节目的擅长，在新项目推出时都表现出较强的竞争力。

从团队内部来看，项目团队制具有机动性，可以根据项目本身的特性灵活配置团队成员。一般来说，每个团队会有自己比较固定的班底，但是如果项目比较特殊，也会因地制宜。《爸爸去哪儿》仅摄制团队就有120人，除了谢涤葵的固定班底，还有从台里调借以及台外整合而来的人。正是这种集团军的合作，才能够保证整个摄制工作顺利进行。并且，项目团队制依托项目将一群有理想的电视人联结在一起，既有利于思想的碰撞，团队内部的交流，又能够将团队团结成一个整体，为了一个目标努力奋斗。

二、扁平化管理的现代广电新型模式

“扁平化管理”是现代企业的一种新型管理模式，其最大的特点就是尽可能缩减中间管理层，使信息的沟通与反馈效率显著提升。电视台也可逐步通过改变传统等级制管理模式，实现电视媒体管理决策的高效化，提高对于行业竞争格局变化的适应能力。

“扁平化管理”也是卫视改制的重点方向，2014年各大卫视都进行了不同程度的改制。SMG在最新的改革中，实施原上海文化广播影视集团和东方传媒集团有限公司的大整合，提高了生产效率和创新能力。SMG在组织架构上将原来的五个频道部门整合成一个东方卫视中心，确立了以独立制作人为中心的节目制作机制，并授予制作团队组建权、项目竞标权、创意自主权、资源使用权、经费支配权、收益分享权等六大权力，约定其相应承担的风险，使得制作人团队“责、权、利相对等”。

第二节 现代广播电视传播运营机制

广电机构在体制上属于事业单位，但在内部运营机制方面则可通过改革实行自负盈亏的市场机制。特别是当今各级广电在做好广电产业运营的同时，纷纷涉足其他产业领域拓展产业链的情况下，因此更需要按现代媒体管理体制进行运营创新。

一、品牌开发机制

1. 节目内容IP化

一档成功的节目，本身就是产品，在对节目进行开发中，以节目的IP为核心，做产品形态上的拓展，可更大地扩展广电机构的产业空间。

IP的本意是“知识产权”(Intellectual Property)，在游戏行业里常用。近两年，随着热门节目手游的开发，“IP”成为电视行业内的新热词。节目内容的IP化，围绕一个热门电视剧、电影、综艺等核心IP进行产业链的开发，贯穿游戏、出版物、App、电商等多种产品形态。电视媒体的内容IP化，将内容变为产品，观众变为用户，并依托优质电视节目将产业链拓展。只有将节目做大做强，IP资源的整合与传播才能有市场推广的价值，强大的品牌才能够支撑节目内容的IP化。

传统思维中，电视节目是唯一的产品。节目制作机构通过吸附广告和节目版权的销售获得盈利，这是比较单一的盈利方式。IP化思维下，节目产品可以变为IP资源，电影、电视、游戏之间是共通的，都是IP的不同表现形式。这些IP产品是电视节目的延续。在这种延展性下，电视节目的开发者，即内容制作单位的能动性提高，可以实现大中小屏的跨媒介传播，衍生不同的产品形态。

由于产业链中的热播节目已经有了一定数量的忠实观众，这些观众即产品的目标用户，他们乐于去消费与节目有关的产品。只有实现多元化、多平台、多形态的内容IP化产业链开发，IP的外延和扩散才能充分展现优质节目的价值。

当电视节目拥有知名度时，便可以依托节目进行产品衍生：利用节目内容品牌，依托已有渠道和用户，进行产品形态的扩散。节目内容的IP化趋势会越来越明显，不过IP化的前提仍然是节目本身这个品牌。此外，衍生产品的精品化也是我们需要关注的。单凭用户一时的兴趣，是无法使一个产品长久热销的。整个产业链是相互关联的整体，附属产品的精品化生产才能够使整个IP品牌持续产生影响。

2. 节目运作产品化

广电新媒体核心竞争力的打造，可考虑将节目内容制作改变成一种定制性产品，并按照产品生产、产品包装、产品销售的流程向用户营销。其中T2O模式值得借鉴推广。“T2O”（TV to Online）是指产品从电视端营销与线上销售相结合的一种新型营销模式。这个过程保持了电视传媒在“TV”端的传统优势，又与熟悉网上销售渠道的电商合作，是电视端践行互联网思维的一种选择，有利于品牌营销与传播，促进产品的销售。

“T2O”的模式有效结合了电视宣传营销渠道和电商网上销售渠道的优势，使得在电视上刚播放的产品能够实时在电子商务平台进行购买。电视不再只是一种观赏形式，它将其观赏价值转变为消费意向，与消费行为发生关联，将消费者引到线上旗舰店直接产生消费，实现销售的转化。

3. 频道运营市场化

广电产业的资本运营，是广电产业以自有资金和社会资金为主要运作对象，将可用于经营的生产要素，进行优化配置，实现资本增值的方式与过程①。广电行业优势资源的开发利用，资本化的运营方式的加入，能够增强其综合实力，强化其传媒地位。

我国广电业的资本运营是依托优势资源的资本运营，这种“频道＋公司”的模式互通资源，将品牌优势最大化发挥，让双方共享品牌优势。广电行业有播出渠道，频道是其核心资源和品牌。“频道＋公司”的模式在保证频道事业型性质的前提下，又能够整合资源、调动市场活力，发挥产业链的协同效应，最大化地扩大产业空间。

市场空间的开拓，推动广电行业的产业链向两个方向拓展延伸：一是向行业内拓展，从事与电视媒体关联度比较高的产业，比如出版物的经营和电影、电视剧的内容制作与经营，及新媒体产品经营。还有一种是跨行业拓展，

---

① 刘逸帆：《媒介融合背景下我国广电产业资本运营新态势》，《中国广播》2014年第12期。

将触角伸向传媒业之外的其他行业，利用广电媒体的品牌优势与现有资源，进行品牌的延伸以及市场的扩展。

行业内拓展是对品牌内容进行多层次的开发，构建广电行业的品牌集群。跨行业延伸则突破了传媒界限，向其余的产业进行产业建构。这种延伸有利于提升品牌的附加价值，构建完善的品牌价值链，形成以传媒业为支撑、多元化产业共同发展的格局。这种产业拓展方式是目前很多省级广电媒体都会采取的产业拓展方法。

江苏广播电视总台旗下就拥有幸福蓝海影视文化公司、《东方文化周刊》等传媒资源，还与美国著名影视公司形成战略联盟，投资拍摄电影，积极进行业内产业探索。而上海广电的资本化运营是非常成熟的市场模式，它积极进行跨媒体、跨地域的产业拓展，构建完整的产业链。下属公司版权涵盖影视剧、少儿动漫、综艺娱乐、纪录片、财经、新媒体以及大型活动的内容制作、投资以及运营。SMG 的产业链以传媒为中心，跨行业、跨领域延伸，极具战略性、前瞻性。

湖北长江垄上传媒集团采取“一个传媒＋N 家公司”的运营模式，打造一批有特色的对农服务节目，并打通线上和线下渠道的农资连锁服务体系，拥有 72 家农资直营超市、700 多家农资连锁店。2013 年湖北垄上传媒集团正式运营的第一年，线上广告完成 6500 万，而线下产业链实现创收则高达 4.2 亿元①，线下的增长远远超过线上的贡献，成为名副其实的核心竞争力。

二、研发创新机制

毫无疑问，我们已经走进了一个全新的互联网时代。在这个时代就要强调互联网思维，即在互联网时代对市场、用户、产品研发、企业价值链乃至对整个商业生态进行重新审视的思考方式。对于当下的电视节目来说，从节目的选择制作到推广营销，如果没有互联网思维的参与，节目很难产生竞争优势。有专业人士总结出互联网九大思维，如图 11－3 所示。

---

① 马涛：《湖北广播电视台 中部大台崛起》，《媒介》2014 年第 7 期。

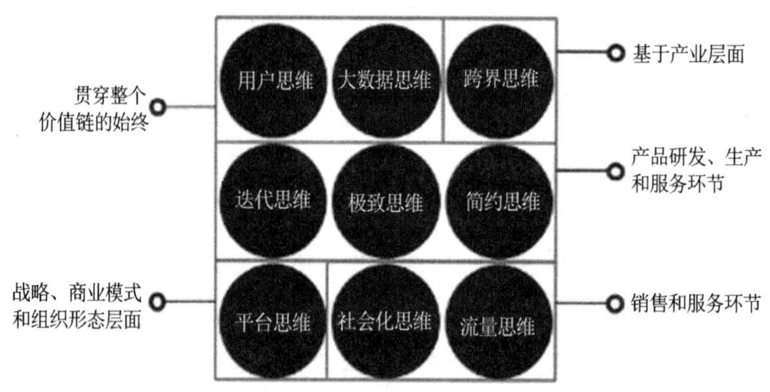

图 11—3 互联网九大思维图①

互联网时代的价值链不同于工业时代的价值链，它是以用户为核心组织研发生产，而工业时代是以生产者的意志为主导形成产业价值链。在互联网思维下，产品研发从用户出发，涉及迭代、极致、简约思维的创新流程及产品和服务体验等。

“用户需求”“互动”“体验”“市场”等关键词与互联网思维紧密相连。电视节目在制作时，要充分考虑受众需要什么样的节目，怎样才能使节目具有更强的互动参与感，怎样让受众有更好的收视体验，节目是否能够获得市场，这些问题都需要在实践中寻找答案。即便在节目制作完成之后，也应该利用新媒体和社交媒体进行口碑传播、营销推广。同时，着力于节目衍生产品的开发，使节目能够开辟出一条节目产业链，扩大产业效益。

互动化的用户参与，带动了节目模式创意产业的发展。而在真人秀类节目的研发创新中，加入受众参与的互动环节，又大大增强了媒体的吸引力。如英国 BBC 根据“创造性的未来计划”，面对新的观众和新的用户，推出了多种新媒体渠道去接触用户，与他们展开互动。用户可以直接上传、提交自己拍摄的视频或者图片到 BBC 的官方新闻网站。

① 赵大伟：《互联网思维——独孤九剑》，机械工业出版社 2014 年版，扉页。

三、节目营销机制

营销，即契合消费者的需求，对产品价值进行宣传与推广，从而让消费者了解产品以达到销售的目的。任何产品都需要营销，广电的产品就是节目内容，通过对节目的营销，扩大市场规模，提升节目的收视率。

在现代广电语境下，节目内容的营销与新媒体紧密联系，很多营销活动都借助新媒体的平台进行。如今比较常用的营销方式有三种：话题讨论型营销、受众导向型营销、广告主导向型营销。

1. 话题讨论型营销

话题讨论型营销即运用媒体的传播及受众的口碑，让媒体产品或服务成为消费者谈论的话题，以此引起社会关注并达到节目营销推广的效果[①]。现如今很多节目本着“有话题才有关注”的原则，在节目播出过程中，注重制造与节目相关的话题，吸引用户对其讨论，提高电视节目收视率。

目前，广电行业最常采用的话题营销主要有三种：情感性话题，注重以情动人；反思性话题，引发全民思考；趣味性话题，博受众茶余饭后闲谈时一笑。

情感性话题。在当今社会进入快速消费时代，感情也是一件快速消费品，人们热衷于谈论与感情有关的一切话题。电视行业也乐于助感情之力，制造易于传播的话题。情感性话题的制造，使观众在观看节目的事后能够获得感情体验上的需求，契合人们对真善美的追求。当观众以“将心比心”的态度观看节目时，对节目所引出的话题予以持续关注。节目的情感性话题的营销，有助于引起观众的共鸣，使他们对节目形成长久稳定的情感依赖，成为节目的忠实观众。

反思性话题，即能够引起人们深入思考、自我检讨的话题，是时代或者社会背景下人们身上都存在的问题。这种话题能够引发全民热议，在推动全民文化或者价值观思考的过程中，带动节目收视的提高。《中国汉字听写大

① 程刚、熊忠辉：《〈非诚勿扰〉的话题营销》，《视听界》2010 年第 3 期。

会》是一档汉字听写竞赛节目，随着节目的热播，“失写症”这个话题在社交媒体上被点爆，成为热门话题。人们警醒在信息化时代下，越来越习惯于键盘打字，导致手写汉字的能力降低。这两档节目的热议话题都将社会现象带入了全民反思中，观众透过节目进行自我省思和个人价值的社会化，提升了节目的影响力。

趣味性话题，即话题是供人们茶余饭后聊天消遣的话题。这种趣味性话题时效性较高，“一哄而上，一哄而下”，是在一段时期内引起人们兴趣，为闲聊提供谈资。但是并不能因为时效性就忽略了这种话题营销，这种类型的话题往往能够在较短时间内引起轰动，迅速吸引眼球。

2. 受众导向型营销

受众导向型营销，是指在营销的过程中，将受众的体验放在第一位，以期受众在社交媒体或者人际交往过程中通过互动与分享，进行口碑传播，带动观众数量的增加。

收视关系化，成为未来受众导向型营销的一种趋向。现代社会是一个重分享、重潮流的社会。对于媒体来说，“关系”就成为重要的生产力，在节目内容生产与传播的过程中，媒体与受众的关系发生了很大的改变。如果一件事物在一个用户的交际圈中被广为传播的时候，就会提升该用户对这件事物的兴趣。节目的传播也是如此，如果自己的朋友圈都在看一个节目，基于自己的社交网络，避免被孤立，大多数人也会选择去了解这个节目，这种社交关系强化了收视体验。在节目营销的过程中，受众既是营销目标，同时也是营销者。他们受用于节目的营销，转化为节目内容的“二次传播者”，继而再基于自己的观看感受，通过社交网络等渠道，与关系圈进行沟通分享，对其他人进行再营销。

传播口碑化，成为受众导向型营销的追求。口碑传播是指关于一个产品、品牌、服务等非正式的人际传播，它是市场中最强大的控制力之一。社交媒体的普及，使得口碑传播速度快、成本低。人们对一个新产品或者信息的评论观点，突破时间和空间的限制，在很短的时间内就可以蔓延到各处。并且口碑传播是受众出自内心的评价，带入了自己情绪的表达，非常具有感染力。

央视纪录片《舌尖上的中国》就是一部通过口碑传播“火热”的节目。节目从美食出发，既展现了祖国各地的食物，又描述了各地的风土人情，让味蕾触动人们的思乡之情。节目播出后，观众好评如潮。各社交媒体上有关《舌尖上的中国》的话题迅速剧增，这种滚雪球似的传播，提升了该纪录片的知名度，带动了节目收视率的提高。口碑传播是一种病毒式的传播，通过受众人际关系之间的影响，实现了节目的成功营销。

分享互动化，成为受众导向型营销的一种手段。提升观众对节目的参与度和心理贴近性，实现与观众的互动与分享，是受众导向型营销的常用手段。与观众实现良好的互动，传递他们感兴趣的信息，博得高关注度，并且要能够引导观众的关注点，做到“为我所用”。要做到能够引导观众，必须要与观众形成有效的互动，加强观众黏性，才能够通过他们的二次传播，实现一个良性的互动循环。《中国好歌曲》节目热播的时候，节目组与网友进行了非常良好的互动，并且在网上组建核心粉丝群，使粉丝群成为电视节目的忠实观众。

3. 广告主导向型营销

广告主导向型营销，是以广告宣传为重点，旨在提升广告产品或品牌知名度、名誉度的营销行为。这种营销行为是商品经济下的产物，强化了节目中产品的角色，满足广告主的需求，从而获得广告收入。

长期以来，我国广电行业的主要收入来源是广告，冠名、赞助或者植入式广告都成为传媒的基本营销策略。这种单一的盈利模式，导致电视台经营的自主性较差，深受外部经济环境的影响。一个节目拉到赞助的多少，是决定一个节目价值重要的考量指标之一。正是鉴于广电业对广告的严重依赖性，做一档节目的出发点都是争取节目的高收视率，从而能够争取到更多的广告赞助。不管是广播电台还是电视台，在与广告主沟通洽谈的时候，都秉持一个原则，就是广告价值最大化。而从广告主的角度来看，他们投入了巨额资金，目的是为了宣传产品，通过节目提高产品知名度和美誉度，提升产品的销量。因此，广告商、赞助商和产品生产商的出发点，就是希望在节目中增加其产品出现的频率，展现产品特色。

于是，基于广告主和企业的诉求，媒体栏目宣传产品，唯有通过各种软性、硬性的广告植入，强化节目中产品的存在感，以致广告在节目中无处不在，无孔不插。

4. 配合线下活动的推广

线下推广是一种比较传统的营销方式，它有别于上述三种营销方式。线下的活动推广通过举办落地活动，扩大节目的传播范围与影响力，为节目带来更多的重度观众。

线下推广，要注重节目定位的延续。每一个节目都有自己的明确定位以及固定的观众收视群体。线下活动的准确定位，能够有效聚拢目标观众，若是举办一些与节目定位不相符的活动，反而会造成观众的流逝。《中国好歌曲》的落地活动强调节目的主旨定位为“原创”，是对节目定位的延续。在节目开播前，通过推广活动凸显《中国好歌曲》的“原创”定位。

线下推广，要注重发挥互动优势。落地活动与其余的推广营销活动最大的区别，就在于它的亲近性，与观众进行面对面的交流。因此，在举办活动时，要多设计一些与受众互动的元素，打破广电媒介传递的时空界限，使受众产生心理上的贴近性。这些活动的受众被转化成节目的口碑传播者，经过这些人的“二次传播”，进一步扩大节目的收视群体。

四、员工激励机制

近年来，在传统媒体界出现了令人关注的员工“跳槽”现象，许多“精英”连续“出走”，已成为业界的一个热门话题。尽管有多种可能影响因素，但传统媒体缺乏有效的激励机制，并且与新媒体出现较大的落差，恐怕是其中一个很重要的原因。员工激励是人力资源管理的一个重要机制，更是优质节目制作的重要保障，但在以往的学术研究中，这是一个被节目研究热潮遮蔽的现象。尤其是在现代广播电视体系的研究中，这是一个不可忽视的重要研究，这也是传统媒体与新媒体竞争力差距体现在管理及激励机制上的主要原因。

激励机制，最基本的是薪酬制度和奖励政策，此外，还有更多的激励点值得挖掘。员工的需求在得到满足之后会产生新的需求，人力资源部门应该进行一些相应的调查。近年来，电视台的激励机制中，大多都进行了向制片人放权授权的改制，浙江卫视实行内部制片人竞聘，湖南卫视以人名命名团队，东方卫视的股权激励等，都成为有益的尝试。

SMG在最新的改革措施中，启动了以股权激励机制为主体的企业管理型的改革。其激励形式分为两种，即股票期权激励与股票增值权激励计划。当该计划授予股票期权的两年权限制期满后，股票将在公司相关业绩的满足条件下分成3批匀速生效。同时，允许专业人才自由流动，也是保持媒体活力的有效措施。英国电视制作团队的组成模式，通常是在独立制片公司拿到电视媒体的订单后开始招募项目组成员，先依据节目类型和预算确定制片主任、导演等核心职位人员，然后再招募基层工种人员，待项目结束后，这些人又重新成为自由人①。

在英国，电视台一般没有设置固定的灯光、摄像、道具、舞美、音效岗位，自由职业者是一种常态，这种适应制播分离式的改革为市场提供了大批自由职业人员，这种电视制作行业的用人机制，为我国未来制播分离的改革提供了借鉴。

新媒体的发展和全球化传播，改变了原有的传播生态，带来现代广播电视传播媒介形态的延伸和业态的改变，现代广播电视传播体系已经从传统广播电视向视听新媒体拓展，从传统的“看电视”向现代“用电视”发展。未来，新媒介形式的传播份额将会逐步增大，广播电视新媒介传播形态将会不断拓展。因此，构建现代广播电视传播体系，统筹协调现代广播电视各种传播媒介形态，充分发挥各自优势，加强融合，提升现代广播电视传播能力既是形势使然，也是现实要求。而在推进现代广播电视传播体系建设的同时，建立一套科学完整的现代广播电视传播运营机制，对我国提高现代广播电视传播的发展水平和传播能力，显得更为迫切。

---

① 李威、马琼芳、胡慧：《英国电视制播分离实地调研：5大现象》，广电独家公众号，2015年7月20日。

第十二章 现代广播电视传播体系的发展与规制

《2016年新闻出版广播影视科技工作要点》（国家新闻出版广电总局印发）提出，广播电视的繁荣发展，必须从战略谋划出发，加快推进转型升级，包括推进直播卫星户户通工作，力争全面完成户户通整省推进建设任务；推进地面数字电视、数字声音广播工作；推进各级应急广播系统与对应等级预警信息发布平台的对接。同时，在加快广播电视行业发展转型升级方面，要求加快推进融合发展，着力推动融为一体、合而为一，尽快从相“加”迈向相“融”；推进“宽带广电”战略和“广电＋”行动应用实践；推动下一代广播电视网（NGB）建设，建设立体多样、融合发展的现代传播体系，实现广播电视全业务融合发展，满足多终端传播和多种体验的需求。

广播电视网在我国的信息化历程中有着举足轻重的作用，目前有线网络建设与无线卫星传输相结合，逐渐形成了一张覆盖全国的信息通道。同时，随着广播电视不断升级，原有的广播电视网传输不畅，互动不足，活力不够，竞争力不强等系列问题逐渐显露出来。面对这一现实，现代广播电视如何建设成为未来现代化需要的信息化平台与渠道，如何在三网融合、媒体融合背景下，规划布局并建设包括下一代广播电视网（NGB）在内的现代广电传播体系，已成为国家战略网络必须直面回答的问题。

第一节 三网融合推进与现代广播电视发展

三网融合，是指宽带通信网、下一代广播电视网和下一代互联网建设的推进与融合。从2000年国家“十五”规划提出“促进电信、电视、计算机三网融合”，到2010年国务院《推进三网融合的总体方案》推出，标志着我国三网融合进入实质行动阶段。

一、三网融合中的现代广播电视网

中国下一代广播电视网NGB（英文Next Generation Broadcasting的简称）作为双向宽带互动、可管可控，并支持“三网融合”和普及服务的现代广播电视网，以有线电视网数字化整体转换和移动多媒体广播的传播为基础，以“高性能宽带信息网”的建设为核心，成为未来中国广播电视网的技术支撑体系。

在国外，以美国为代表，于1996年通过的新电信法就拉开了三网融合竞争的序幕，其三网融合主要体现在两方面：一是业务融合，二是网络融合（“三网融合”），激活了有线电视、长话和市话三大市场的竞争。2003年5月，日本政府有关建成无所不在的网络社会，随时随地自由利用网络的理念引导下，三网融合建设产生了巨大的经济价值和社会效应，这对中国具有较强的借鉴意义。

在我国，数字化、双向化改造是NGB开展综合业务的前提，因此，加快数字有线网络建设成为推进我国三网融合的重要支撑平台。

2010年，国家新闻出版广电总局制定的NGB战略发展规划中，明确提出了NGB的发展目标、主要任务、实施步骤和相关配套措施，努力构建提供数字音视频节目、移动多媒体、高速数据接入和语音等三网融合的“一站式”运营体系，为用户提供更加优质、更加高效的全方位服务。

广播电视在社会发展进程中承担了重要的信息桥梁作用，也是人们娱乐生活的重要工具。然而，传统广播电视网的发展思路，只是将广播电视作为单纯的节目信息渠道，制约了广播电视网的拓展性业务和全媒体价值。基于改造后的高速带宽传输系统，下一代广播电视网在信息化时代具备了全业务经营，尤其是经营电信增值业务的能力。所以，在新的形势下，广播电视网进行全面的业态升级，提高服务半径和服务深度，成为顺势而为的发展之路。

二、下一代广播电视网的发展目标

下一代广播电视网（NGB），相对于当前现实运营过程中的广播电视网而言，是适应未来社会发展需求的新型信息传输网络，也是凭借我国自主研发的宽带网 3T-net 技术，全面建设起来的能够适应信息网络融合时代需求的新一代广播电视网。

NGB 是一个具有中国特色和现实语境的词汇，它对应的是国内业已存在多年的现有的广播电视网络系统，在国外的管理部门与行业从业者那里，并没有采用中国 NGB 这样的描述或定义。在美国，广播电视系统由有线电视网，无线广播电视等组成，政府习惯性使用“连接美国：国家带宽计划”来描述与电信、互联网相融合的全业务广播电视系统工程。欧洲的情况与美国略有不同，在英国，主要是电视机构与通信运营商主动图谋下一代广电服务的合作，譬如著名的“画布”计划（“Project Canvas”），即通过电视网与互联网、通信网的融合，实现广播电视服务平台在互联网时代的战略转移。在同属于东亚的日本和韩国，也推出了其整体信息化服务战略。以日本为例，其“电子日本”（e-Japan）也是构筑于信息产业融合的背景下，力图实现整个国家的信息资源跨平台有效流动和竞争性多样开发。

虽然国内外对下一代广播电视服务战略的定义和描述各有不同，但是这些战略工程的实质是相通的、一脉相承的，都是在融合时代条件下，对未来广播电视网、广播电视服务的重新建构与规划。

下一代广播电视网作为广电系统未来较长时间内的宏观发展方向，它的主要意义在于能够提供全息的信息资源服务，能够适应网络融合后的基本服务业务，同时也能够兼容信息化新型服务，支持现有技术手段螺旋式上升到更高的阶段，是新兴的能够适应我国信息化发展要求的网络系统。NGB 除了涵盖传统的广播电视音频视频节目服务，还包括语音服务和其他数据交互服务。这种全息的服务模式将使得广电网成长为新的服务平台，既提高了整个社会信息化服务水平，也为广电网络找到了新的利益增长点。

然而现实情境是，我国的广播电视网虽然在几十年的发展历史进程中，积累了丰富的运营经验，发展了世界上规模最大的用户群，但是网络整体带宽质量与管理服务水平依然存在很多问题。所以改进广播电视网建设工作，对实现 NGB 国家发展战略，具有十分重要的意义。

下一代广播电视网的目标是构筑国家最牢靠，服务能力最强的信息化基础设施。这种新型的网络系统将最大限度地提升网络带宽传输速率，同时也极力提高公众服务保障水平与信息资源安全水平。同时，下一代广播电视网，作为国家信息化战略中重要的基础设施，在未来将发挥不可估量的实际价值。按照国际信息学会的评估报告，信息传输速率每提升十倍，对经济社会发展的刺激度将提高数个贡献点，下一代广播电视网战略的目标达成后，将提升宽带传输速率为现在的 1000 倍。届时，覆盖全国的高速信息网络建成，中国将形成一条具有自主知识产权，可管可控的“信息高速公路”。国家信息化水平将提升更高平台，经济社会发展的协调性、健康度、透明度也必将大大提升。

2008 年，国家从战略层面规划了下一代广播电视网建设发展的重点与路径。在国家出台 NGB 专项战略计划的背景下，对相应的宏观规制制度进行重新评估并分析，显示政府规制能够提供重要的决策保障环境，为信息化战略顺利实施提供充分的制度支撑，提升广播电视主体市场竞争力。

数字化的开端为建设下一代广播电视网创造了良好的条件，数字化改造后的有线网络开始有了双向互动的基础，与此同时，带宽的扩展也使得这条原本只承担电视模拟信号的通道开始有了运营音视频之外的其他功能。数字化改造“是业务平台的升级，从封闭的单向服务向双向的综合信息化服务转型，对广电网来说不佞于一场换血。双向互动后的广电网有了独立商业运作的可能，也有了对市场的灵敏嗅觉[①]”。数字化改造具备以下功能：支持三网融合的基础业务和未来可拓展业务，支持模拟与数字传输体制平滑过渡，支持双向交互、组播、推送、存播四种工作机制，支持网络业务安全和管控机制[②]。

① 黄迎新：《数字时代的中国电视产业研究》，厦门大学出版社 2012 年版，第 293 页。

② 黄升民：《三网融合：构建中国式“媒信产业”》，《新业态·现代传播》2010 年第 4 期。

下一代广播电视网的建设是在技术革新基础上的平稳过渡，并不仅仅意味着在技术及设备部署问题上达成共识之后，就一劳永逸地解决了广电网竞争活力不足的问题。如何提升广电主体的市场应变能力，运营主体如何适应信息化时代全业务运营的要求，消弭与电信业之间的不良竞争，以及如何搭建持续稳固的商业模式等，都将成为关乎下一代广电网建设成败的重要内容。

三、现代广播电视网的战略实施

现代广播电视的国家发展战略，在宏观层面主要涉及两大领域：一是推进传统媒体与新兴媒体融合；二是全面推广三网融合。下一代广播电视网在经历了业界自发的网络升级和服务深化过程之后，开始逐步从独立自发性实践活动升级为国家级信息化战略。2008 年，下一代广播电视网正式作为国家战略计划出现在公众视野。

1. 下一代广电网的战略部署

下一代广电网（NGB）是广电行业在新环境下面临用户需求深化、技术不断革新、产业亟待升级等压力下应对挑战的必然之举。下一代广播电视网的发展目标，旨在建设能够符合国民经济社会发展趋势，能够持续支撑信息化社会变革，能够加快信息资源传输速率与利用率的基础性平台。这样一项跨越性的基础信息设施工程，在充分尊重原有系统与成果的基础上，通过顶层设计与分步实施相结合来落实下一代广电网的战略部署。

（1）建设原则——统筹兼顾，集约高效

下一代广播电视网作为广电网突破转型的目标，并不是脱离现实基础的，它的建立得益于我国有线电视数字化、双向化改造不断推进，以及 CMMB 推广与运营规模的不断扩大、信息通信网络的自主创新与更新换代。同时，该目标也是在互联网视频网站异军突起，政府推进三网融合战略不断消弭广电与电信的行业嫌隙等大环境下的产物。所以，在规划并实施 NGB 的过程中，仍须坚持尊重现有的建设成果，坚持“统筹兼顾，集约高效”的建设原则，对已有信息资源最大化地利用。

我国对NGB规划建设的指导原则，是依赖于我国的具体国情，同时结合行业相关标准提出的，其核心是立足适应未来开放式的市场环境，实现在现有业务支撑平台和运营管理体系之上的平稳过渡，稳步提升为适应融合的交互的全息多媒体时代的信息网。因此，螺旋式升级，将顶层设计的统一架构与阶段性分步实施相结合，在“统筹兼顾、集约高效”的原则下，将建设一代广播电视网纳入我国广播电视发展战略的总体思路。

（2）建设保障——部局协同，联合领导

下一代广播电视网是三网融合时代的广播电视系统发展方向，但该战略目标的达成并非仅仅依赖于广电系统本身，作为跨平台跨地域的创新型战略，必须同时依赖于国家新闻出版广电总局与科技部、工信部等部（局）的协调合作，组成联合领导小组共同负责推进该战略落地。

专门组织机构的建立，可有效保证相关工作的顺利完成和实施。组织机构由国家新闻出版广电总局与科技部、工信部等多方人员共同组成，按照专业性与科学性合理设置，其中专业技术人员与管理人员有同等的配比。与此同时，成立专家决策咨询委员会，通过聘请优秀的专业领域技术人员，作为该领导小组的有益补充。

设立专项资金。国家依据国家新闻出版广电总局与科技部签署的合作协议书，安排专项财政资金，负责该项战略举措的实际落实。与此同时，通过增设国家债券，设立基金等形式吸引地方与企业参与该战略实施的实际运作中。

在组织机构设立与财政支持之外，科技部与国家新闻出版广电总局还将在业务运营与管理方面加深合作，共同应对NGB建设过程中的各项问题，为NGB战略扫清决策领导层面上的所有障碍。下一代广播电视网的建设部署，主要对接全媒体时代受众对全息信息服务的需求，这种全业务的需求将促使广播电视网向跨界、跨传统的新领域转型。科技部负责领导的国家高速宽带信息网的核心技术以及广电总局领导的全国有线电视双向数字化改造等行动必将联合起来，在统一推进完善骨干承载网、光纤接入网、智慧家庭管理运营系统等所有产业链环节之后，真正的下一代广播电视网才能够顺利推行。国家实行科技部与国家新闻出版广电总局等联合领导小组，就是从组织上、决策上以及实践行动上扫清障碍，消弭行业壁垒，落实下一代广电网的战略部署。

（3）建设步骤——试点示范，分段推进

自2008年国家新闻出版广电总局与科技部签订合作发展协议以来，下一代广播电视网的建设进入了实质性行动阶段，并通过建立综合示范基地带动了整体的建设。在具体实施过程中，采取细分阶段目标，逐级推进的方法完成，最终在10年内真正把全国有线、无线、卫星网络建成从业务运营到监督管理统一的下一代广播电视网。

下一代广播电视网上海试点示范区先行。2009年7月，国家新闻出版广电总局在准确评估全国广播电视业务及服务水平的基础上，根据突出重点、抢抓机遇的精神确立了上海市为下一代广播电视网的试点区域。同年7月，广电总局与科技部、上海市政府签署了联合协议，决定在上海进行下一代广播电视网的先行先试。先试的内容包括拓展首期50万户NGB用户，并在这些用户中尝试双向交互类智慧家居应用服务。与此同时，上海还谋划与长三角的江苏广电有线合作，共同引进、自主开发下一代广电网业务新形态，共同打造国内最新的、海量内容的、全业务的互动电视服务平台。该服务平台将率先建设成为广电跨区域运营服务的典范，并逐步增强服务能力，开拓服务市场，最终成为服务于全国广电运营商的基础性平台，包括个人电子消费、电子通信、家庭影音、金融证券等所有智慧家居服务与个性化服务。从技术上来说，试点项目首先验证各种设计问题和综合调配管理平台是否科学可行；从管理上来说，试点项目将为下一代广电网的后续推广积累运营保障经验。

有线（电视）先行，无线、卫星（电视）跟进，阶梯性实现终极目标。国家下一代广播电视网作为广播电视网中长期战略目标，是面向新时代的信息高速通道，所以这一目标的实现呈阶梯性建设过程。在2008年部署推进NGB战略的合作协议书中，对实现这一目标有较为明确的路线图。首先，在战略实施的初级阶段，推广上海示范区试点建设的运营经验，扩大下一代广播电视网的用户规模；其次，完成不同区域、城市、更广地域间的有线网络互通互联；最后，再逐步扩大已有成绩，用十年左右（截至2020年）将现有的广电网络整体转变为下一代广播电视网。

在具体工作进程中，首先，从有线电视的技术升级和区域地方有线网络资产整合开始，逐步扩大数字双向交互有线网的覆盖率，完成区域（省区市或多省联合级大区）有线网络统一运营主体的覆盖率、整合度。特别是在国家高速宽带信息（3TNet）骨干传输网与城市局域网技术取得较大进展的背景下，光纤入户（接入网）技术解决方案的突破，将大幅提升有线网络的传输速率，促进有线网络的更新换代。其次，加快无线网络的升级，特别是移动多媒体广播电视终端的融合与推广，促进全媒体经营业务的精细化拓展，完善无线网络信号与安全可信体系的部署。最后，完善与扩展卫星网络。在地面有线网络与移动多媒体广播电视布局均取得较大进展的基础上，我国的卫星网络也将迎来进一步的升级换代，频谱更细分、覆盖更广泛、接受更稳定、网络更融合的卫星网将与有线、无线网一起，共同构成互联互通的下一代广播电视网。

2. 下一代广电网的分期实施

（1）NGB的第一期示范区建设实施

国家新闻出版广电总局于2009年5月8日，提出了下一代广播电视网（NGB）示范区实施总体方案，按照这个方案分两期实施示范区建设。同年7月31日，上海示范区试点项目开始启动，该试点项目的推进标志着我国下一代广播电视网进入实质推进阶段。

第一期试点目标，主要是实现试点城市NGB网络的四大类业务系统，包括视音频类、信息类、娱乐类和应用类业务运营，完成试点地区骨干网及其业务的开通，实现本地互动双向业务运营。

网络实施规模，要求初步构成覆盖试点城市的全程全网，可控可管的全国骨干传输网、城域网、接入网；入户带宽方面，用户接入带宽达到20Mbps；覆盖用户数不低于570万；业务实施方面，重点推广以个人感受为主的直播与交互类应用，开通部分跨域业务。

网络实施目标，主要是完成国家“三横三纵”网络结构中的“一横两纵”工程。

"一横"DWDM[①] 系统：合肥—武汉。

"两纵"DWDM 系统：其一是从北京经过济南、上海、杭州、福州到广州；其二是从哈尔滨经长春、沈阳、北京、石家庄、郑州、武汉、长沙到广州。

第一期工程采用点对点互联完成核心层北京、上海、广州、武汉、杭州、南京6个核心节点的建设。并根据各地的用户规模、经济发展情况和用户需求，在试点城市部署本地视音频、信息服务、娱乐和应用类业务系统。

(2) NGB的第二期示范区建设实施

第二期示范区建设，是在第一期建设的基础上，从2010年年底开始实施全国36个省（市）NGB运营网络的五大类业务系统建设，实现示范城市间业务跨域互通，构成覆盖36个示范城市用户的全程全网接入。

业务系统实施的目标，是以异地业务互通、与通信网和互联网在内容和终端上迁移为主要的建设方向，增强运营网络之间的业务互联互通，有效地拉动用户基数，同时用跨域互联的方式实现运营网络业务的爆炸式增长，并结合视频通信技术，提升用户业务体验，实现融合通信业务。

IPTV 作为三网融合的共建共享平台，在 NGB 的业务中成为一个具有代表性的建设项目。国家新闻出版广电总局批准了中国电信、中国联通在三网融合的第二阶段42个试点城市开展 IPTV 传输服务。与此同时，工信部批准了23个省市的广电网络公司开展基于有线电视网络的互联网接入、传输和 IP 电话业务。为此，中国广播电视网络有限公司于2014年4月正式成立，国务院已经明确，工信部和国家新闻出版广电总局要积极支持和指导该公司开展网络建设和申请经营电信业务，帮助其加快申请获得固网话音、宽带网络、国内通信设施服务等业务许可，促进 NGB 三网融合业务创新。

2015年3月30日，中央电视台、江苏广播电视台和江苏电信签署了 IPTV 三方协议。协议规定，分三个阶段，将江苏省原有的上海台与电信、江苏台与电信这两个平台上的全部 IPTV 用户，切换到经总局验收通过的江苏

① DWDM（Dense Wavelength Division Multiplexing,）这是一项用来在现有的光纤骨干网上提高带宽的激光技术，能够在同一根光纤中，把不同的波长同时进行组合和传输。

IPTV集成播控分平台（1号平台）上，实现对所有IPTV用户的双认证、双计费管控功能。三方协议的签署，标志着江苏省IPTV建设工作取得重大进展，对全国IPTV集成平台规范建设有着十分重要的示范意义。

按照国务院办公厅2015年8月25日公布的《三网融合推广方案》，三网融合进入全面推广阶段的重点任务之一是加快NGB规划实施，建设下一代广播电视宽带接入网，充分利用广播电视网海量下行宽带优势，全面支持互联网协议第6版（IPv6）。NGB建设是“宽带广电”战略的一部分，也是广电数字化和现代广播电视传播体系建设的延续与发展，它在保证坚持以视听业务为核心，提供基本广播电视节目服务的同时，积极发展互动电视等新业务、新业态，发展宽带互联网接入服务，推动相关业务快速增长。

（3）NGB建设的问题与思考

NGB建设的目标是高速的全息信息通道，随着有线网络的升级与无线网络的推广，相较于传统的广电网，目前已取得了一些成绩，但是要深入推进三网融合，实现下一代广播电视网真正与电信网的双向对等开放，仍然面临着许多挑战。如何在保持国家对广播电视内容播出安全监管，保持广播电视文化宣传事业属性的同时，充分利用市场资源促进全业务开发，满足广大人民群众多样性、差异化、个性化的需求，还有很大差距。另外，虽然国家对NGB的推进有了明确的规划，也有了示范基地的实践，但由于缺乏宏观的立法规范，缺乏实质性微观规制原则，更缺乏持续长效的产业政策做支撑，在将NGB建成国家战略信息网目标的道路上，仍然面临许多的压力与瓶颈，这就要求我们对广播电视网的政府规制进行重新构建，以建立起适应NGB发展道路的规制体系。

下一代广播电视网是全新的、能够支撑跨地域跨平台业务的新事物，所以政府对NGB的监督与管理、对跨行业竞争业务、市场准入、产品与服务质量、定价与授权、资本管制等规制也必须与时俱进。

按照国务院“三网融合推广方案”有关部署，未来的工作目标和任务是加快推进下一代广播电视网建设；加快发展融合业务和网络产业；加快推动IPTV集成播控平台与IPTV传输系统对接。这些意见都为现代广播电视体系的快速发展，提供了指导思想和发展方向。

四、“广电+”的融合重组模式[①]

在国家“互联网+”行动计划下的广播电视发展，应依托NGB的网络发展，推进“宽带广电”战略和“广电+”行动应用实践；拓展广播电视新形态和新的运营模式，尽快从相“加”到相“融”，建构现代广播电视传播体系。

“广电+”或“TV+”，是现代广电系统全面转型升级的一项战略措施。所谓“+”，就是原有广电的升级，打造升级版的广电，也就是通过NGB网络渠道扩充广电增值业务及功能。当前最迫切的就是拥抱互联网、占领主战场，并通过“互联网+”，尽快实现广电技术、内容、业务、形态、功能等各方面的转型升级，全面提升广电的传播力、影响力、竞争力[②]。

“TV+”新业态模式[③]，本质上是以视听新媒体形态实现TV效能的最大化。它以交互化、实时化、社交化、个性化、融合化等特征为业态延伸方向，由此生发出无限可能的视听媒体新业态。（见图12—1）

1. 电视+社交媒体

社交电视（Social TV）是在用户观看电视节目的背景下同时提供传播及社交互动的服务。国际主流广电媒体都早已应用社会化媒体来加强网络平台的建设，试图增加诸如与朋友分享链接、添加评论、扩展用户的网络身份等手段以触及更广大的人群。社交电视业务可整合社交互动、情境感知、收视率调查、视频聚会、语音传播等各种服务（如图12—2）。

社交属性让电视从一种单向的广播式传播中彻底解脱出来，使得观众与观众之间、观众与电视台之间、观众与内容提供商甚至广告主之间形成一种衔接。如“央视”以强大的内容资源为主导，辐射电视、PC、移动客户端，

① 石长顺、梁媛媛：《现代视听新媒体产业模式创新研究》，《现代传播》2016年第2期。

② 田进：《适应新形势新要求 加快广电改革发展》，2015年全国广电改革发展高层论坛，2015年7月8日。

③ 石长顺、梁媛媛：《现代视听新媒体产业模式创新研究》，《现代传播》2016年第2期。

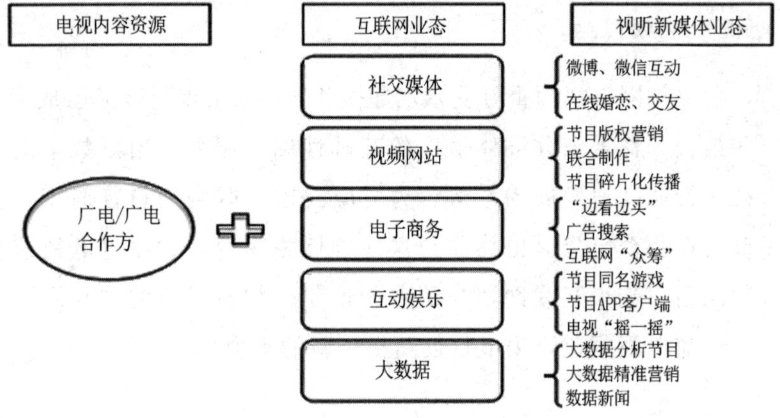

图 12－1 电视＋互联网的新业态模式

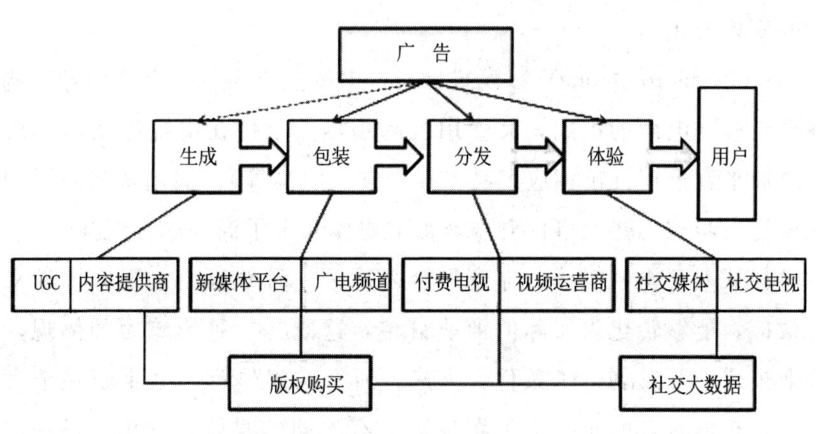

图 12－2 社交电视模式

打造跨媒体、广覆盖的多屏传播平台。社交端通过“@央视新闻”官方微博、“央视新闻”微信公众号和央视新闻客户端三大新媒体传播渠道，增强电视用户黏性。用户通过央视新闻客户端，不仅能收看央视新闻频道的直播，还能将电视新闻“广播化”。在“央视新闻”栏目界面，用户可以订阅 60 多个央视品牌栏目，收看最新和往期的节目。目前，“央视新闻”的“两微一端”已成为主流媒体与互联网用户融合互动的重要平台。

2. 电视+视频网站

目前，电视与网络视频重叠受众已超过1/3，网络视听服务已成为网民在线消费时间最长、覆盖细分群体最广的基础性网络服务。用户数量的不断攀升彰显着视频行业高速发展的态势，为适应我国互联网用户普遍年轻化的特点，电视节目在受众定位上也往往与这些群体相吻合，并通过电视节目版权输出到视频网站，带来互联网用户消费的增量。初现品质的"纯网生"视频节目也纷纷反哺电视频道，为节目创新提供新的动力。

3. 电视+电商

通过电视或网络视频，直接链接到电商平台，最终实现从信息告知到边看边买的模式转化。

"F2O（Focus to Online）"模式，是"电视焦点事件+电子商务"构成的一种新型电视+电商的模式，其作用机制是热点事件在电视等媒体形成扩散效应，电商平台迅速推出相应产品（如美食、服饰等），满足瞬间激增的新需求，从而进一步推动热点事件升温，形成媒体和电子商务的良性互动。

F2O模式对于电视媒体、电商平台来说是一种双赢。电视媒体带来的热点事件效应，能够转化为实际的商业订单，这既是一种影响力的体现，也为未来商业模式的开发创造了条件。未来，所有的媒体都会共生于一个大的营销平台上，在消费者的每一个消费决策上有不同的媒体去支撑、推动。电视媒体将成为拥有用户大数据的重要注意力入口和行动力入口，在电视屏幕上实现品牌的体验、互动、购买，这是未来电视的最大突破。

4. 电视+大数据

其最大价值在于积累并经营用户，实现下一步电视节目的精准投放。传统媒体有着丰富的内容资源，在节目首播时能在第一时间吸引观众的注意力，然而却缺乏积累并经营用户数据的大数据业态。在吸引了观众的注意力以后，积累并经营用户数据成为首要问题。电视媒体通过机顶盒的数据、各种手机电视的数据，完全可以形成用户（而不是观众）的数据库，并利用大数据分析节目，使大数据成为视听媒体的驱动力。

“TV+”模式作为基于视听新媒体产业生发出来的各种运营形态，随着数字媒体技术与社会发展需求的结合，完全可能生发出更多的满足用户需求的模式。而这一切的可能，都有赖于“TV+”的思维发散。首先，“TV+”的用户思维，即将满足用户需求的过程纳入媒介内容生产、传播的重要组成部分。其次，要有“TV+”产业链思维，即善于通过电视媒体与其他行业的结合、渗透，催化出多种类型的产业链。最后，要具备“TV+”技术驱动思维①。从某种意义上说，世界传媒史就是一部传媒技术发展推动的历史。因此，广播电视媒体应充分利用好为用户所广泛欢迎和使用的技术，将电视媒体和其他行业公共服务性技术结合，使电视媒体能够适时形成跨行业的产业链，从而推动广播电视新媒体产业的发展。

第二节 现代广播电视发展的规制体系调整

现代广播电视网在我国的兴起与推广，既是媒介主体自发的市场竞争活动的结果，也是政府对整个文化事业管理规制的结晶。随着时代的进步与改革的深入，国家对广播电视领域的调控行为也必须保持时刻调整变化。无论是旨在克服市场低效，抑或是市场失灵，政府出于其自身职责，在维护公共利益的基础上对下一代广播电视网的部署与实践活动进行相应地规制，已经成为不可或缺的公共行为。这种既存的行政规制，既可能促进国家战略的顺利实现，也可能由于自身的原因，或者外部环境的变化而失效，这就决定了对相关规制的适时调整。

一、规制与政府规制的基本理念

“规制”的概念是从英文“Regulation”中演绎而来，其含义是指规制主

① 李岭涛：《“TV+”——对全媒体背景下电视未来发展的判断》，广电独家公众号，2015年6月27日。

体凭借某种合法依据通过遵从某种程序和条例，对特定客体的微观行为进行相应地监督与调控，并具有对这种调控修正与更改的权力。政府规制，通俗地理解，就是指国家（政府）依据某种合法效力，通过行政行为对微观客体对象实行的一种干预，而且这种干预主要是通过采取对抗性的法律规范而非自发的市场规范，其目的在于协调产业冲突或市场失灵。

政府规制具有广义与狭义等不同的理解范畴，广义上的政府规制包含宪法、法律规范、行政法规和部门规章、行政会议文件等。狭义上的政府规制则仅仅包含政府公共部门的行政行为，即行政强制性管理措施。本书研究对象侧重下一代广播电视网的政府规制问题，由于下一代广电网的建设部署需要市场经营主体的自我拓展，同时也迫切需要国家政策层面的大力推动，而且是全方位的战略保障与行政指引，所以对于政策规制的需求也是全方位的。在分析模型上，采用规范分析（价值分析）为主，实证（效率分析）分析予以补充的形式。由于广播电视网络具有服务性与产业性双重属性，决定了我们不能单纯从某个狭隘学科视野来研究其发展路径，从产业经济学与广播电视学的跨学科融合视角来分析，也许更能够得窥其实。在这样的研究理念之下，本章的核心议题是对“下一代广播电视网”这样一个超脱于现存的、面向未来的广播电视融合信息网络政策规制的研究。

在国家部署“三网融合”的战略契机下，下一代广播电视网的发展主要体现为融合与创新两个特点，而这两个特点贯穿于业务、技术、平台与服务之上。广播电视网如何加速整改，并在下一轮融合竞争下成为有力的竞争者，将直接关系到广播电视事业的未来走向，也关乎国家基础信息服务网络的战略布局。然而，随着“三网”之间既竞争又融合的趋向越来越明显，这种现实开始倒逼政府重构下一代广播电视网的规制。

综观现有的研究，对下一代广播电视网发展过程中政府规制的依据、权力与责任边界、规制方法、监督反馈方法、社会性参与等方面的探索较为缺乏。本书从借鉴西方有线数字电视网络建设的经验出发，结合国家对文化事业的战略布局，从规制原则、规制主体、规制监督等维度探讨我国NGB战略实施中需要重点关注的政府规制，为NGB战略的实施提供政策保证。与此同时，西方发达国家的未来广播电视战略并没有明确独立的演进路线，也为研究下一代广播电视网的政府规制及其改进提供了创新空间，当然，这也成为研究过程中的难点。

二、现代广播电视传播规制的价值

规制，主要分为经济性的规制与社会性的规制两种类型。在现实生活中，这两种规制方式都具有同等重要而不可替代的作用，且常常交替发生作用。对于在三网融合这个大的时代环境下，广播电视与电信正在逐渐走向开放与竞合，两者都需要与之相对应的规制方法，毫无疑问，这种变化也必然面临经济性规制与社会学规制两种类型同时发挥作用。

日本学者植草益在《微观规制经济学》(1992) 中指出，经济性规制主要是指针对企业主体的经济活动内容而产生的某些奖惩措施，是政府通过合法有效手段，对企业的进入、退出、价格、服务的质量以及其他各种活动所进行的规制。而社会性规制则带有一定的普遍性，它主要是指为企业服务目标及公众的健康与其他权益制定某些标准，并禁止、限制某种特定行为的规制。在现代生活中，社会性规制的作用与意义愈来愈重要。

将规制问题引入下一代广播电视网的建设过程中，首先需要明确政府规制的研究框架，即我们要依赖规制理论的基本原理与实际规制对象的特点来确定我们如何来分析 NGB 这一战略的规制问题。研究框架中涵盖规制的主体与客体、权力范围与责任边界，以及规制的作用机制，即规制方法、规制有效性、评价反馈渠道等。

作为政府规制的对象，现代广电网除了作为党和国家“喉舌”的文化事业属性之外，还具有媒介经济产业的市场属性，具有自然垄断与网络型的产业特征。这种天然属性与主要特征，构成了公共部门对其行使政府规制的源头。根据我国的实际情况，依据广播电视信号的传输方式，可以将广播电视媒介划分为地面广播电视和卫星广播电视。其中地面广播电视涵盖地面有线电视、地面无线电视、地面数字电视等，这几种电视形式都具有一般的自然属性，也即同时包含了信号传输所经过的几个基本流程，如构成基础设施，通过信息传输平台传播服务内容。

广播电视网作为公共服务基础设施，同时具备了满足公共利益与普遍服务的特点，如同铁路、电力、航空等由政府和法律主导并定价的行业一样，这些涉及国民基本公共福利与个体普遍精神消费的行业，必须由公共部门加以规制，确保这种普遍服务与定价机制得以贯彻执行。

政府规制的现实价值是通过政府的行政行为能够克服市场自发行为中的市场失灵与市场失效，减少负外部性；促进竞争，以更优惠的价格供给更优质的产品。但对于广播电视业来说，现代广电网的政府规制首要价值是确保普遍服务执行，切实保障公共利益。如实行完全的市场机制（尤其是内容管控失责）不利于普遍服务与公共价值的实现。因此，广播电视作为一项重视公益、促进公权的社会事业，不能单纯以市场业绩来评估其发展方向与发展水平。现代广播电视网政府规制的价值就在于确保公共利益，同时促进市场的效率与均衡。

现代广播电视网政府规制的重要价值还在于消除垄断，促进产业融合。现代广播电视网的政府规制，在技术与市场不断进化的基础上，通过协调与沟通，定将促进产业融合，提高整个传媒互联互通市场的效率，进而提高信息资源的效率，促进整个社会的进步。

三、广播电视规制的现实问题及成因

我国现行的广电网政府规制是在国家宏观管理体制与广电业经营发展过程中逐步建立起来的，传统的社会环境对我国广播电视业规制产生了一些影响。

1. 广电规制的主要问题

（1）政府参与程度深，规制机关权责不明。规制机关作为独立于客体对象的权力机构，具有一定程度上的强势性，所以一般不参与微观性市场运营，以避免权力寻租和市场垄断。但是，我国广播电视的监管者与运营主体关系界限不清，导致规制机关既充当了监管者，又与业界运营主体成为一体化系统。

这种既是裁判员，又是运动员的规制机制，在现实过程运行中，经常体现为管理者越俎代庖，取代市场竞争配置资源的现象。规制主体的权利与责任划分不明晰，国家新闻出版广电总局虽是广播电视业的归口领导部门，但“四级办电视”的体制又使得广播电视业“条块结合，以块为主”，地方政府同时有权领导和控制地方广播电视业的发展，这就使得中央和地方、部门与部门之间容易经常就某些条令、规章与各自利益的关系发生冲突。规制范围的模糊、规制主体的多头管理、规制权力与责任的不对等，都极大地损害了政府规制行为的公信力与效率。

（2）经济性规制繁杂，社会性规制缺位。我国对现代广播电视网政府规制还表现为经济性规制繁杂，社会性规制不够。我国出台了名目繁多的授权评定办法，通过控制有线网络经营执照等办法控制市场主体数量，设立不同的经营政策来自动排除中小型网络经营主体。诸如此类严格控制市场资本、结构、经营范围的经济性规制，是我国目前政府规制的主要组成部分。与此相对应的是，目前的政府规制多为行政条例，缺少更高位阶的法律，条令的权威性与公正性很难保证。

在规制经济学理论中，广电业是偏好社会性规制的，但由于我国广播电视业的规制机构众多，官商合体的广播电视机构同时具有公共服务与商业市场经营多重属性，所以，社会性规制虽然历来被当作首要任务，但在实际落实过程中效果并不理想。特别是由于社会性规制的缺位，广播电视节目同质化、媚俗化倾向，节目过程中对公民隐私权的随意侵犯，对儿童的保护不到位等现象，都使研究者有必要重新审视我国广播电视政府规制的实质性效果。

（3）分业监管，产业融合不畅。我国长期坚持的规制政策是分行业针对性监管，这在历史的初期是适应业态发展的，但近年来，技术变革推动广播电视与电信业相互渗透相互融合，在西方先达国家早已逐步摒弃原始的分业、独立监督，开始走上统一监管道路。

而我国，在20世纪90年代广电、电信之间展开竞争时，监管部门明确广播电视与电信不得双向进入，之后依据行业管理经验又先后出台了各自的行政规章，错失了产业弥合的机遇。如今，由于缺乏具备公正权威性的，能够适应信息融合现状与趋势的统一融合性法律，导致在实际规制过程中，出现了合法性缺位与监管盲区。这种监管漏洞及其合法性的缺失，直接导致我国信息产业的融合不力，现代广播电视网的建设遇到较大的实施阻碍。

总体而言，政府规制应能确保下一代广播电视网发展的稳定性。但在现实情况下，政府规制在促进市场竞争，推进产业融合上仍然面临较大问题。我国下一代广播电视网作为竞争性产业的效率没有得到有效重视，过多的行政干预，没能充分激活广播电视运营主体的创造性与积极性，视听信息内容产业的单一，也愈来愈无法满足广大人民群众多样化的需求。

2. 广电规制问题的主因

(1) 规制的法规性缺失

法律规范是调整社会行为的最有力保障，也是最后一道防线。由于法律的出台需要漫长的论证和多方利益的协调，所以对法律的制定与框架设计提出了更高的要求。近年来，虽然下一代广播电视网建设的推广取得较大成果，但是与融合趋势相匹配的法律规范，并没有得以确立，其主因表现在两方面。

首先是规范性法律缺失。我国目前尚未出台广播电视法，现有的《广播电视条例》是由行业主管部门起草的部门立法，这种部门立法，带有浓厚的时代局限性与部门利益性。纵览欧美发达国家，在推行“高速信息公路”以及数字有线电视网的改革之前都是首先立法，使广播电视业适应信息产业融合，让广播电视网与电信、互联网的互联互通拥有了强有力的法理支撑。而我国，对新近启动的下一代广播电视网战略，尤其是信息融合时代的广播电视网建设尚无专门的规范性法律，不得不说这直接影响了政府规制行为的公信力与规制部门的权威。

其次是融合性法规缺失。现代广播电视网能提供融合新业务，能交叉提供电信固有的服务与业务，这是网络融合的实质意义所在，也是现代广播电视网得以推进发展的关键。但是，目前电信和广电的相互准入尚属政策范畴，而相应的法律法规缺位。虽然业界可以利用某些政策进行经营活动，但是这种政策并不能够持续具有作用力。况且目前发布的相关政策多由单一部门主导，既可能导致相关利益部门冲突对立，又无法促进产业融合。

(2) 规制的权责性不明

首先是多重规制，导致权责不明。在产业融合程度较弱的情况下，政府规制机构的决策者往往会针对各自所处的行业特点采取规制措施，并且各自成立规制机关实施执行。在我国，国家新闻出版广电总局负责规制广播电视网，工业和信息化部则管理电信网及互联网，而对于同时涉及这三网的业务，则同时需要三方来协议规制。美国的规制模式则提供了另外一种不同的思路，1996 年美国专门成立联邦通信委员会（FCC），统筹所有信息通信领域的法案。英国也整合了原有的分业规制机构，成立了统一的通信管理局（OFCOM），确保不因重复规制产生行政资源浪费和低效。

其次是多方规制，导致权责不明。在我国，即使是同一家规制机构，也并不天然地拥有对该领域内所有事项进行规制的权力。譬如工信部对我国负责运营商的牌照发放和电信运营商频率资源的规划分发，而与此同时，国家发改委也享有对电信领域内某些准入与定价的制约权。诸如此类在同一领域内，存在多方规制机构规制的情况较为常见，这种多方规制的模式也给市场管理者与从业者带来了极大的困扰。

除此之外，还存在中央与地方、地方政府与其他机构之间多头管理，互相争夺管理权的情况。这种规制主体的复杂性与重复性，极大地影响了产业建设与运营过程中的效率与公平性。

鉴于我国对下一代广电网的规制注重经济性规制，而社会性规范缺失，监管体制上又沿袭分业监管等情况，规制变革的呼唤与创新的议题被推到了决策者台前。规制理论自身的完善发展，政府规制制度的内生性变革、社会技术变革、行业产业融合等外部环境的变化，都将促使规制更新，规制重构再次进入研究者与决策层视野。

四、现代广播电视国际规制的借鉴

西方发达国家面对广播电视网、电信网相互融合的产业环境，在 20 世纪 90 年代开始，就对传统的政府规制进行了变革。本节主要分析美、英、日三种规制模式，以期能够为我国的规制改革提供有益的借鉴。

1. 自由竞争，支持双向开放的模式

美国的“国家带宽计划”与我国的NGB战略有着十分相似的背景，为了布局广播电视服务的未来，美国政府对广播电视的政策管理，行政规制也进行了调整，经历了由分散到统一，由分业到融合的阶段。且政府规制的方式多依赖法律手段，通过国会立法对广播电视、有线电视以及电信业进行规范。美国对广电、电信融合产业环境下的政府规制有严格的法律体系，本文选择美国政府对有线电视的规制来进行相关探讨。

1984年，美国制订首部《有线电视法》，有线电视发展得到国家法律支持；1992年通过《有线电视消费者保护与竞争法》，立法制止有线电视收视费的上涨，并提倡和鼓励竞争。随着美国传媒与通信领域的变革加剧，1996年美国修订了《电信法》，鼓励有线电视和电信网双向进入并尝试相关业务。在进行立法修订完善的同时，美国联邦通信委员会开始倡导节目渠道的多样化，鼓励并支持新的视听终端生产与销售。

在规制范围和力度选择上，美国政府自1996年以来，在广电、电信系统内部开始了多轮调整，主要表现为广电企业开始以兼并收购和资产重组的形式与电信企业合作。

在20世纪90年代，美国的政策制定者和企业家都对地方服务（电信、广电）应由一家垄断公司提供的相关法规提出了质疑，并且，这时新的公司已经开始在提供商用接入长途网络的服务中与交换运营商展开了竞争。自由竞争促进的效率让法规制订者看到了社会多元化的力量，随即对旧有的法律规制进行了论证与修订。新的电信法案，主要的议题是取消原有的价格法规，重新定义互联互通与普遍服务，这样，从法律上打破了产业融合间的垄断与保护，保证了充分竞争，也推动了服务与产业的融合。

与此同时，除了出台《电信法》这样高位阶的法律体系之外，美国还整合原有的广电、电信监管部门，成立了美国联邦通信委员会（FCC）这样统一的中立监管机构。美国联邦通信委员会为独立的规制机构，只需要向国会负责，一定程度上具有相对独立性。它的出现开启了美国信息通信服务的新纪元，不仅仅是一种业务经营上的和谐统一，更是一种管理思维上的创新变革。规制机构除了享有独立性之外，美国联邦通信委员会还加强自身内部流程改革，注重实际执法过程中的效率，这种模式在很大程度上鼓励自由竞争，而且提高了执法效率。

2. 统一监管，促进业态融合的模式

英国制订了与我国NGB模式相似的“画布”计划，出于融合时代的战略选择需求，特别是为了适应信息融合时代的媒体发展趋势，英国政府规制模式也对相应法律法规进行了调整，并对相应的规制机构进行改革。

2003年7月，《通信法案》出台，使得英国政府机关规制得以确立，相应职能部门开始有法可依，具体规制内容涵盖电子通信网络与广播电视服务，及其他媒体收购与整合事宜等。英国的《通信法案》考虑了融合趋势下的信息服务形式，对英国的信息通信产业发展产生了重要的作用，对世界融合性的规制也具有指导意义。

与此同时，除了出台统一监管的现代法律之外，在规制主体上，英国也采取类似于美国的做法，成立一家统一的具有最高决定权的通信管理机关，即通信管理局（OFCOM），替代原有的分别管理电信、电视、广播各方面内容的电信管理局、独立电视委员会等五家机构。通信管理局是英国在全信息化领域唯一的也是权威的规制机关，享有原五家管理机构所有的行政管辖权，规制范围十分广泛，执法效率高。

英国法律规制的完整性，规制范围的广泛性，规制主体的统一性，加上规制权利的明晰构成了该国融合监管的有力保障，这些理念、思路与实践操作方法，都可以成为我国规制改革借鉴的经验。

3. 融合监管，网络载体与内容分离的模式

信息网络的融合，近年在日本呈现愈来愈快的速度，日本的管理机关也不得不对这一趋势做出回应。2005年，日本通过了《有线广播电视法》，该法在高速带宽环境下，允许广播电视机构向增值业务领域进军，允许广播电视进入语音通信、视频会议等领域。同时，电信业也可以试点经营多媒体业务和视听业务。该法律还重新规划了日本广播电视网的侧重点，即在努力提

升有线网络实力的基础上，加强对无线与移动应用的扶植开发，综合形成有线无线并重的广播电视格局。

日本采取了不同于英国和美国的规制政策，主要表现将网络通道管理与信息内容监管进行了分离。这种承载与内容分离模式，一定程度上提高了网络基础设施供应商的生产积极性与市场竞争程度，这为我国推进“三网融合”，部署下一代广播电视网建设提供了参考范例。

美国、英国与日本在广播电视与电信领域纷纷通过改革创新走在了世界的前列，其社会整体信息化水平及信息化对经济的贡献率都在我国之上。西方发达国家在政治体制、宏观经济政策、社会文化方面与我国皆有不同之处，其调整广播电视规制，发展下一代广播电视服务的战略计划与我国并不全然相同，但在面临信息融合大趋势之下，鼓励和提倡竞争，加强规制效力，明确规制法律的规范则成为全世界通行之举。

我国的政府规制处在一个不断成长的阶段，是在充分依托我国国情，并批判性地借鉴西方国家改革先例的基础上发展起来的，这个动态的、螺旋式上升的规律是应当遵循的。

第三节 现代广播电视的规制体系建构

从政府规制概念本身看，当某种社会趋势或现象出现，政府规制也必然应予以相应地改变，以更好地发挥其规制合法性与有效性。现行的政府规制已然无法强力推进媒体融合战略顺利落地，对规制的重新评价与革新，逐渐变得更为紧迫与合理。

一、现代广播电视规制的取向

政府规制作为国家行政行为与产业发展合力的产物，既是国家行使行政权力，调配社会资源的重要手段，也是规范市场秩序，保持稳定发展市场的必要手段。以对下一代广电网的政府规制为例，这是在下一代广电网战略出台及其发展进程中逐步跟进完善的，但是由于我国规制框架的滞后、法律法规的缺失、权利责任边界的模糊等问题，都制约着我国下一代广电网战略目标的实现。

当今信息化时代，网际、产业间的融合正逐步从浅层走向深入，互联互通成为用户需求的重中之重。旧的相互分离的产业关系与规制原则已经落后于媒体融合形势，因此，广播电视规制的重建成为一个愈来愈现实的问题。

与此同时，西方发达国家已经历了规制变革这样一个历史阶段，他们在下一代广播电视服务规制改革上的创新举措、先进理念以及失败的经验教训，也能够成为我们重要的参考和借鉴，为我国的规制改革提供范例。

现代广播电视规制的建构与完善，其实质性即是改革与创新，改革针对的是旧有的制度基础，要在充分尊重既有成果的基础之上进行必要的调整，它强调的是传承性；而创新是指依赖于新的技术新的理念做出独特的适应未来的举措，强调的是新颖性与独特性。

我国已经进入社会经济体制全面深化改革的历史阶段，对政府规制体系的探讨也必须植根于社会改革的语境下，坚持在充分尊重传统与政策导向的前提下进行规制变革。目前，坚持选择“革新”而不是“革命”更适合于我国国情，也更能够在实际工作中得以贯彻落实。

对下一代广电网政策规制体系的调整，主要涵盖两个部分，除了规制内容体系调整之外，更重要的是规制机构的调整，它充分考虑了当下信息传播渠道融合的事实，以及产业之间既竞争又合作的现实语境，实现相应的政府规制与监管权变革。

在信息网络融合不断加快的今天，我国政府规制革新的重点主要表现在规制作用机制（规制依据、手段、内容、效果评估）与规制机构的变化。规制革新的价值在于补偏救弊，与时俱进。这种革新既是维护好现有系统的健康运行，又能构建适应产业发展方向，兼顾各方利益诉求的规制体系，真正促进下一代广播电视网等全息多媒体信息交互性服务的发展。

二、现代广播电视规制的原则

在信息化加速，网络融合互联互通加快的背景下，充分尊重既有知识成果，探寻规制革新中的某些基本原则，是规制建构的前提。

1. 规制依据——依法规制，公正独立

对政府规制进行重构是一件迫在眉睫的任务，而依法规制，职权法定又是首先必须遵循的原则。在大规模建设NGB之前，坚持论证先行，立法先行，尽快出台《广播电视法》与《电信法》，使得我国的网络融合实践有法可依。

有法可依是规制得以施展的基础，而规制机构坚强有力则是规制有效的前提。尝试给予规制机构部分准司法权力，也可作为我国司法改革的某种探索，不过这种准司法权虽不需要经过政府批准，但应该可接受政府或立法机关的相应监督或咨询。

目前我国广电规制部门往往与其所属的广播电视台、有线网络运营商处在一个系统内，这种局面可能会降低规制管理的公平公正。

2. 规制主体——由分业到融合

分业规制植根于传统的产业历史，所以无论是在管理层，还是行业经营者当中，此种现象似乎已成为常规。然而，媒体融合的大潮不仅仅促进了业务间的互联互通，规制主体的变革及协作统一规制的话题也逐渐进入人们的视野。在我国，电信领域改革曾经闪现过由分散规制到统一监管的曙光，标志性事件是邮政与电信两局合并成立信息产业部。现如今广播电视与电信的相互渗透愈来愈深，促使我们对滞后的规制机构进行改革，最后将分业规制的主体改变成融合性的统一规制机构，已是势在必行。

3. 规制权力——中央与地方协同

中央与地方之间的权力分配，历来是我国在经济社会发展中面临的重要

问题。为了克服地方保护与区域差距拉大，我国坚持中央统一领导，各地充分发挥主观能动性的基本国策。对于广播电视这样同时具有公共产品属性，又具有明显产业属性的特殊行业而言，从基本国策上应坚持垂直集中的领导体制，在各省市区设立相应的派出机构或分支，负责实际规制中的监督与管理。在这个基础上，实现中央与地方的和谐统一，既尊重全国一盘棋的大局，又合理顾及地方的积极性，在某些规制权上赋予地方较大的自主空间。

4. 规制监督——多元监督，问责有效

规制的监督是规制理论研究框架中的重要一环。同其他行政行为监督一样，科学全面有效的监督应包括立法、司法、行政及其他新闻舆论监督。

在我国的监督制度设计中，目前最能够发挥实效的是行政监督，其他监督形式基本处于边缘状态。因此，随着我国政治民主进程的推进，我国立法、司法、舆论监督的效力增强，对现代广播电视体系的规制，也应在规范行政监督的立场上，不断提高立法监督的效力，扩大与深化司法监督和新闻舆论监督等形式。

三、现代广播电视规制的路径

1. 产业导向的规制建构：市场开放，竞争有序

在充分总结我国广播电视市场经营活动历史经验教训的前提下，参考西方发达国家相关规制的做法，对于下一代广播电视网的开发建设，应坚持市场开放，有序竞争，大力推进现代广电产业发展。

（1）坚持深度推进，双向进入。首先，从产业选择上，必须推进广播电视业务向全业务转型，向电信领域市场开拓，同时也允许电信向广电领域的进入。2016 年 5 月，中国广播电视网络有限公司（简称“国网公司”）获得了国家工信部授予的基础电信业务牌照，允许其“在全国范围内经营互联网国内数据传送业务、国内通信设施服务业务”。这使升级换代后的广播电视网极大地提高了自身的交互性与个性化能力；同时电信网也将在融合的趋势下

能够经营更多影音视听增值服务信息，双向进入提升整个行业的服务水平和市场竞争力。

（2）破除行业垄断，坚持内容提供与网络运营分离。20世纪90年代，随着通信技术的发展，电信业的自然垄断性有所消减。另一方面，我国有线电视网络运营商的资产整合与归并，又可能在全国范围内形成一家或几家大的有线网络运营商，其业务类型的升级与管理能力的集中化，将使得广电主体的市场影响力愈来愈广，具备构筑全国骨干有线传输网络的实力。这种局面的出现可能有利于破除电信业的垄断，促进市场竞争。

而对于电信业进入广电节目内容生产领域，则出于文化安全问题，不得不对文化风险进行评估。对于新闻时事类节目，依然必须严格坚持新闻媒体生产与传播，而对于商业性、娱乐性等市场性节目，可以逐步放松管制，或者加强事后审查监督。虽然这种操作会明显具有非对称规制的特征，但在目前广电承担更大社会责任的情况下，通过非对称规制，渐进过渡到对称规制，更适合我国国情。

2. 行政导向的规制建构：依法规制，监管有力

（1）立法先行，建设公平高效的法律规范。西方发达国家在政治经济体制改革过程中推崇先修订或立法，再进行实践改革，而我国坚持先试点再推广再修法的路径，这种模式虽然成功率高、机会成本小，但同时也会在实际推广建设过程中存在受阻与合法性缺失的问题。

法律缺失的直接后果就是改革越进入深水区，越是寸步难行。对广播电视法与电信法的论证与出台成为目前亟待解决的问题，而采纳一些位阶较高的法律规范能够调整因广电与通信两个不同运营部门利益的争端。而这些作为规制来源与基础支撑的法律，则必须同时反映各方利益诉求与权利义务关系，并结合现实需要进行前瞻设计。

（2）机构改革，建立融合性规制主体。我国在政府机构改革上曾经一度坚持大部制的思路，这种改革路径也恰巧与下一代广播电视网规制机构革新的主张不谋而合。西方发达国家在机构改革的路径上，也较多地倾向建立统一独立的融合机构。然而，规制机构的改革并不是一蹴而就的，机构调整是

一项整体工作，根据西方发达国家的经验，应当按照产业所处的阶段以及政府改革的成本效益比例来综合协调，最终确定机构改革的方案。我国现代广播电视体系的规制革新应当大致分为如下两个阶段。

第一阶段，坚持由“纵向分业”到“横向分层”管理。下一代广播电视网是融合性的网络基础设施，其具有开拓固定网络通信与移动业务运营的宽带速率，所以在网络传输上已经拥有了与电信网相类似的特点，我国可以尝试将网络传输承载部分与电信行业归并统一领导，而对节目资源播控部分，依然坚持实行审核机制。由分业到分层的变革是一个巨大的进步，能够有效促进网络运营商之间的竞争，同时也便于为下一步改革奠定基础。

第二阶段，探索建立统一融合监管机构。随着三网之间联合运营与管理成功的经验积累，这种协调与交融将更进一步倒逼机构调整，届时，机构分立与规制滞后将严重影响社会整体改革进程，三网的监管融合将自动成为决策者的不二选择，可依法律程序实现权力利益的重新分配，成立统一的融合性规制机关。

3. 文化导向的规制建构：信息融合，安全可靠

下一代广播电视网的部署，并非孤立的广电业升级，而是整个信息通信行业的全新变革。对下一代广播电视网建成后的信息环境评估，必须置于“三网融合”的大环境之中。网络融合后，不仅改变了受众生产信息、接收信息、利用信息的方式，与此同时，也改变了网络信息安全环境。

(1) 准确评估融合网络环境。下一代广播电视网设有开放性接入平台，这样就使得整个网络成为一个开放性的信息通道，届时，信息平台的复杂性，安全性局势要比现在复杂得多，我们必须正视融合性网络环境的问题。

文化安全是一个综合性问题，与国家的政治、文化、法律、技术环境息息相关。下一代广电网建成后，与之相对应的文化安全问题也逐渐引起学界与业界的重视，这是因为在实际发展过程中，信息文化安全的解决思路已经开始成为实际推广过程中的巨大隐疾。在融合信息网络中，子网的安全危机将成为全网的隐忧，网络的开放性增加了危机辨识的难度，这些都迫切需要更为先进的顶层设计来控制这种安全危机。

如何正确对待广电网络开放环境下的信息安全问题，互联网的发展与实践实际上能够给我们提供有益的借鉴。互联网自诞生之日起就面临着信息安全的争议，我国也在这一问题上展开了持久而深入的研究探索。特别是融合后的信息量急剧增加，文化安全也面临着巨大的考验。因此，准确评估融合性网络环境，在坚持开放平等的基础上，通过加强网络立法与其他社会性法律规范的完善，坚持制止和打击各种网络攻击侵权、网络暴力和网络违法活动，成为信息传播的重要问题。

（2）强化信息管理，确保信息安全。确保信息安全，就是要准确评估融合网络环境，有辨别，有侧重地依据不同的网络信息内容进行分别处理，这是应对下一代广播电视网开放环境的总体思路。

首先，继续完善我国信息文化安全立法，通过推进政务公开促进社会信息透明度和政府信任度。与此同时加强国家安全立法，确保国家文化安全遭到破坏时有法可依，也避免了执法机关因无法可循而对公民权益的侵害。

其次，明确网络信息安全和文化安全管理职责，各级政府安全部门应明确施行的法律依据，严格按照文化事业安全管理职责行使行政权力，对网络信息违法行为予以坚决的打击。

最后，不断通过自主创新，增强网络信息系统监控能力与过滤水平，加强综合监控系统建设能力，构筑一张保障全社会信息文化安全的网络。同时加强文化信息安全普及教育，培养公众的文化安全意识与社会责任感，通过技术监督与公众监督等多重途径，共同保障开放网络环境下的社会信息安全。

我国现代广播电视传播体系的建设，既是广电产业的自发性升级，也是政府管理体制改革推动的结果。一方面，技术的不断创新与市场竞争推进了资源的有效利用；另一方面，政府规制的跟进与创新，也给其提供了稳定性与安全性。

因此，在三网融合的背景下，结合国内外实践经验，在充分尊重中国广播电视网规制经验的基础上，分析我国自2008年以来有关下一代广播电视网的建设实践及其对应的政府规制，能够让我们对国内广播电视的业态发展现状及未来有更清醒的认识。

西方发达国家的现代广播电视服务，已经开始成功运营某些跨媒体跨地域的全息信息化业务，这些都为中国的相关规制调整提供了有益的参照。只要我们从产业上坚持开放竞争，行政上保持依法规制，文化上重视信息安全，就一定能够为我国现代广播电视传播体系的建构与发展提供有益的支撑。

参考文献

一、专著

［加］马歇尔·麦克卢汉：《理解媒介：论人的延伸》，何道宽译，商务印书馆2000年版。

［美］保罗·莱文森：《新新媒介》，何道宽译，复旦大学出版社2011年版。

［加］保罗·莱文森：《手机：挡不住的呼唤》，何道宽译，中国人民大学出版社2004年版。

［美］约翰·菲克斯：《电视文化》，祁阿红、张鲲译，商务印书馆，2005年版。

［英］尼克·史蒂文森：《认识媒介文化》王文斌译，商务印书馆2001年版。

［英］丹尼斯·麦奎尔、［瑞典］斯文·温德尔：《大众传播模式论》，武伟、祝建华译，上海译文出版社1997年版。

［美］罗杰·菲德勒：《媒介形态变化：认识新媒介》，明安香译，华夏出版社2000年版。

［英］露西·金·尚克尔曼：《透视BBC与CNN：媒介组织管理》彭泰权译，清华大学出版社2004年版。

［美］约翰·帕夫利克：《新媒体技术——文化和商业前景》（第二版），周勇等译，清华大学出版社2005年版。

［美］约书亚·梅罗维茨：《消失的地域：电子媒介对社会的影响》肖志军译，清华大学出版社2002年版。

［美］詹姆斯·沃克、道格拉斯·佛格森：《美国广播电视产业》陆地、赵丽译，清华大学出版社2005年版。

［美］欧文·拉兹洛：《系统、结构和经验》李创同译，上海译文出版社1987年版。

［美］威尔伯·施拉姆：《大众传播媒介与社会发展》，金燕宁等译，华夏出版社1999年版。

［英］尼古拉斯·加汉姆：《解放·传媒·现代性》，李岚译，新华出版社2005年版。

［德］赖因哈德·施托克曼、沃尔夫冈·梅耶：《评估学》，唐以志译，人民出版社2012年版。

虢亚冰等：《中国数字新媒体发展报告》，中国传媒大学出版社2006年版。

毕一鸣：《现代广播电视论纲》，中国广播电视出版社2007年版。

李舒东：《国际一流媒体研究》，世界知识出版社2013年版。

王孝明、蒋力：《三网融合之路》，人民邮电出版社2012年版。

张丽：《世界广播电视发展研究》，中国传媒大学出版社2013年版。

黎斌：《电视融和变革——新媒体时代传统电视的转型之路》，中国国际广播出版社2011年版。

杨越明：《中国电视的对外传播》，知识产权出版社2008年版。

杨明品、李岚：《广电蓝皮书：中国广播电影电视发展报告（2014）》，社会科学文献出版社2014年版。

新华社新闻研究所编：《新媒体发展与现代传播体系构建》，新华出版社2013年版。

张丽：《世界广播电视发展研究》，中国传媒大学出版社2012年版。

喻国明：《传媒影响力》，南方日报出版社2003年版。

肖玄奕、杨成：《手机电视：产业融合的移动革命》，人民邮电出版社2008年版。

郭明全：《传播力》，南京大学出版社2006年版。

王菲：《媒介大融合：数字新媒体时代下的媒介融合论》，南方日报出版社 2007 年版。

齐爱军：《社会转型期中国主流媒体发展路径分析》，山东人民出版社 2013 年版。

姜加林、于运全主编：《构建现代国际传播体系：全国第一届对外传播理论研讨会论文选》，中国国际出版集团 2011 年版。

张海朝：《电视节目整合评估体系》，中国传媒大学出版社 2009 年版。

李岚：《中国电视产业评估体系与方法》，华夏出版社 2004 年版。

罗荣渠：《现代化新论：世界与中国的现代化进程》，商务印书馆 2001 年版。

石长顺：《电视话语的重构》，华中科技大学出版社 2010 年版。

石长顺、石婧：《中国广播电视公共服务》，光明日报出版社 2013 年版。

石长顺：《融合新闻学导论》，北京大学出版社 2013 年版。

黄升民、周艳、王薇：《下一代广播电视网发展战略研究》，中国市场出版社 2011 年版。

肖燕雄：《中国传媒法制的变革空间——以现代化理论与模式为视域》，湖南教育出版社 2006 年版。

二、论文

方德运：《全媒体时期电视媒体在传播格局中的地位及创新趋势探讨》，《电视研究》2014 年第 2 期。

蔡赴朝：《发展现代传播体系 提高社会主义先进文化辐射力和影响力》，《电视研究》2012 年第 2 期。

李涛：《中国广播网的新媒体建设和探索》，《新闻战线》2012 年第 6 期。

杨瑞萍：《浅议如何构建现代广播电视传输体系》，《广播电视信息》2009 年第 12 期。

孔德明：《广播电视传播能力的基本特征与体系构建》，《中国广播电视学刊》2009 年第 11 期。

曾静平：《三网融合，国外发展现状及启示》，《电视研究》2009 年第 10 期。

鞠宏磊：《从 IPTV 集成播控平台看三网融合的困境与出路》，《当代传播》2011年第9期。

李文皓：《省级广电IPTV集成播控平台的需求分析》，《中国有线电视》2013年第12期。

朱海波：《我国农村广播电视传输覆盖渠道发展研究》，《广播电视信息》2013年第1期。

王效杰：《广电数字化新格局和新媒体发展》，《中国广播电视学刊》2008年第9期。

朱虹：《大力推进社会主义新农村文化建设》，《中国广播电视学刊》2006年第7期。

戴万平：《三网融合新形势下广电网络发展战略》，《有线电视技术》2010年第11期。

石长顺、石永军：《融合与突破：对广电业发展趋势的一种解读》，《中国广播电视学刊》2007年第3期。

南敏：《我国网络广播电视台发展的一种思路》，《中国广播》2011年第7期。

徐舫州：《我国跨地域跨媒体传播发展研究》，《现代传播》2010年第7期。

廖声武：《全球化时代我国的对外传播策略》，《湖北大学学报》2005年第4期。

罗小布：《从三网融合到NGB》，《中国数字电视》2009年第11期。

王风军：《对下一代广播电视网（NGB）构建方式和发展规划的探讨》，《信息通信》2011年第4期。

国家新闻出版广电总局无线电台管理局：《构建现代广播电视传播体系—我国广播电视无线传输发射事业发展扫描》，《中国无线电》2009年第8期。

朱春阳、刘心怡等：《如何塑造媒体融合时代的新型主流媒体与现代传播体系》，《新闻大学》2014年第6期。

石长顺、梁媛媛：《互联网思维下的新型主流媒体建构》，《编辑之友》2015年第1期。

高山冰：《美国视频网站Hulu的竞争策略及启示》，《电视研究》2010年第7期。

胡海波：《国外移动视频业务发展情况分析》，《通信世界》2007年第36期。

韩晓宁、翟旭瑾：《从时代华纳再次拆分看传媒集团的聚焦战略发展》，《对外传播》2014年第12期。

刘玲：《世界五大传媒集团新媒体战略比较分析》，《出版科学》2011年第5期。

祝建华：《不同渠道、不同选择的竞争机制：新媒体权衡需求理论》，《中国传媒报告》2004年第5期。

刘颖：《三网融合趋势下手机电视内容传播探析》，《编辑学刊》2014年第5期。

姚争、赵建飞：《手机电视：非主流的传播特性与内容建设》，《现代传播》2008年第1期。

巢乃鹏、孙洁：《手机电视使用的影响因素研究》，《中国广播电视学刊》2012年第1期。

吴刚：《手机电视的受众属性、收视特征和内容创新》，《中国广播电视学刊》2013年第4期。

蔡雯：《媒介融合趋势下如何实现内容重整与报道创》，《新闻战线》2007年第8期。

陈昌凤、石英杰：《平台化与社会化：欧美媒体的新潮流》，《新闻爱好者》2008年第15期。

郑丽勇、郑丹妮、赵纯：《媒介影响力评价指标体系研究》，《新闻大学》2010年第1期。

白晨晖，范以锦：《主流媒体需构建新型话语体系》，《青年记者》2013年第1期。

高晓虹、李智：《试析传播格局下电视与新媒体的相互借力与共赢》，《国际新闻界》2013年第2期。

梁建增：《@央视新闻：台网融合的新媒体先锋》，《新闻与写作》2013年第8期。

张柱：《新媒体环境下央视新闻的微转型路径》，《中国广播电视学刊》2013 年第 11 期。

梁智勇：《移动互联网入口竞争的市场格局及传统媒体的竞争策略》，《新闻大学》2014 年第 3 期。

胡占凡：《推动台网深度融合 打造新型主流媒体》，《电视研究》2014 年第 10 期。

殷乐：《重新连接：移动互联网时代的电视媒体转型路径思考》，《电视研究》2014 年第 12 期。

李从军：《构建国际舆论新秩序》，《中国记者》2011 年第 7 期。

徐佳：《下一代互联网——中国参与构建国际传播新秩序的新起点》，《新闻记者》2012 年第 5 期。

陆地、张牧涵：《中国电视业发展的四个关口》，《编辑之友》2014 年第 1 期。

胡占凡：《让世界更好地读懂中国——加强国际传播能力建设的现状与前瞻》，《电视研究》2013 年第 3 期。

刘杨：《动态竞争下广电核心竞争力的战略思维》，《当代传播》2002 年第 3 期。

刘峰、严三九：《关于构建科学合理高效的现代新闻传播体系的思考》，《新闻记者》2013 年第 5 期。

石长顺：《新媒介生态下的广播电视文化自觉与重塑》，《中国广播电视学刊》2013 年第 1 期。

袁宗：《开拓国家视频平台 构建现代传播体系——试论中国网络电视台的探索与提升》，《新闻世界》2010 年第 7 期。

林长海、王新喆、宋占凯：《国家应急广播体系建设的思考》，《广播与电视技术》2013 年第 8 期。

罗小布：《从三网融合到 NGB》，《中国数字电视》2009 年第 11 期。

王联：《广播电视数字化——下一代广播电视网技术政策解读》《中国广播电视学刊》2009 年第 9 期。

三、外文文献

Croteau D. & Hoynes W. , The Business of Media: Corporate Media and the Public Interest, *California*: *Pine Forge Press*, 2001.

Croteau D. and Hoynes W. , The Business of Media: Corporate Media and the Public Interest, *California*: *Pine Forge Press*, 2001.

Franklin, Bob. British Television Policy: a Reader. New York: Routledge, 2001.

Franklin Bob, Social Policy, the Media and Misrepresentation. New York: Routledge, 2002.

Jenkins H. , Convergence Culture: Where Old and New Media Collide, New York: NYU press, 2006.

Manovich L. , "The Language of New Media", *Massachusetts*: *MIT press*, 2001.

Manuel Castells, "Communication Power", *New York*: *Oxford University Press*, 2009.

Meikle G. , Young S. , Media convergence: Networked digital media in everyday life. Basingstoke: Palgrave Macmillan, 2012.

Michael Kackman, Marnie Binfield, Matthew Thomas Payne. Flow TV: Television in the Age of Media Convergence. New York: Routledge, 2010.

Ruth Towse, The Handbook of Cultural Economies, Second Edition. Cheltenham: Edward Elgar, 2013.

Reeves B. , Nass C. , How People Treat Computers, Television, and New Media Like Real People and Places. CSLI Publications and Cambridge university press, 1996.

Wiss. L. , W. & M. W. Klass, Case Studies in Regulation : Revolution and Reform. Boston: Little Brown and Company, 1981.

Adda, Jerome and Ottaviani, Marco, "The Transition to Digital Television", *Economic Policy*, 200520 (41) .

Bill Carter, "CNN Leads in Cable News as MSNBC Loses Ground", New

York Times, 2011 (3) .

Collins, Retal, "Public Service Broadcasting Beyond 2000: Is There a Future for Public Service Broadcasting", *Canadian Journal of Communication*, 2001, 26 (1) .

Craig, Douglas B., "Radio modern communication media and the technological sublime", *Radio Journal International Studies in Broadcast & Audio Media*, 2008, 6 (2—3) .

Dade Hayes, "OTT Plans Proliferate As Angst Level Rises", *Broadcasting & Cable*. 2015, 145 (3) .

El-Hajjar M., Hanzo L., " A Survey of Digital Television Broadcast Transmission Ttechniques", *Communications Surveys & Tutorials*, 2013, 15 (4) .

F. PaPandrea, "N. Stoeckland A. Daly Bundling in Australian Tele communications Industry", *Australian Economies Review*, 2003, 36 (1) .

Franklin B., "The Future of Journalism: Developments and Debates", *Journalism Studies*, 2012, 13 (5—6) .

Henry Jenkins, "The Cultural Logic of Media Convergence", *International Journal of Cultural Studies*, 2004 (7) .

Homero Gilde Zuniga, Nakwon Jung, Sebasti an Valenzuela, "Social Media Use for News and Individuals Social Capital, Civic Engagement and Political Participation", *Journal of Computer-mediated Communication*, 2012 (17) .

Ingrid Volkmer, "International Communication Theory in Transition: Parameters of the New Global Public Sphere", *MIT Communication Forum*, 2012 (11) .

Neil Savage, "Twitter as Medium and Message", *Communications of the ACM*, 2011, 54 (3) .

Nic Newman, "The Rise of Social Media and Its Impact on Mainstream Journalism", *Reuters Institute for the Study of Journalism*, 2009 (9) .

Oscar Westlund, " Mobile News: A Review and Model of Journalism in an Age of Mobile Media", *Digital Journalism*, 2013 (1) .

Peter Drinkwater, "The Impact of Program Brands on Consumer Evaluations of Television and Radio Broadcaster Brands", *Journal of Product & Brand Management*, 2007 (6).

Ran Li, "The development strategy of the broadcasting industry in China under the background of media convergence: A Case Study of Beijing People′s Radio", *Advertising Panorama*, 2010 (3)

Ruthann Weaver Lariscy, Elizabeth Johnson Avery, Kaye D, "Sweetser, Pauline Howes An Examination of the Role of Online Social Media in Journalists Source Mix", *Public Relations Review*, 2009 (35) .

T. J. Roach, "The Twitter Opportnnity", *Rock Products*, 2010 (12) .

后 记

本书为国家社会科学基金重点项目（13AXW008）《构建和发展现代广播电视传播体系研究》的成果。在研究过程中，部分博士和硕士研究生承担并完成了相关子题研究任务，他们是吴柳林、梁媛媛、吴龙胜、史梦诗、胡名利、王妍、王秋童、张慧、郑素素等，其中部分研究生在毕业论文的写作中，采用了本项目的有关成果。

项目在研期间，又受邀主持湖北省新闻宣传与舆论引导重大课题《湖北广电媒体与国内先进广电媒体核心竞争力对比研究》，正好与我主持的国家社科基金重点项目中的子题“现代广播电视传播的核心竞争力打造”紧密相关。为做好拓展项目研究，又特邀了湖北广播电视台部分专业人士和华中科技大学、武汉体育学院有关教授一同参与研究。

在此，对上述参研者一并表示感谢！

在本书出版过程中，由于篇幅所限，对国家重点项目成果进行了大量压缩，同时根据项目评审专家和人民出版社的意见，进行了一定的修改，在此，对评审专家、人民出版社及王艾鑫、张龙高编辑表示诚挚的谢意！

本书从2013年申报国家社会科学基金重点项目获批，到2017年上交结题报告，直至2018年获得结项通知，历时5个年头。其间，广播电视传媒发生了较大变化，尤其是所涉及的数据不断改变，无法做到月月更新。好在是本项目研究一直以前瞻性的眼光观察分析现代广播电视传播，其基本理念、研究框架、分析视角、观点表达都具有一定的创新性，因此，总体把握研究导向正确，并不因时间的改变而影响本书成果的时代性、先进性和实践指导价值。在此一并说明。

作者于2018**年**11**月**